Visual 기술 리더십 4.0

P를 보면 발걸음이 가벼웠다

Purpose

P=V, 리더의 목적을 드로잉하다!

— Visual 기술 리더십 4.0 —

P를 보면 발걸음이 가볍다

Purpose

신완선 지음

P=V, 리더의 목적을 드로잉하다!

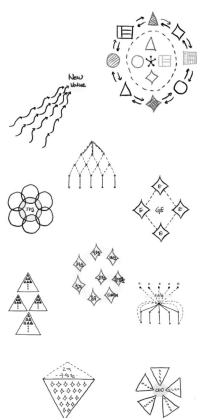

KSAM

표지그림 © A. Jabbar

Visual 기술 리더십 4.0

P(Purpose)를 보면 발걸음이 가볍다

목차

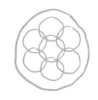

Visual 기술 리더십 4.0
P(Purpose)를 보면 발걸음이 가볍다

비주얼 기술(테크노) 리더십*

최근 네팔을 방문했을 때 그림을 샀습니다. 험준한 히말라야 산과 그에 도전하는 4명의 등반대원을 그린 것입니다. 최고의 목표와 극한 도전을 동시에 상징하는 걸작입니다. 특히 등반 대원의 발걸음이 매우 가볍게 느껴집니다. 아마 작가는 위대한 목표에 도전하는 사람은 발걸음이 가볍다는 것을 전달하고자 했을 것입니다. 이 그림을 보면서 다음과 같은 구절을 만들어봅니다.

'목적이 빛나면 발걸음이 가볍다.'
Shine
the PURPOSE of your journey
to make
the STEPS light.

*편집자 주. 이 책에서는 그간 널리 사용되어 온 '테크노 리더십'이라는 단어와, 독자들에게 좀 더 친근한 한글 표현인 '기술 리더십'을 혼용하고 있습니다. 독자들이 스스로 편한 표현을 선택할 수 있기를 바랍니다.

이러한 표현을 떠올리게 만들어 준 A.Jabbar 작가와 그림에게 감사합니다. 왜냐하면 덕분에 기술(테크노, Technology) 리더십을 소개하는 방법에 대한 새로운 관점이 떠올랐기 때문입니다. 그것은 바로 '목적(Purpose)'이라는 키워드에 대한 것입니다. 기술(Technology) 리더십은 '기술이 중요한 영향력을 발휘하는 상황에서의 통솔 역량'을 의미합니다. 리더 본인은 물론 구성원의 기술에 대한 이해와 활용 수준이 리더십 과정(process)과 결과(results)에 영향을 미칠 수밖에 없습니다. 그래서 리더십 방향과 목적이 더욱 중요합니다. 소통의 스피드와 불확실한 미래를 향한 의사결정이 경쟁력을 좌우하기 때문입니다.

그동안 리더십 서적을 여러 차례 저술하면서 안타까운 부분이 있었습니다. 가벼운 마음으로 리더십을 대하게 만들어주고 싶었지만 결코 만만치 않은 일이었습니다. 이제, 기술 시대를 선도할 테크노 리더는 최소한 자신의 의도와 목적을 구성원들과 도식적으로 공유할 필요가 있습니다. 새로운 리더십 시대의 필요조건인 동시에 통솔력의 효과를 높일 수 있는 수단이 되어줄 수 있기 때문입니다. '과연 P(purpose)를 어떻게 보여주면 구성원의 발걸음을 가볍게 만들 수 있을까요?

P(Purpose)를 그릴 수 있을까?

'P(Purpose)를 보면 S(Steps)가 가볍다'는 개념으로 리더십 화두를 새롭게 던져봅니다. 4차 산업혁명 시대는 공감할만한 시각화(Visualization)와 신속한 공유가 무엇보다도 중요합니다. 리더의 의도와 목적을 그림으로 보여주면 따라가는 구성원의 발걸음이 가벼워지고 그만큼 리더십도 쉬워질 것 입니다. 기술(테크노) 리더십을 소개하는 한편 리더의 목적을 가시화할 수 있는 수단을 더불어 소개하고자 합니다. 이 책은 그러한 의도를 숙지할 수 있도록 설계하려고 노력한 초기 결과물입니다. 비록, 아직 그 정교함은 부족하지만 앞으로 더욱 발전시켜야 할 방향이라고 확신합니다.

리더십을 도식적으로 공유하려면 핵심 요소에 대한 상징적 표현이 필요합니다. 이 책에서 초점을 맞추어 강조하고 있는 비전, 커뮤니케이션, 신뢰, 인재, 실행력을 그림으로 나타낼 수 있는 아이콘을 정해보았습니다. 보편적인 사람들을 얼마나 공감시킬 수 있는지가 관건이었습니다. 다양한 리더십 상황을 표준화하는 일은 불가능할 것입니다. 그럼에도, 리더십을 보여주는 데 사용될 수 있는 상징적 표현과 간단한 예시들을 제시하고자 합니다.

비전은
황금률 삼각형으로 그려라

리더십에서 비전은 구성원에게 방향을 제시하는 동시에 의욕을 불러일으켜 줍니다. 희망의 상징이기 때문입니다. 야구선수였던 요기 베라(Yogi Berra)는 '어디로 가고 있는지 모른다면 당신은 가고 싶지 않은 길로 가게 된다'고 말했습니다. 비전은 곧 길이요, 미래로 이어지는 연결 고리와 같습니다.

따라서 비전은 삼각형으로 표현되는 것이 적절합니다. 정삼각형은 세 가지 방향이 모두 의미를 가지므로 혼돈을 줄 수가 있습니다. 그러므로 반드시 황금률 삼각형(Golden Triangle)을 사용하는 것이 중요합니다. 높이와 너비가 1:0.618인 비율을 이용해 기초와 방향성을 동시에 보여주어야 합니다. 황금률을 사용하면 0.382 시점까지는 방향성이 두드러지지 않습니다. 일종의 준비 기간이요 집중의 시간이기도 합니다. 일단 그 시점을 지나면서 미래의 실현이 가속화되는 동시에 빠르게 목표로 좁혀지는 효과가 있습니다. 삼각형의 크기는 비전의 크기이며 외각선의 굵기는 확고한 비전의 의미를 나타냅니다.

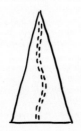

외길 인생 깊고 긴 비전

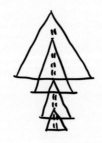

나의 비전은 진화했다

나의 비전은 산만하고 작았다

커뮤니케이션은
다양한 선으로 그려라

커뮤니케이션은 연결, 즉 선(line)을 의미합니다. 요즘은 무선 통신수단이 발달했지만 유선 통신을 떠올리면 두 사람 혹은 여러 사람은 통신으로 연결됩니다. 또한 실제로 네트워크는 마디(node)와 가지(branch, link, arc)로 연결됩니다. 통상 마디의 크기는 중요성을 의미하며 가지의 길이와 굵기는 거리와 관련 정도를 나타냅니다. 따라서 기술 리더십을 표현함에 있어서 선으로 소통을 나타내는 것은 상식에 부합하는 선택입니다. 굵은 실선은 강한 소통을 의미하며 화살표는 소통의 방향성을 강조하는 데 사용될 수 있습니다. 점선은 간헐적인 소통을 의미하며 개인적으로 다양한 종류의 선으로 의미를 부여할 수 있을 것입니다.

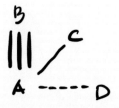

소통을 편애하다

소통을 조직화하다

항상 대화하다

신뢰는
동그란 원으로 그려라

신뢰는 원만한 성품을 떠올리게 만듭니다. 모나지 않은 리더에 대한 신뢰가 높을 가능성이 그만큼 높기 마련입니다. 그래서 원(circle)으로 신뢰를 표현하고자 합니다. 원의 크기는 신뢰의 크기를 의미하며 자신이 속한 집단에 따라서 신뢰의 크기 또한 다를 수 있습니다. 어떤 그룹과는 아주 강한 신뢰를 형성한 반면에 관심사가 직접적이지 않은 그룹과는 약한 신뢰를 쌓는 경우도 있을 것입니다. 신뢰를 점점 키워가는 사람이 있는 반면 신뢰를 저버리는 사람도 있을 수 있습니다. 신뢰와 관련된 여러 가지 상황을 다양한 원의 형태로 나타낼 수 있습니다.

한화그룹은 신뢰를 중시하는 조직입니다. 그룹의 로고는 여러 개의 원으로 되어 있습니다. 그룹 사업의 상징인 화약이 터져서 불꽃으로 승화되는 장면을 연상시키는 동시에 신뢰의 어울림으로 볼 수도 있습니다. 원은 신뢰인 동시에 어울림을 의미하기도 합니다.

신뢰로 뭉치다   신뢰를 감추다   신뢰로 노래하다

인재는
책꽂이를 생각하며 사각형으로 그려라

훌륭한 인재가 되기 위해서는 타고난 재능도 필요하지만 지속적인 학습으로 지식을 축적해야만 합니다. 인재의 가치는 의사결정 과정에서 빛나기 마련인데 바로 그런 역량의 근원이 되는 지혜와 직관은 지식을 쌓는 과정이 전제되어야 합니다. 따라서 인재는 책꽂이를 연상하며 사각형, 특히 좁은 직사각형을 모으는 표현이 어울립니다. 일자형, T자형, A자형 등 책을 쌓아 올리는 형식에 의해서 인재의 역량 또한 결정될 것입니다. 지식을 쌓지 않고 상식으로 살아가는 사람도 있으며 컴퓨터를 적극 활용하여 디지털 지식베이스를 자신의 기량으로 활용하는 리더도 있습니다. 인재 육성은 구성원의 역량을 설계하고 완성시키는 과정이며 이 또한 그림으로 공유되어야 할 부분입니다.

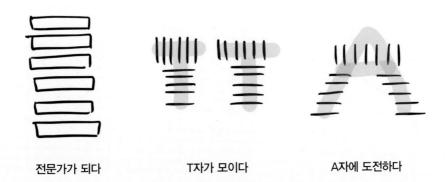

전문가가 되다   T자가 모이다   A자에 도전하다

실행은
빛나는 다이아몬드로 그려라

실행은 리더십의 꽃이며 결실입니다. 가장 빛나야 할 자질입니다. 소중한 동시에 그만큼 어렵다는 것을 상징합니다. 실행에 어울리는 아이콘은 단연 다이아몬드입니다. 다이아몬드의 크기는 실행의 크기가 될 것입니다. 리더는 다양한 실행력을 가지고 있어야 할 뿐만 아니라 작은 실행이 쌓여서 더 큰 실행력으로 이어진다는 사실도 정확히 이해하고 있어야 합니다. 작은 실패가 쌓여서 결국 성공에 이르는 다이아몬드가 되기도 하고 반대로 실행의 균형을 놓쳐서 반쪽짜리 결과에 만족해야 하는 상황도 발생합니다. 과연 나 자신은 어떤 실행력으로 리더십을 완성시켜 나가고 있는가를 인지하는 것이 중요합니다.

삶을 이어가다

실패가 쌓이다

거칠게 실행하다

4차 산업혁명 시대의 기술 리더십은 달라져야 한다

필자는 13년 전에 『테크노 리더십』을 처음 저술했습니다. 기술경영 시대에 필요한 리더십 패러다임 전환에 대비해야 한다고 믿었기 때문입니다. 그러나 당시에는 기술 시대가 올 것이라고 예측했을 뿐 근본적으로 무엇을 어떻게 바꾸어야 한다는 주장을 하지 못했습니다. 불확실성과 모호성이 너무 컸기 때문입니다. 기술 리더십에 대한 중요성을 강조하면서도 정작 각론에서는 많은 것이 부족했었음을 고백합니다. 이번에 지난 10년간 강단에서 강의했던 기술(테크노) 리더십의 강의노트를 정리하여 새로운 교양서 겸 교재로 출간합니다. 올해를 선택하여 교재를 출간하는 이유는 4차 산업혁명이 글로벌 화두가 된 지금이야말로 새로운 리더십 관점이 절대적으로 필요한 상황이 되었기 때문입니다.

이번 기회에는 단순히 기술 리더십을 설명하는 것을 넘어서 뭔가 새로운 관점을 보여주고 싶었습니다. 그래서 'P(purpose)를 보여주면 구성원의 발걸음이 가볍다'는 사실이 더욱 가슴에 다가온 것 같습니다. 4차 산업혁명으로 리더십 환경이 급변하고 있기 때문에 리더십을 공유하고 학습하는 방식에도 새로운 관점이 필요합니다. 이 책에서 주장하는 Visual 기술 리더십 4.0은 앞으로 더욱 발전될 것이며 또한 그렇게 되어야할 주제입니다. 리더십 역할이 변한다면 그 또한 다른 방식으로 이해되고 공감되어야 마땅합니다.

테크노 리더십: 개요와 필요성

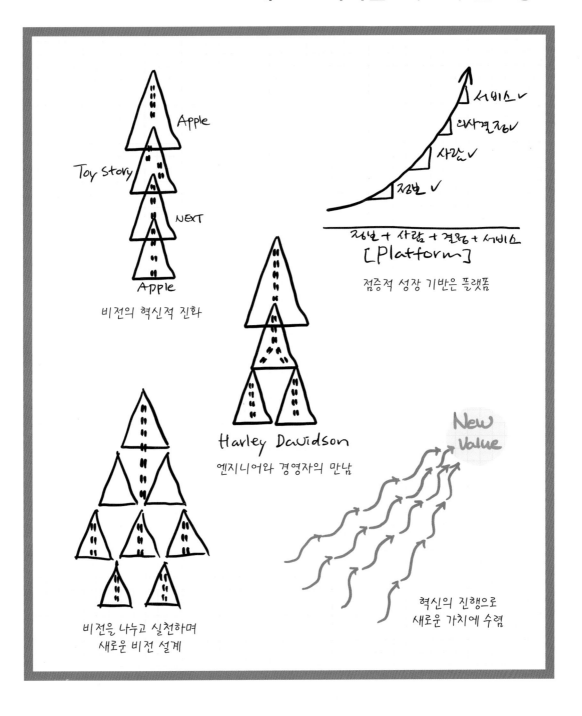

Apple

Toy Story

NEXT

Apple

비전의 혁신적 진화

서비스 ✓
의사결정 ✓
사람 ✓
정보 ✓

정보 + 사람 + 결정 + 서비스
[Platform]

점증적 성장 기반은 플랫폼

Harley Davidson

엔지니어와 경영자의 만남

비전을 나누고 실천하며
새로운 비전 설계

New Value

혁신의 진행으로
새로운 가치에 수렴

제1장

테크노 리더십: 개요와 필요성

1. 리더는 만들어질 수 있을까?
2. 기술시대를 선도하는 리더와 기업의 특징은 무엇인가?
3. 왜 기술 리더십이 필요한가?
4. 기술 발전의 속도와 미래의 방향은 무엇일까?
5. 기술시대에 리더십 역량이 얼마나 중요할까?

1. 리더십 교육의 필요성: 리더는 만들어진다

"언제 우승을 확신할 수 있었습니까?"

"언제 성공을 확신할 수 있었습니까?"

목표를 달성한 상황에서 가장 많이 받는 질문은 언제부터 좋은 결과를 기대할 수 있게 되었냐는 것이다. 골프, 테니스와 격투기 같은 스포츠의 승자는 물론 비즈니스 세계에서 시장을 선도하는 사업가도 유사한 질문을 받곤 한다.

"지금도 실감이 나지 않습니다."

"그런 잡념에 대한 부담을 갖지 않으려고 노력했습니다."

응답자들은 대부분 마지막까지 그런 생각을 하지 않고 주어진 일에 몰입하고 있었다고 소감을 밝힌다. 순간의 방심이 일을 그르치는 것을 수 없이 체험했기 때문이다. 우리들의 목표는 상상한다고 이루어지는 것이 아니라 최선을 다해 집중하는 과정을 발판삼아 점진적으로 달성되기 마련이다.

미래는 현실의 땀을 통해서 만들어진다. 보다 나은 방향으로 준비하고 노력하는 과정이 축적되어 미래의 결과를 이루어낸다. 그래서 내일은 바꾸기 힘들지만 3년 후를 바꾸기는 쉽다. 당장은 바뀌지 않을 듯이 보이지만 3년 후에 돌아보면 모든 것이 달라진다. 물론 환경 변화가 그리 보이게 만들기도 한다. 그러나 분명한 것은 긍정적이든 부정적이든 시간과 더불어 우리 모두 다른 위치로 옮겨진다는 사실이다. 왜냐하면 각자의 기울기(slope)를 갖고 살아가기 때문이다.

리더십도 마찬가지다. 현재의 기울기에 의해서 미래 리더십의 수준과 영향력이 만들어진다. 생각의 기울기, 행동의 기울기, 그리고 교육 및 훈련의 기울기가 리더십 역량을 결정한다. 급변하는 사회를 이끌어나갈 인재들에게 필요한 리더십 역량은 역동성이다. 시대를 선도할 리더십의 기울기를 먼저 탐구하는 것은 물론 선제적으로 습득하고 훈련해야 한다. 리더십 훈련의 질적 수준을 파악할 수 있는 척도(measures)나 지표(indicators)를 개발하여 과정의 수월성도 점검해야 한다. 리더십 과정 이수와 자격증 취득과 같은 최종 결과의 기울기가 아니라 소요 자원 투입 과정에서 기울기의 본질을 정확하게 인지해야 한다. 리더십 이론에 대한 이해, 비전 수립에 대한 점검, 커뮤니케이션에 대한 체험 등이 관리되어야만 올바른 리더로의 도약을 기대할 수 있다.

세상의 모든 사람들은 자동차를 운전하기 위해서 운전면허를 딴다. 운전에 필요한 기본적인 이론을 배우고 실습을 통해서 운전하는 방식을 몸에 익힌다. 제대로 배우지 않으면 실제 운전하는 상황에서 안전사고를 피할 수 없기 때문이다. 운전면허를 획득한 후에도 속도가 빠른 고속도로에서 운행하기까지는 상당 기간의 예비 운전과 경험이 필요하다. 내가 원하는 대로 작동하는 자동차 (혹은 자동 장비) 하나를 리드하는 데에도 많은 준비를 하며 그 시간을 아까워하지 않는다. 그런데 정작 사람을 리드하는 과정에 필요한 핵심 기술인 '리더십(leadership)'을 배우고 학습하는 데에는 인색하다. 사람의 마음과 태도를 움직이는 리더십의 본질은 자동차 운전보다 훨씬 더 복합적이고 난해하다. 사람들이 리더의 지시대로 따른다는 보장이 없고 심지어 상황이 의도와 반대로 전개되는 경우도 얼마든지 있다. 일상이나 조직 운영에서의 리더십이 자동차 운전과 차이가 있다면 갈등 상황의 현실적 결과가 가시적이지 않다는 점이다. 사람들은 리더의 실수를 여러 가지 이유로 참고 넘어가는 경우가 다반사다. 사고가 없는 것이 아니라 표면으로 드러나지 않을 뿐이다. 자동차를 운전하기 위해서 운전면허를 획득하듯이 조직을 리드하기 위해서는 리더 자격을 확보하는 것이 마땅하다. 특히 현대처럼 기술 발전에 따른 변화가 빠른 시기에는 더욱 그러하다. 자동차로 치면 고속도로를 달리거나 심지어 비행기를 조종하는 것에 비유할 수 있다. 우리 주변에는 리더십에 대한 적절한 교육과 훈련을 받지 않은 상태로 리더의 역할을 차지하고 영향력을 발휘는 사람들이 너무 많다. 그들은 면허를 따지 않고 운전을 하려는 것만큼 위험하다. 실전의 시행착오를 통해서 자신의 리더십을 시험하려는 무모한 사람들이다. 준비 부족으로 보이지 않는 폐해를 양산하는 리더에게 관대해서는 안 된다. 그들이 우리 사회에 미치는 악영향과 기회 손실(올바른 리더가 달성했을 좋은 가치를 잃게 되는 손실)은 조직 차원을 넘어 국가의 경쟁력에도 치명적이다. 따라서 리더가 되기 위해서는 반드시 준비가 필요하다. 리더는 만들어질 수 있다. 중요한 사실은 교육과 훈련에 자원을 먼저 투입해야만 리더십 역량이 생긴다는 것이다.

리더의 경계(boundary)가 사라지고 있다

나는 시스템경영공학과 교수다. 시스템경영공학과는 과거 산업공학과에 뿌리를 두고 시대의 요구에 맞추어 변신했지만 엄연히 나는 공과대학 교수이다. 속칭 공돌이라 불리었던 엔지니어의 꿈을 안고 공부를 시작했으며 지금도 엔지니어를 육성하는 것을 최우선 미션으로 생각하고 있다. 그러한 내가 리더십이라는 주제에 도전하여 어느덧 여러 권의 책을 내고 많은 사람을 대상으로 리더십 교육을 했다. 초창기에는 "외도가 심하십니다"라는 조롱도 들었고 지금도 "어, 공대에 계시네요"라며 의외라는 듯 반응하는 사람들을 종종 만나곤 한다. 가르치는 것도 이 정도인데 실질적으로 경영 현장에서 활약하는 전문 엔지니어들의 애로는 얼마나 심하겠는가.

언젠가 가깝게 지내는 신문 기자와 저녁 식사를 하게 되었다. 젊은 기자지만 매사에 똑 부러지고 합리적인 판단을 하는 사람이라 마음속으로는 늘 존중하고 있었다.

"교수님, 정말 공대 출신 리더는 달라요. 정말 다르더군요."

그 기자가 어떤 사장을 만나 인터뷰를 하게 되었다고 한다. 인터뷰를 잘 마치고, 직원들에게 사장의 리더십에 대한 간단한 설문조사를 하겠다고 하니 강한 거부감을 나타냈다고 한다. 그 이유를 물으니, 특별한 이유도 말하지 않으면서 계속 거부했다고 한다. 부하는 상사의 지시를 따르는 역할이지 상사의 영향력을 판단해서는 안된다는 분위기가 느껴지더란다. 기자는 '유연하지 못한 사장'으로 단정하고 포기했다고 한다. 유연성이 부족한 것이 마치 엔지니어 출신이라는 리더의 배경 때문이라고 해석하는 듯 했다. 물론 기자는 무심코 그 말을 던졌을 것이다. 법대를 나온 기자의 눈에 비친 사장의 모습이 고집스러운 공돌이 리더로 보였던 모양이다. 평소의 그 기자가 합리적이고 명석한 두뇌의 소유자임을 알기에, 우리 사회의 인식이 이 정도 수준이구나 하는 아쉬움이 컸다.

"그건, 공대 출신이어서가 아니라 그분의 성격이라고 봐야지."

사실 바로 이러한 생각을 두고 선입견이라고 해야 할 것이다. 이공계 출신의 리더들이 보인 행태에 대해 그 배경을 가지고 설명한다는 것 자체가 말이다. 비단 이러한 이야기는 엔지니어 출신 리더에 대한 이미지 투사에서 그치지 않는다. 조직 내에서도 유사한 일은 얼마든지 발생하곤 한다.

몇 년 전, 카네기 리더십 센터에서 주최한 강의를 한 적이 있다. 강의를 마치자, 한 분이 다가와 개인 상담을 하기 시작했다. 자신이 사장을 한 번 해보고 싶은데 사업 부문에 대한 경력이 없어 어렵다는 것이다. 현재 모 대학에서 MBA 과정을 공부하고 있는데, 이러한 상황에서 어떤 로드맵을 가져야 CEO가 될 가능성이 더 커질 수 있는가에 대한 질문을 했다. 현실적으로 조직 내에서 자신의 기여 범위를 키울 기회가 잘 주어지지 않는다는 것이었다.

공대 교수로서 리더십 강의를 하는 내가 겪었던 사람들의 반응. 기자의 눈에

CASE STUDY ✓ 생애 리더십맵(스티브 잡스)

스티브 잡스의 생애 리더맵

"인생은 점과 점을 연결하며 완성된다" (스탠포드 대학교 졸업식 연설 中)

비전, 리더십, 역량, 인간관계 등이 축적되어서 한 사람의 리더로서의 역량을 좌우하게 된다.

스티브 잡스(Steve Jobs)가 없었다면 IT 혁명은 현재보다 한참 뒤처져 있었을 것이다.

스티브 잡스의 디자인 혁신, 스토리의 혁신이 우리들의 삶의 혁신을 몰라왔다.

[그림 1-1] 스티브 잡스의 생애 리더십맵(Life Leader Map)

	1세	10세	20세	30세	40세	45세	57세
비전		10 컴퓨터를 보고 만듦 / 15 최고 디자인 회사를 꿈꿈	23 미키마우스를 보고 만듦 / 26 IBM에 광고도 경고 / 28 맥킨토시 출시	30 애니메이션에 매료됨 / 30 북가와 북스를 열망 / 39 〈토이스토리〉 성공		47 애니메이션 역사상 최대 수임 〈니모를 찾아서〉 / 48 아이팟 출시	53 아이폰 출시 / 57 체점으로 사망
리더십		11 불만하여 중학교 입학	19 인도에서 자신만의 진리를 깨달음	26 시네마 리더스 〈타임(Time)〉 표지 장식 / 30 애플에서 축출당하고 40세에 복귀 / 30 넥스트, PIXAR 창립 / 36 잡스의 설득력으로 디자인와 제휴		47 스탠퍼드대학교 졸업식 연설 / 47 세계 지도자 베스트 11선정	
역량			18 리스대학 입학, 중퇴 / 18 블루박스 개발로 첫 수입 / 19 HP 휴렛 만남	22 애플 컴퓨터 1/2가발 / 25 애플 주식 공모 / 27 존 스컬리 만남			
인간관계	1 포점수에게 입양	13 스티브 워즈니악을 만남	19 동업자로서 고교 선배 워즈니악과 만나 애플 창업	29 조지 루카스 만남 / 30 여동생 친모를 찾음 / 33 로렌 만남 & 결혼			

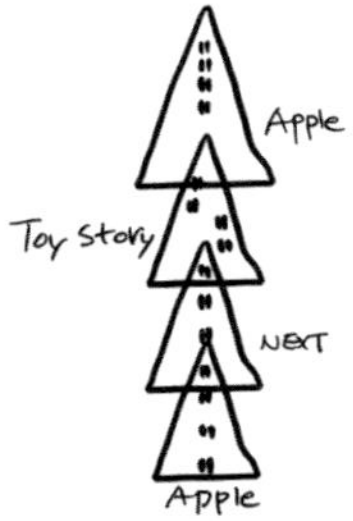

Toy Story NeXT Apple

스티브 잡스의 비전은 PC 개념으로 시작하여 핵심가치로 진화하였다.

비친 이해할 수 없는 성향의 공대 출신 사장. 모 기업의 임원이 풀고 싶어 한 기술계 출신 리더로서의 한계. 이들 모두 한 때 우리 사회에 만연했던 선입견이었고 문화적인 벽이었다. 놀랍게도, 그러한 리더로의 진입 장벽이 사라지는 징후가 곳곳에 나타나고 있다. 수평적 학습이 수월해지면서 리더십 역량 또한 상대적으로 쉽게 확보할 수 있게 되었다. 최근에는 오히려 관리직만 고수한 임원들이 후속 역량 부족으로 인해서 퇴직 후 마땅한 직업적 대안이 없는 상황이다.

반면 리더십은 학습될 수 있고 훈련될 수 있다는 사실이 수 없는 사례를 통해 입증되고 있다. 애플(Apple)의 신화와 더불어 현대 경영의 대표적인 테크노 리더로 인정받은 스티브 잡스를 생각해보라. 아무도 그의 전공을 따져 묻지 않는다. 실제, 대학교 1학년 중퇴가 그의 최종 학력이므로 물을 것도 없다. 그러나 그가 누구와 어떤 사업을 시작했고 대학 재학 당시 서체 과목 수업을 들었으며 혁신을 통해 리더십의 역량을 넓혀나간 이야기는 많은 사람에게 교훈으로 남아 있다. 출신 배경으로 누가 리더의 자격을 가지고 있는지 판단하는 것이 아니라, 언제 어떤 체험과 훈련으로 미래의 리더십을 준비했는지에 따라 리더로서 인정받을 수 있는 시대가 된 것이다.

2. 조직 리더십의 가치: 국가와 기업도 만들어진다

시간이 지나면서 리더 개인이 새로운 인물로 성장하듯이 국가도 마찬가지다. 지도자가 이끄는 리더십 방향에 의해서 새로운 가치가 만들어지며 그 속도는 기술 발전을 통해 더욱 가속화되고 있다.

중동의 두바이와 중국 상하이의 과거 대비 현재의 모습을 비교해보라. 1990년에 황무지와 다름없던 동일한 장소에 각각 23년과 24년 만에 대규모 현대 도시가 들어섰다. 최근의 모습은 도시 개발이 완전히 정착된 후의 모습이므로 실제는 10년 정도 만에 대도시가 건설된 것이다. 규모에서도 놀라지만 그 속도에 감탄하지 않을 수 없다. 10년이면 강산이 바뀐다는 옛말이 있지만 이는 강산 정도가 아니다. 생활과 생각의 방식 자체가 완전히 혁신된다는 것을 확인할 수 있다. 우리나라도 마찬가지다. 서울 여의도 역시 비슷한 역사를 거쳤다. 불과 십여 년 만에 모든 기반을 갖춘 현대 도시가 되어 한국의 대표적인 국제 금융 도시로 변모하면서 국가 발전의 상징이 되어주었다. 2년 전에 두바이를 방문하게 되었는데 중심 도로를 지나가면서 마치 우리나라 여의도에 온 것 같은 기분을 느꼈다. 세계는 끊임없이 서로를 벤치마킹하여 보다 나은 미래를 준비하고 있는 것이다.

이러한 혁신적인 변화에서 개인은 물론 조직 리더십의 영향력(impact)을 깨닫게 된다. 누가, 언제, 어떻게 의사결정을 하는가에 따라서 국가와 국민의 생활이 공동체적 운명처럼 함께 바뀌는 것이다. 리더십 결과물의 전(before)과 후(after)를 비교하며 그 과정을 상상하노라면, 저절로 현장을 지휘한 지도자의 역량이 피부로 느껴진다. 그가 머릿속에 그렸을 비전(실현하고 싶은 미래의 모습)이 보인다. 분명한 방향과 더불어 실현 방법(혹은 전략)도 함께 구상하고 있었을 것이다. 리더가 쌓아올린 신뢰(구성원들이 믿는 수준)도 중요하다. 신뢰의 크기가 비전을 향한 그의 발걸음을 가볍게 했을 것이다. 비전을 실현시키기 위해서 주변 이해관계자들과 끊임없이 소통(비전에 대한 공감대 형성과 실행을 위한 노력)하는 모습도 상상된다. 어떤 부분은 상대가 동의하지 않아서 반복적으로 직

[그림 1-2] 두바이(왼쪽)의 1990년&2013년 모습과 상하이 (오른쪽)의 1990년&2014년 모습
이미지 출처: 위키피디아, World Property Journal, Neatorama

접 만나 소통했을 수도 있다. 지도자 이외에도 주변에 많은 인재(실행을 선도하는 사람)들이 각자 나름의 입장에서 최선을 다했을 터이다. 리더십 전개 과정의 허리 역할인 인재들의 하부 리더십 역량과 몰입이 바로 결과의 수준(quality)에 결정적으로 영향을 미쳤을 것이다. 마지막으로 접점에서 헌신했을 수많은 현장 인력의 실행력(execution)도 기억해야 한다. 실행의 견고함이 비전의 크기와 지속성을 만들어나갈 것이다. 리더가 국가의 미래를 결정할 때는 명확한 방향 제시와 함께 과정에서 중요하게 작동하는 역량이 필수적 조건임을 이해해야 한다.

기업도 마찬가지다. 수많은 기업들이 탄생하는 동시에 소멸한다. 200년 혹은 300년 이상 장수하는 기업이 있는 반면에 세계적인 기업의 반열에 올랐다가 불과 10년 만에 사라지는 기업도 쉽게 확인할 수 있다. 미국 경제 전문 잡지인 〈포천(Fortune)〉에 따르면 '포천 500'대 기업조차도 평균 수명이 40~50년에 불과하며 그러한 평균 수명 역시 시간이 지날수록 더욱 짧아지고 있다고 한다.

장수 기업의 공통점은 보편적으로 제품이나 서비스의 가치가 오랜 기간 지속된다는 것이다. 예컨대, 세계적인 모터사이클(motorcycle)로 유명한 할리데이비슨(Harley Davidson)은 디자인을 겸비한 고품질 제품으로 시장을 선점하고 있다. 우수한 제품만이 아니라 엔지니어와 비즈니스맨의 동업이라는 개념으로 출발하여 기술 경영 시대로 진입하는 데 성공했다.

인터넷과 스마트폰 시대의 성공 사례도 흥미롭다. 해외의 우버(Uber)나 국내 카카오택시(KakaoTaxi) 사례를 보더라도 요즘 기업들이 시장을 점령해버리는 속도는 그저 놀라울 따름이다. 카카오택시는 작년에만 이용자 수가 1억 명을 넘었다고 한다. 만일 카카오택시를 이용하는 사람들의 요금에 500원만 포함시켰다고 하더라도 연간 500억 원의 수익을 기대할 수 있었던 셈이다. 기존의 콜택시가 콜 비용으로 1,000원을 포함시킨 것을 감안하면 충분히 가능한 일이다. 우버 택시의 가치는 어느덧 자동차 회사와 비교되는 수준에 이르렀다. 기업 가치 차원에서 볼 때, 자동차를 생산하지 않는 회사가 세계적인 자동차 회사와 어깨를 나란히 하고 있는 셈이다.

요즘 ExO(Exponential Organization)라는 키워드로 불리는 기업군이 있다.

점증형 혹은 기하급수형으로 성장하고 있는 기업을 통칭한다. ExO 기업의 특징은 크게 세 가지로 압축된다.

첫째, 제공하는 서비스나 상품이 정보(지식) 관련 사업일 것
둘째, 빈번하게 발생하는 활동에 관련된 일에 사용될 것
셋째, 서비스나 상품의 오류 가능성이 없을 것

앞에서 말한 특징을 페이스북(Facebook), 우버 및 카카오택시의 비즈니스 모델과 비교하면 이들 기업이 바로 ExO에 해당된다는 것을 깨닫게 된다. 에어비앤비(Airbnb)나 알리바바(Alibaba)의 사업 방식도 마찬가지다. 빅데이터와 SNS에 크게 관련된 사업 영역에서 점증형 성장 기업들이 속속 등장하고 있다.

그간 수없이 인용되어온 마이크로소프트(Microsoft), 애플, 구글(Google), 아마존(Amazon), 소프트뱅크(Softbank), 이베이(Ebay) 등이 업의 본질 차원에서 보면 비슷한 양상을 보이고 있다. 이베이코리아의 2016년 국내 매출액이 약 8천억 원대이므로 이들 기업의 글로벌 파워가 실로 엄청나다. 빅데이터로 상징되는 데이터의 양, SNS 개념으로 일컬어지는 데이터의 공유, 그리고 정보와 자료의 시각화가 현대 기업의 운영 방식은 물론 사업 개념에 근본적인 혁신을 불러일으키고 있음을 주목해야 한다.

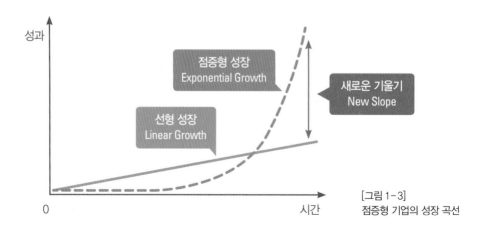

[그림 1-3]
점증형 기업의 성장 곡선

CASE STUDY 기술과 경영의 조화

☑ 할리데이비슨

할리데이비슨(Harley Davidson)은 디자인과 기술력이 돋보이는 오토바이로 유명하다. 창업한지 115년이 되어가지만 아직도 미국은 물론 전 세계의 사랑을 받고 있다. HOG(Hraley Davidson Owner's Group)로 잘 알려진 충성 고객은 전 세계를 누비며 할리데이비슨의 소유주임을 자랑스럽게 보여준다.

할리데이비슨은 엔지니어 윌리엄 할리(William Harley)와 비즈니스맨 아서 데이비슨(Arthur Davidson)의 합작품이다. 즉 공학과 경영이 만나서 100년이 넘게 세계를 선도하는 기업을 탄생시킨 것이다. 우리는 바

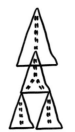

Harley Davidson

할리와 데이비슨은 엔지니어와 경영자의 만남이 핵심이다. 더불어 비전을 완성시켰다.

로 이점을 배워야 한다. 시장에 대한 지식과 제품에 대한 설계 능력이 만나면 장기적으로 지속가능한 제품과 비즈니스 모델을 만들고 유지관리 할 수 있다. 그런 면에서 할리데이비슨은 이미 설립 시점부터 테크노 리더십의 본질적 핵심 요소의 중요성을 이해하고 있었다고 볼 수 있다. 그 시점과 현대의 경영 환경을 비교하면, 이제는 기술과 경영을 서로 다른 영역이라고 보기에는 너무나 많은 경영 의사결정이 융·복합 상황에서 발생하고 있다. 그래서 테크노 리더십에 대한 폭넓은 이해가 더욱 중요해지고 있다.

[그림 1-4] 할리데이비슨의 도전정신과 디자인 상징
1 이미지 출처: Sean Hackbarth, Flickr CC By
2 이미지 출처: Bjorn, Flickr CC By

CASE STUDY 🖉 스마트 비즈니스

☑ 우버

4차 산업혁명 시대 진입 후 가장 큰 변화는 정보와 서비스 검색은 물론 의사결정까지 스마트폰에 의지하게 되었다는 사실이다. 스마트폰에 덕분에 전화번호 외우기를 포기한 포노사피엔스(Phono-Sapiens)는 도로 찾기 기능에 의존해 지형적 혹은 지리적 위치에 대한 공간 개념도 약해지고 있다. 그러한 시대적 변화를 선도한 대표적인 기술이 스마트맵이며 우버나 카카오택시 같은 비즈니스들이 예상 외의 성장을 보여주고 있다. 아래 그림은 우버가 서비스를 확장시키는 도시를 표시한 그림이다. 얼마나 빠르게 서비스 확장이 이루어지고 있는가를 확인할 수 있다.

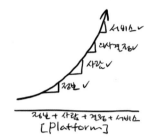

우버의 점증적 성장 기반은 플랫폼이다. 사람, 정보, 의사결정 그리고 서비스가 공존했다.

우버가 단순히 사업의 영역에서만 성공한 것이 아니다. 기업 가치 관점에서도 세계적인 규모의 자동차 회사와 견줄만하다. 2015년 말 현재, 우버의 기업 가치가 BMW와 비슷한 수준을 나타내고 있다. 제조 설비를 갖춘 기업과 단순히 지식 서비스를 제공하는 기업에 대한 우리 사회의 기대가치가 이 정도로 좁혀져 있음을 읽을 수 있다.

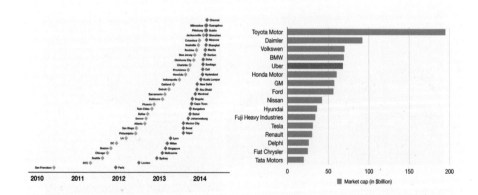

[그림 1-5] 우버 서비스 도시 확대 속도 및 2015년 포브스 기업가치

CASE STUDY 📎 스마트 리더

☑️ 소프트뱅크(손 마사요시 회장)

정보혁명 시대에 빌게이츠와 스티브 잡스가 미국을 대표했다면 동양에는 손 마사요시(孫正義, Son Masayoshi) 회장이 있다. 물론 최근에는 알리바바의 마윈(馬雲, Ma Yun)이나 샤오미(小米, Xiaomi)의 레이쥔(雷軍, Lei Jun)도 부각되었다.

그러나 손 마사요시 회장은 1981년 소프트뱅크(Softbank)를 설립해 게임을 포함한 소프트웨어 유통업과 IT관련 투자 분야에서 지난 36년간 선도적인 역할을 했다. 손 마사요시 회장은 이미 UC 버클리대학교를 다니던 학부 시절부터 벤처 창업을 시도했을 정도로 벤처 1세대 경영자인 동시에 테크노

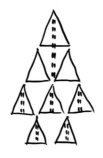

비전을 나누고 실천하면서 비즈니스를 키웠다. 필요하면 M&A로 새로운 비전을 설계했다.

리더로서 성공한 대표적 인물이다. 기술과 정보 혁명의 중요성을 여러차례 강조했으며 스스로 그러한 시대 변화를 선제적으로 공략해 새로운 시대의 주역으로 발돋움했다.

지금도 스마트 시대에 필요한 다양한 소프트웨어와 지식서비스 인프라를 확보하고 보급하는 데 초점을 맞추어 시장을 선도하고 있다.

"한 기업의 가치는 도전과 진화로 결정됩니다. 자신이 이룩한 것을 지키려고만 하는 기업은 더 크게 성장할 수 없습니다. 더욱 급속히 진화하는 세상에서 그러한 기업은 수면 밑으로 가라앉을 수밖에 없습니다"라는 손정의 회장의 경고를 통해 무엇으로 어떻게 미래를 준비해야 하는가를 알 수 있다. 지키는 경영자가 아니라 도전하는 경영자가 되어야 한다.

[그림 1-6] 소프트뱅크의 손 마사요시 회장
이미지 출처: 소프트뱅크 제공

3. 기술이 미래를 선도한다

1965년 이정문 만화가가 서기 2000년의 생활 모습을 상상해 만화로 그려보았다. 어린이 잡지에 실린 내용이지만 얼마나 정확하게 맞추었는지를 판단해보면 여간 흥미로운 일이 아니다. 태양광, 움직이는 도로, 원격 진료, 손에 들려있는 TV 전화기. 2000년 당시는 물론 현재의 시각에서 보면 모든 것이 이루어졌다. 달나라 수학여행도 기술적으로는 갈 수 있는 상황이지만 구경할 것이 없어서 시도하지 않을 뿐이다. 오히려 거리가 훨씬 먼 화성에 대한 탐사에 박차를 가하고 있다. 인간이 이주할 수

[그림 1-7] 기술이 생활 패턴에 미치는 영향: 1965년도의 미래 상상 출처: 미래창조과학부

있는 가능성을 지닌 행성이기 때문이다. 이러한 생활 현장 변화의 중심에는 기술이 있다. 기술을 제외시킨다고 생각해보자. 자연, 사람, 언어, 단결 등 그 어떤 단어를 조합해도 자연적인 삶의 풍경을 넘어서기 힘들다. 그러나 사람과 도구, 사람과 기계, 사람과 컴퓨터, 즉 사람과 기술을 연결하는 순간 세상은 새롭게 창조된다.

세계적인 가전제품 전시회인 국제전자제품박람회(The International Consumer Electronics Show, 이하 CES)가 발표한 지난 50년간의 기술 발전을 살펴보면 지구에서 실현되고 있는 기술 진화는 기적적이다. 초연결 시대를 맞이하여 모든 개체와 기능이 복합적으로 연결되어 발전하면서 더 이상 미래를 상상하기 어려울 정도다. 지구인은 이제 매일 새롭게 진화하는 세상에 적응하며 살아야 하는 처지에 놓인 셈이다.

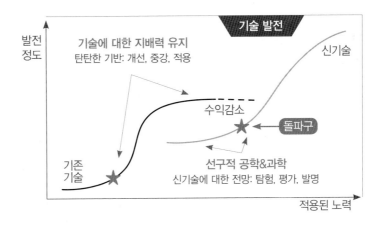

[그림 1-8]
SS 곡선에 근거한
기술혁명

1962년 에버렛 로저스(Everett Rogers)라는 사회학자가 '혁신의 S 커브 이론'을 발표했다. 기술혁신이 초기에는 완만하게 진행하다가 임계점을 넘으면서 급격히 발전한 뒤 다시 완만하게 된다는 의미다. 급격히 발전하던 기술의 속도가 완만해지는 이유는 새로운 기술이 개발되기 때문이다. 바로 이러한 S 커브가 반복적으로 이어지면 한 분야의 전체적인 기술혁신을 달성하게 되는 것이다. 로저스가 인류의 기술이 기하급수적으로 발전하게 된다는 것을 이미 60년 전에 예상했음을 의미한다.

요즘 4차 산업혁명 시대 분류가 큰 관심을 끌고 있다. 기술 발전에 초점을 맞추어 산업화의 수준을 새롭게 정의하는 것과 더불어 인간의 마음가짐 역시 적응기를 거쳐야 하는 시기이다. [그림 1-10]*에서 산업혁명 발전에 따른 인간의 역할이 어떻게 변하는가를 제시해 보았다. 산업 1.0 세대에서는 증기 기관이 발명될 정도로 산업화 초기 혁신이 발생했지만 당시만 해도 사람들은 도구를 이용하여 생활 터전을 형성하고 있었다. 2.0 세대에는 사람이 도구와 기계를 활용하게 되었고 3.0 세대에는 컴퓨터라는 지식 서비스 시스템을 확보하기에 이르렀다. 산업 4.0 세대에는 급기야 모든 기존 수단 뿐만 아니라 기계의 의사결정에 의존하는 시대에 이르렀다. 기계의 판단이 인간의 판단 체계를 압도하는 상황이 발생하고 있는 것이다.

―― *편집자 주. [그림 1-10]을 설명하는 동안 표현의 단순화를 위해서 1차, 2차, 3차, 그리고 4차 산업혁명 시대를 각각 산업 1.0, 2.0, 3.0, 4.0 세대로 표기한다.

CASE STUDY 🔗 기술혁신 50년

☑ CES가 밝힌 기술혁신 50년의 성과

CES는 매년 전기전자 분야에서의 신기술과 신제품 전시를 통해서 혁신되고 있는 글로벌 풍경을 공유해왔다. 2017년, 50주년을 맞이하여 지난 50년간 기념비적이었던 기술을 연대기 형식으로 발표했다.

우리가 즐겨 사용하는 PC가 1975년에 개발되었으며 휴대전화(1983), GPS(1994), HDTV(2005)로 이어지는 생활 가전의 혁신을 소개하고 있다. 앞으로 또 다른 50년 동안에는 이들 기술이 더욱 새로운 기술을 개발하는 데 활용될 것이다. 기술 축적의 영향력을 예상하면 기대와 동시에 두려움이 생긴다.

New Value

수많은 S자형 혁신이 다양한 분야에서 진행되고 있다. 새로운 가치를 찾아 수렴한다.

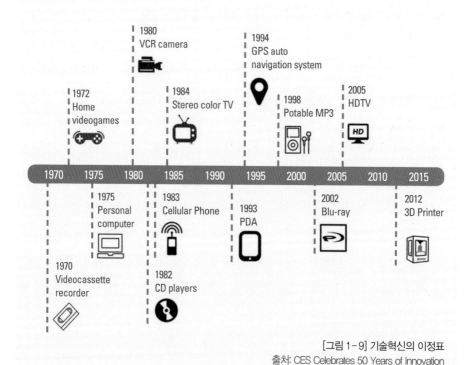

[그림 1-9] 기술혁신의 이정표
출처: CES Celebrates 50 Years of Innovation

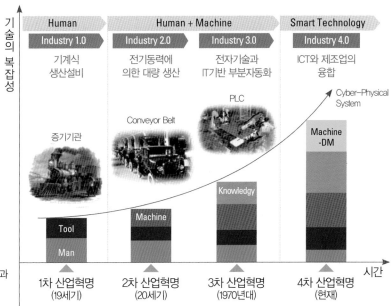

[그림 1-10]
4차 산업혁명과
인간의 기술
의존도

산업혁명이 우리들의 일상과 어떻게 구체적으로 관련되어 있는가를 설명하기 위해서 [그림 1-10]에 산업혁명과 품질 목표의 연관성을 정리해 보았다. 산업 1.0 세대는 모든 것을 자체적으로 준비하고 가공하는 제조 과정을 선호했다. 제품 개발, 시제품, 자재 구입, 부품 생산, 조립에 이른 생산 전 과정을 폐쇄된 개념에서 진행했다. 모든 정보를 보호하려고 했고 일관생산체계 확립을 경쟁우위 조건으로 판단했다. 산업 2.0 세대를 거치면서 그러한 생산 패러다임은 바뀔 수밖에 없었다. 대량 생산을 위해서는 모든 부문에서 속도가 중요했고 기술 전문화와 더불어 공급 사슬 개념이 발전했다. 다양한 이해관계자가 제품의 완성에 참여하게 된 것이다. 전자와 IT 기술의 발전 덕분에 산업 3.0 세대에서는 생산 자동화와 효율성이 현장의 목표였다. 생산 인력은 빠르게 기계로 대체되었고 효율 생산(Lean Production)이 현장관리의 화두였다.

한 가지 특이한 현상은 사람들이 컴퓨터의 도움을 받아 의사결정을 하기 시작했다는 점이다. 스마트폰은 없어서는 안 될 필수품이 되었고 사람들은 의식주는 물론 일상생활에서도 추천 기능을 작동해 판단하는 습관들이 생겼다. 컴퓨터

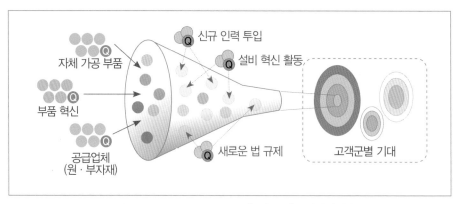

[그림 1-11] 고객의 다양한 요구와 오픈 경영시스템

를 통해서 두뇌 활동의 도움을 받는 것이다. 4차 산업혁명은 인터넷이 생산 현장에 접목되어 사이버 물리 시스템(Cyber Physical System)이 가능하게 된다. 즉 기계나 설비 스스로 의사결정을 단행하는 시대가 왔음을 뜻한다. 생산 플랫폼을 확보하고 컴퓨터를 통해 개별적인 고객 선호도를 반영시키는 대량 맞춤형 생산(Mass Customization)에 도전하게 되었다.

이제 리더는 4차 산업혁명에 걸맞은 경영 패러다임을 구상해야 한다. 이미 일부 최첨단 제품이나 서비스는 맞춤형 생산 요구에 직면하고 있다. [그림 1-11]의 오른쪽에 나타나있듯이 다양한 고객군이 개별적인 기대를 가지고 제품과 서비스의 인도를 기다린다. 따라서 다이내믹한 고객 요구에 대응하기 위해서는 모든 요소들이 각자 기능을 라이브(Live)로 공유하는 동시에 유기적인 협력이 가능한 오픈 경영시스템으로 운영되어야만 한다.

오픈 경영시스템에서는 제품이나 서비스의 생산 및 인도 과정에서 폐쇄적인 요소들이 있어서는 안 된다. 공급업체의 원·부자재는 물론 자체 부품이 끊임없이 혁신되고 있으므로 신규 인력 투입, 설비 혁신, 기술 혁신, 그리고 법 규제 변화 등 내·외부 요인이 완전히 투명하게 연결(open and connected)된 상태로 고객의 요구에 대응해야 한다. 게다가 고객은 자신이 지불한 비용에 대해서 절대 품질 혹은 절대 가치(absolute value)를 요구하고 있다. '돈 값을 해야 한다'며 강력히 주문하는 동시에, 불만이 있을 때는 SNS와 법적 절차를 통해 자신의 손실을 보상받기 위해 능동적으로 움직인다. 변동 요인과 실패 부담이 기하급수적으로 증가하고 있는 상황에서도 리더는 기존 인적 자원으로 경쟁력을 확보해야 한다. 구성원의 마인드와 역량이 기술과 환경의 발전 속도에 맞춰 신속하게 대응하지 못하는 경우가 다반사다. 4차 산업혁명 시대에서 리더십이 더욱 중요한 이유가 여기에 있다. 폐쇄된 상황에서가 아니라 개방된 상황에서 실시간으로 인적 혹은 물적 자원을 확보하고 작동시켜야 하는 것이다. 리더십 역량에 따라 전혀 다른 결과로 이어질 수 있는 경영 환경이다.

4. 기술 중시 시대의 리더는 누구인가?

21세기 기술융합 시대를 맞이해서 기술을 평가하고 산업화하기 위해서는 기술과 경영은 물론 법률과 금융에 대해서도 풍부한 지식이 필요하다. 한때 미국에서는 기업 경영이나 금융 분야, 더 나아가 정부의 정책 결정에 이르기까지 경영학 석사(MBA)들이 모든 일을 주도한 시절이 있었다. 하지만 경제에 거품이 빠지면서 실제로 기업에서 일할 사람은 엔지니어라는 인식이 생겼다. 내실 있는 기업과 경제를 일구려면 이공계 출신들의 역할이 중요하기 때문이다. 따라서 최근에는 마케팅을 잘 아는 사람이 기술을 이해하는 것보다 기술을 잘 아는 사람이 마케팅을 이해하는 것이 더 효과적이라는 사회적 인식이 확산되고 있다.

이런 경향은 경영뿐만 아니라 금융 분야에서도 마찬가지이다. 세계 주요 금융계를 움직이는 사람들 중에는 수학과 물리학 전공자들이 많다. 돈이 흐르는 것과 물이 흐르는 것은 비슷한 점이 많기 때문이다. 경제학과 유체역학이 일맥상통한다는 것은 놀라운 일이 아니다. 그 밖의 사회 경제 분야에서도 과학기술 지식이 응용되는 사례가 점차 증가하고 있다. 따라서 21세기의 리더는 여러 학문과 접목시킨 과학기술 지식의 습득과 확산을 위해 노력해야 한다.

사람들은 기술자가 경영자가 된다는 것을 공장에서 엔지니어나 엔지니어링 기능들을 직접 감독하는 정도의 좁은 의미로 보기도 한다. 이것은 연구 개발을 담당하는 연구원이나 엔지니어링 설계 활동을 하는 그룹의 감독을 포함한다. 심지어 기술경영을 경영의 '엔지니어링'으로 해석하여 계량 방법으로 경영을 분석하는 경영과학으로 단정짓기도 한다. 그러나 이처럼 좁은 의미의 해석은 현대 기업에서 기술인들이 실질적으로 수행하는 많은 활동을 포함하지 못한다. 만약 테크노 리더를 기술경영과 엔지니어가 하나가 되는 광범위한 경영 책임을 포함하는 넓은 의미로 정의한다면, 기존의 일반적인 경영자와 무엇이 다른지 의문을 제기할 것이다. 이 물음에 대한 대답은 다음과 같다.

'테크노 리더는 일반 비즈니스 리더들과는 구별된다. 왜냐하면 그는 엔지니어링 원칙을 적용할 수 있고, 조직에서 기술, 인적 자원 및 사업을 관리할 수 있는 능력을 지녔기 때문이다. 그는 두 가지 형태의 업무에 모두 능한 사람이다. 한 가지는 기술적 기능의 경영(연구 개발, 설계, 생산품질 관리)이며 다른 한 가지는 조직 전반적 기능의 경영(전략 기획, 마케팅, 운영 관리)을 의미한다.'

기술경영자가 기술적으로 조직의 일반 경영을 효과적으로 수행할 수 있는 데에는 몇 가지 이유가 있다. 고도의 기술을 가진 회사는 지금까지 하지 않았던 일을 목표로 삼는다. 두 번의 기회가 오지 않을지도 모르는 상황에서 모든 것이 처음부터 올바르게 행해지기 위해서는 광범위한 기획이 필요하다. 기획은 원하는 생산품이나 결과를 얻는 것의 가능 여부를 결정하는 불확실성을 인지하고 분석하는 능력이 관건으로 작용한다. 현대와 같이 기술 중심의 시대에는 이러한 결정적인 요인을 정확하게 이해하고 의사결정을 하기 위해 연구 개발 인력이나 엔지니어의 배경이 필요조건이 된다. 기술을 이해하는 사람이 인적 혹은 물적 자원에 대해 올바르게 평가하는 것은 물론 구성원들의 존경과 신뢰를 얻는 데 유리할 수밖에 없다.

기술에 약간의 관심이 있다고 해서 테크노 리더라고 분류한다면 대한민국에 테크노 리더가 아닐 사람이 누가 있겠는가. 과학과 기술에 대한 관심을 지나치게 과대포장하고 싶은 마음은 없다. 다만 무너져 내리는 한국 리더십의 위상을 회복하고 기술 중심의 시대에 미래지향적 희망을 보여줄 수 있는 리더십이 바로 '테크노 리더십'이라는 사실을 분명히 전달하고 싶을 뿐이다.

서울교통공사 김태호 사장은 참으로 존경할만한 분이다. KT 연구소에서 조직 생활을 시작한 그는 박사학위 과정에서 신뢰성 관련 저서를 출간했을 정도로 주어진 분야에 대한 분석 능력이 뛰어났고 산업공학을 전공한 덕분에 전체를 판단하는 시스템적 관점을 보유한 것이 강점이다. KT에서 혁신과 기획 분야의 업무를 주도했으며 조직의 지배구조까지 관리하는 폭넓은 경영 리더십을 보여주었다. 통신 사업 이외에도 다양한 분야의 사업을 체험하기 위해 하림그룹과 차병원재단에서 임원을 역임했다. 그 뒤 서울도시철도공사를 거쳐 서울교통공사를 탄생시키는 주역이 됐다. 김태호 사장은 우리나라의 대표적인 기술경영 리더로 일컬어 부족함이 없는 인물이다. 현재의 위치 때문이 아니라 리더십을 발휘하는 과정에서 단연 현대 경영을 선도하는 사례를 수없이 남겼기 때문이다.

　　김태호 사장의 리더십의 키워드는 '분석력'과 '현장 경영'으로 압축할 수 있다. 그의 분석력은 당면 기술에 대한 깊은 이해와 객관적인 판단을 가능하게 하는 데이터 수집 및 분석에 기초한다. 언제가 그의 사무실을 방문한 적이 있는데, 다양한 현상을 온통 숫자로 관리하고 있었다. 2~3년의 흐름을 분석해 변화와 혁신의 포인트를 찾아내고 주요 요소 간의 인과관계를 근거로 의사결정을 하는 방식에 초점을 맞추고 있었다. "숫자가 신뢰입니다. 말이 아니라 모두가 공감하는 그림을 보여주는 것이 중요합니다." 객관성을 중시하는 김 사장은 주관적 주장이 아니라 객관적 근거를 공유하며 소통하고 있는 셈이다.

　　그의 또 다른 강점은 현장 경영에 대한 인내심이다. 도시철도공사 재직 시절, 지하철에서 고장이나 문제가 생기면 즉시 현장을 찾아가 우두커니 지켜보았다고 한다. 처음에는 사장인지 모르는 사람도 많아서 단순히 구경꾼으로 생각하는 경우도 있었다고 한다. 그렇지만 시간이 지나면서 사장의 눈길과 발길이 현장에 맞닿아 있다는 사실이 빠르게 전파된 것은 물론 모든 구성원이 자신의 현업에 최선을 다하고 지하철 설비를 철저하게 예방 관리하게 되었다. 그 과정에서 도출된 가장 큰 자산은 리더십에 대한 조직 차원의 신뢰감이다. 믿을 수 있고 더불어 미래를 만들 수 있다는 자신감이 조직의 현장에 싹트기 시작하였다. 우수한 경영 실적을 내고 서울교통공사 통합을 주도할 수 있었던 그의 리더십은 분석과 신뢰 덕분에 가능한 일이었다.

기술시대에 기술주도형 기업이 부각되는 것은 당연한 일이다. 기술주도형 기업의 경영자로 기술에 익숙한 이공계 출신이 승승장구하는 것도 일견 당연해 보인다. 그러나 4차 산업혁명 시대의 리더 그룹 변화를 단순히 출신 배경에 국한하여 해석해서는 안된다. 우리는 과거에 생산주도형 기업 문화가 소비자주도형 기업 문화로 바뀌는 과정을 체험했다. 기업은 고객가치 혁신을 선언했고 경영진 역시 고객과 시장을 중시하는 리더십에 초점을 맞추었다. 리더십의 우선순위 관점에서의 혁신이 필요했던 시기다. 4차 산업혁명 시대는 기술에 대한 우선순위가 초점이 아니다. 리더는 물론 고객과 시장 모두 의사결정 과정에서 스마트 기기의 발전에 영향을 받는 상황이 발생하고 있다. 이러한 시대를 주도할 테크노 리더 그룹에게는 뭔가 새로운 철학과 그에 합당한 접근 방법이 필요하다.

테크노 리더들은 무엇을 어떻게 바꾸게 될 것인가. 과연 분석적 혹은 시스템적 사고력만 갖춘다면 우리나라의 리더십 과제가 해결될 수 있다는 말인가. 이러한 광의적인 질문에 명확한 해답을 기대하는 것은 무리일 것이다. 다만 한 가지 분명한 사실은 성공적인 결과로 이어진 과정을 통해 테크노 리더십 공통 분모를 제시할 수 있다는 점이다. 애플의 스티브잡스, GE(General Electric)의 잭 웰치, 소프트뱅크의 손 마사요시, 마이크로소프트사의 빌 게이츠, 인텔(Intel)의 앤디 그로브(Andy Grove), 소니(Sony)의 모리타 아키오(盛田昭夫, Morita Akio), 현대자동차의 정몽구, 엔씨소프트 김택진 등이 보여주듯 기술주도형 기업에서 테크노 리더십을 갖추지 않고서는 성공적인 리더의 반열에 오르기 어렵다. 이러한 시대적인 사실을 정확하게 규명하고 새로운 리더십 대안을 제시하고자 한다.

Situation   5가지 리더십 아이콘의 선을 굵게 만들라. 강한 의지가 있는 비전, 소중한 소통, 변치 않을 신뢰, 깊이 있는 지식, 강력한 실행력.

다음의 아이콘을 이용해 상황에 맞는
자신만의 리더십을 표현해 보세요.

비전   커뮤니케이션   신뢰   인재   실행

Draw Your Leadership

"땀의 색깔은 같지만, 결실의 색깔은 다를 수 있다."

Draw Your Leadership

Situation 4차 산업혁명. 기계가 인간보다 의사결정을 잘 하는 시대가 왔다. 머신 의사결정 시대가 리더십 5요소를 어떻게 변형시킬 것인지 그려보라.

다음의 아이콘을 이용해 상황에 맞는
자신만의 리더십을 표현해 보세요

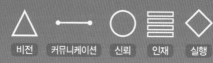

비전   커뮤니케이션   신뢰   인재   실행

· "인간은 10만 판의 바둑을 두면 세계 최고의 고수가 된다. '알파고-제로'는 40일 동안 2900만 판을 두면서
  스스로 학습하여 이세돌을 이긴 '알파고-리'를 100 : 0으로 이겼다. 머신도 학습하는 시대에 우리가 살게 된 것이다.
· "지식을 자랑하지 말라. 지혜의 시대가 오고 있다."

1 **리더는 만들어진다.** 리더십은 개인적인 상식과 경험에 의해서 저절로 성장하는 것이 아니므로 별도의 관심을 갖고 교육 및 훈련을 받아야 한다. 모든 사람이 한 명의 개인으로 시작하지만 시간이 지나면서 엄청나게 다른 영향력을 발휘한다. 선척적인 운명이 아니라 후천적인 노력의 결과다.

2 **기업도 만들어진다.** 국가와 기업도 불과 10~20년 사이에 완전히 다른 모습으로 변모한다. 미국 뉴욕의 도시 모습이 시간이 지남에 따라 빠르게 변하고 있으며 두바이나 상하이도 불과 10년 만에 상전벽해(桑田碧海)로 변하였다. 기술의 영향력이 그만큼 강력한 것이다. 따라서 그러한 기술을 활용하는 국가나 기업의 변화 속도는 상대적으로 빠를 수밖에 없다. 할리데이비슨, 우버, 소프트뱅크 등의 기업을 통해서 기업의 성장에 기술의 활용이 얼마나 중요한가를 확인할 수 있다.

3 **기술이 미래를 선도한다.** 미래 환경의 변화는 기술력에 의해서 결정된다. 지난 50년 전에도 그러했고 향후 50년 후에도 그러할 것이다. 차이가 있다면 그 속도가 더욱 빨라지고 있다는 사실이다. 산업혁명 시대를 산업 1.0, 2.0, 3.0, 4.0 세대로 구분하면 현재는 2.7 세대 정도의 수준에 해당된다. 업종에 따라서 차이가 있지만 시대 변화에 의해서 고용 인력의 차이도 발생할 것이기 때문에 대응 방안도 구체적으로 구상해야 한다. 기술을 이해하고 예측하면서 미래 변화에 대응해야만 리더의 역할을 충실히 수행할 수 있다.

4 **기술 중시 시대의 리더는 누구인가?** 과거와는 달리 기술경영 시대의 리더로 과학기술과 엔지니어 배경을 가진 사람들이 대두되고 있다. 전공 학문 분야의 배경 보다는 융복합 기술을 이해하고 적용하는 역량이 중요하다고 볼 수 있다. 따라서 기술경영 시대에 요구되는 리더십 기술과 접근 방식을 학습할 필요가 있다. 기술경영 시대의 리더와 기업 또한 만들어지기 때문이다.

REVIEW
QUESTIONS

1   리더십 교육 훈련이 필요한 이유는 무엇인가?

2   리더십이 출신 배경에 의존하지 않게 된 이유는 무엇인가?

3   할리데이비슨 사례는 기술의 가치가 얼마나 중요한가를 소개하고 있다. 할리데이비슨의 창업 당시 특징은 무엇인가?

4   기술 리더십이 필요한 이유는 무엇인가?

5   테크노 리더와 일반 리더의 차이점은 무엇인가?

APPLICATION
EXERCISES

1   스티브 잡스의 생애 리더맵(Life Leader-Map)이 제시되어 있다. 졸업 후 10년 동안 예상되는 활동을 포함하여 자신의 생애 리더맵을 그려보라. 자신의 리더맵에서 가장 어려운 목표는 무엇이며 어떻게 하면 달성할 수 있다고 판단하는지를 설명하라.

2   할리데이비슨의 창업자로 엔지니어와 비즈니스 전공자가 동업을 시작한 사례를 소개했다. 이처럼 서로 다른 분야의 전공자가 공동으로 창업하여 성공한 사례를 조사하고 어떤 요인이 강점으로 작용했는지를 분석하라.

3   자신이 관심 있는 기업 중에서 ExO 기업에 근접하는 기업의 매출액 증가 패턴을 분석하여 해당 기업의 성공 요인을 3가지 제시하고 그 배경을 설명하라.

4   산업혁명의 추세를 1차, 2차, 3차, 4차로 나누어서 설명하고 특히 4차 산업혁명이 일상생활과 리더십에 미치는 영향에 대해 예를 들어 설명하라.

셀프 리더십과 리얼 옵션

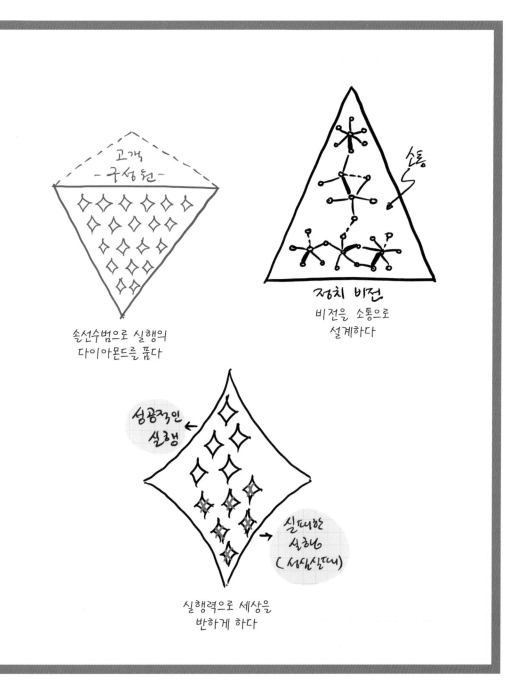

고객
-구성원-

솔선수범으로 실행의
다이아몬드를 품다

소통

정치 비전
비전을 소통으로
설계하다

성공적인
실행

실패한
실행
(성실실패)

실행력으로 세상을
반하게 하다

제 2 장
셀프 리더십과 리얼 옵션

1. 리더십의 정의는 무엇인가?
2. 기업 경영에서의 리더십은 무엇이며 어떻게 학습되는가?
3. 리더십의 가장 기본 단위인 셀프 리더십은 무엇인가?
4. 파브 정신은 무엇이며 셀프 리더십과 어떤 관계가 있는가?
5. 루키 정신은 무엇이며 셀프 리더십과 어떤 관계가 있는가?
6. 셀프 리더의 리얼 옵션은 무엇이며 어떤 유형들이 있는가?

1. 리더십의 정의: 방향을 정하고 따라오게 만드는 역량

리더는 목표를 정하고 조직이 그 방향으로 가도록 이끄는 사람이다. 즉, 방향 설정 능력과 통솔력이 관건이다. 일반적으로 리더십을 통솔력에 국한시켜 해석하는 사람들이 많다. 물론 방향이 올바르지 않으면 통솔 대상자들이 반발할 것

베니스 (Bennis)	리더십이란 조직이 자신의 비전을 찾고 자기의 능력을 모두 쏟아 그 비전을 실현하게 만드는 것
스톡딜 (Stogdill)	집단의 구성원들이 특정 목표를 지향하게 하고 그 목표 달성을 위해 실제 행동을 하도록 영향력을 행사하는 것
탄네바움 (Tannenbaum)	어떤 상황에서 특정 목표를 달성하기 위해 커뮤니케이션하는 과정에서 볼 수 있는 인간 상호간의 영향력
쿤츠&오도넬 (Koontz&O'Donnell)	어떤 상황에서 커뮤니케이션 과정을 통해 특정한 목표를 달성하기 위해 사람들에게 영향력을 미치는 기술 또는 과정

[표 2-1]
리더십의 정의

이므로 나름대로 일리가 있다. 하지만 우리는 놀라운 통솔력을 발휘하여 군중을 잘못된 방향으로 내몬 실패한 리더를 수없이 목격했다. 따라서 리더십은 분명히 이원화된 방식으로 이해해야 할 것이다.

리더십은 한 마디로 말하면 영향력(impact)이라고 해석할 수 있다. 방향 설정과 통솔력에 대한 결과의 크기가 리더십을 평가하는 잣대로 사용된다는 의미이기도 하다. 전문가들은 [표 2-1]과 같이 리더십을 정의하고 있다.

리더십 이론: 내용 이론과 과정 이론

리더십은 사람들을 통솔하는 과정을 포함하고 있으므로 동인(motivation factor)에 따라 동참 수준과 범위가 가변적이다. 리더십 관련 이론으로 동기부여 이론이 많이 소개되는 이유이기도 하다. 동기부여 이론은 내용 이론과 과정 이론으로 구분할 수 있는데, 내용 이론은 동기부여를 할 수 있는 요소가 무엇인지에 관심을 갖는 반면 과정 이론은 그러한 요소를 제공하는 방법을 다룬다.

내용 이론엔 매슬로(Maslow)의 인간욕구 5단계(Hierarchy of needs theory)와, 더글러스 맥그리거(Douglas McGregor)의 X&Y이론(theory X · theory Y), 프레드릭 허츠버그(Frederick Herzberg)의 이중요소 이론(two-factor theory), 데이비드 맥클리랜드(David McClelland)의 3대 욕구 이론이 있으며 과정 이론엔 형평 이론(equity theory), 기대 이론(expectancy theory), 라이먼 포터(Lyman W. Porter)와 에드워드 로울러(Edward E. Lawler)의 개선 이론, 행위 변조 이론이 있다.

[그림 2-1]
동기부여의
2가지 이론

내용 이론(contents theory)
- 매슬로의 인간욕구 5단계 이론
- 맥그리거의 X&Y이론
- 허츠버그의 이중요소 이론
- 맥클리랜드의 3대 욕구 이론

↔

과정 이론(process theory)
- 형평 이론
- 기대 이론
- 포터 & 로울러의 개선 이론
- 행위 변조 이론

[그림 2-2] 리더십 이론의 4가지 유형

리더의 특성 연구
훌륭한 리더는 신체적, 정신적, 성격적 특성을 소유하고 있다.

리더의 행동 연구
리더의 행동에 내재되어 있는 행위적 특성에 따라서 다른 효과를 기대할 수 있다.

리더의 철학 연구
리더의 소신과 철학에 근거한 종합적 성향에 의해서 리더십 효과가 달라진다.

리더의 상황 대응 연구
리더십이 요구되는 상황에 대한 대응 방식에 따라서 리더십의 효과가 달라진다.

리더십 이론의 유형을 크게 4가지로 보면 특성 연구, 행동 연구, 철학 연구, 상황 대응 연구로 구분할 수 있다. 첫째, 특성 연구는 리더의 자질 및 시대에 따라 달라지는 성공적인 리더의 특성을 관찰하는 관점이며 특성 이론의 종류에는 빅 파이브(Big 5) 성격 특성 이론, 마키아벨리적(Niccolò Machiavelli) 성격 특성 이론 등이 있다. 둘째, 리더의 행동 유형은 크게 과업 행동과 관계성 행동으로 나눌 수 있고(Northhouse, 2010), 어떤 리더십 유형이 어떤 상황에서 가장 효과적인가에 초점을 두고 연구한다. 셋째, 철학 연구는 철학에 근거한 종합적 성향에 의해 리더십 효과가 달라질 수 있다는 관점이다. 넷째, 상황 이론에서의 리더십 유형은 지시 행동과 지원 행동을 축으로 지시형, 지도형, 지원형, 위임형으로 나누어지며 리더십이 요구되는 상황에 대한 대응 방식에 따라 리더십의 효과가 달라진다는 것을 말한다.

기업에서의 리더십: 정렬성과 적응성으로 구분된다

경영품질 글로벌 스탠더드(global standard)인 말콤 볼드리지(Malcolm Baldrige, 이하 MB) 모델은 기업 경영에서의 리더십의 핵심 성공 요소를 정렬성(alignment)과 적응성(adaptability)으로 구분해 제시하고 있다. 정렬성은 조직의 방향 설정에 초점을 맞추고 있으며, 이해관계자 그룹의 관심사를 효과적으로 조정할 것을 요구한다. 적응성 요소로는 경영진의 통솔력과 혁신 환경 조성 능력을 중시한다. 권한 이양과 커뮤니케이션이 여기에 포함되는 것은 당연한 일이다. 따라서 상사의 리더십을 분석할 때는 분명히 방향성과 통솔력으로 구분해서 조명해야 할 것이다.

방향 설정과 통솔력 이외에도 경영진은 성과 관리와 피드백에 관심을 가져야 한다. 리더십 실행에 대한 모니터링을 통해서 지속적인 개선의 프레임워크(framework)를 유지하라는 의미이기도 하다. 부서 간 인터페이스(interface), 성과 분석에 근거한 개인과 조직의 리더십 시스템 개선이 유기적으로 진행되어야 한다. 리더십을 강화하는 수단을 중시하는 것도 엿볼 수 있다.

MB 리더십의 또 다른 축은 사회적인 책임에 관련된 것이다. 도덕적 · 윤리적 사업 수행과 사회 공헌에 대한 부분이 여기에 포함되며 조직의 공익성 역할을 강조한다고 볼 수 있다. 장기적으로 강한 기업을 유지하기 위해서는 지역 사회에서 공익을 추구하는 이미지를 갖추어야만 한다는 것을 강조하고 있다.

리더십 범주에서 강조하는 핵심 성공 요소를 정렬성과 적응성에 근거한 방격도표에 나타내면 다음 [그림 2-3]과 같은 결과가 나타난다. 정렬성과 적응성이 낮은 지역은 Anti-MB Zone으로 바람직한 영역이 아니다. 다시 말해서, 초일류를 지향하는 조직이라면 리더십의 핵심 요소가 이 부분에 속하는 경우는 없어야 할 것이다. 그림에서 동그라미의 크기는 해당 핵심 요소의 상대적인 영향력을 나타낸다. 역시 '경영의 방향 설정'이 핵심 요소 중에서도 가장 커다란 비중을 차지하고 있는 것을 알 수 있다.

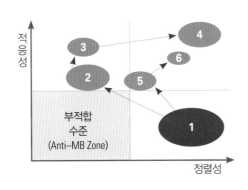

[그림 2-3]
리더십 범주의
핵심 요소

✓ 핵심 요소

❶ 경영의 방향 설정
❷ 경영진의 통솔력(소통)
❸ 혁신 환경 조성
❹ 조직의 성과 관리
❺ 지배구조
❻ 사회적 책임

2. 셀프 리더십: 개별 구성원의 사고방식

디지털 시대가 도래하면서 세상이 더욱 넓어졌다. 나이, 지역, 인종, 국가와 상관없이 순식간에 커다란 정보 마당을 만날 수 있다. 선택의 폭이 넓어져서 편리한 세상이 되었다. 그러나 참으로 어려운 세상이기도 하다. 올바른 선택을 하는 것이 그만큼 어렵기 때문이다.

진로를 어떤 분야로 진출해야 좋을지 뾰족한 대답이 안 나온다. 특별한 개성이 있으면 좋겠지만 이것저것 시도만 할 뿐 정작 단 한 가지에도 제대로 집중을 하지 못한다. 게다가 주변 친구들의 좋은 환경이 부럽게만 느껴진다. 스스로의 노력 부족보다는 부모의 무능력을 탓한다. 그렇다. 세상은 분명 변했다. 그저 열심히 공부하는 것 이외에 새로운 무언가가 요구되고 있는 것이다. 그럼 도대체 디지털 시대는 나에게 무엇을 요구하는가? 현명한 사람이라면 이 시대가 '선택의 시대'임에 주목해야 한다. 즉, 스스로 자신이 나아가야 할 올바른 방향을 정하고 그 길을 향해서 나아갈 수 있는 능력이 필요하다는 의미이다.

셀프 리더십에 대한 정의 역시 전문가에 따라 다양하다. 셀프 리더십 개념을 주창한 찰스 만즈(Charles C. Manz)가 공저자와 더불어 다양한 개념을 정립시켰는데 [표 2-2]를 보면 결국 '스스로 목표를 정하고 추진하는 실행력'으로 수렴한다는 것을 알 수 있다.

만즈 (Manz)	자기 스스로에게 영향력을 발휘하는 리더십	
만즈&넥 (Manz&Neck)	자신과 자신이 하는 일의 역할에 대해 생각하는 사고방식의 표현	
만즈&심스 (Manz&Sims)	과업이나 직무를 성공적으로 수행하기 위해 본인 스스로 자신의 사고나 행동을 통해 바람직한 방향으로 영향력을 행사하는 과정	
피어스&만즈 (Pearce&Manz)	스스로 목표를 설정하고, 자기통제 등과 같은 자율성을 중심으로 하는 내적 리더십	[표 2-2] 셀프 리더십의 정의

범위(dimensions)	하위요인(sub-scales)
행위 중심적 전략	자기 목표 설정
	자기 보상
	자기 징계
	자기 관찰
	자기 역할
자연 보상 전략	자연적 보상에 초점
건설적 사고 패턴 전략	성공적 성과의 가시화
	자기 자신과의 대화
	신념과 가정에 대한 평가

[표 2-3]
셀프 리더십의
구성 요소

제프리 호턴(Jeffrey D. Houghton)과 크리스토퍼 넥(Christopher Neck)은 셀프 리더십의 전략과 세부 실행 관점을 정리해 제시하기도 했다. 행위 중심적 전략, 자연 보상 전략, 건설적 사고 패턴 전략으로 나뉘며 각 전략에 대한 개인의 행동 철학 혹은 행동 방식을 소개하고 있다. 예컨대, 자연 보상 전략 관점에서는 자연적인 보상에 초점을 맞추어 스스로 동기부여를 감안해 실행력을 조정하게 된다고 한다.

스스로를 올바른 방향으로 이끄는 능력이 바로 셀프 리더십이다. 누군가의 힘이나 제한된 환경에 의해서 이끌려가던 팔로워(follower)의 입장에서 벗어나 스스로 올바른 길로 갈 수 있도록 노력하는 셀프 리더의 역할로 전환해야 한다. 현대 사회는 내 자신이 리더가 되어야 하는 시기이기 때문이다. 사람들의 기억에 뚜렷하게 남아있는 성공한 사람들을 살펴보자. 이상화, 류승완, 류현진, 홍명보, 마이클 조던(Michael Jordan), 박준, 우피 골드버그(Whoopi Goldberg), 싸이, 한비야, KFC의 홀랜드 샌더스(Harland David Sanders), 마틴 루터 킹(Martin Luther King), 남경주 등을 생각해보자.

무엇이 보이는가? 그들의 학벌, 가정 환경, 출신 국가가 보이기보다는 그들의 성취가 보인다. 어떤 분야에서 무엇을 한 사람이며 얼마나 그 일을 잘 수행해냈는가가 느껴진다. 그들 역시 결코 쉽지 않은 여정이었을 것이고 수많은 사람들 중에서 돋보이는 결과를 만들었기에 명사(名士)가 되었을 것이다. 한 가지 분명한 것은 그들이 자신에게 적합한 인생의 목표를 찾았고 그 여정에 요구되는 땀을 흘렸다는 점이다. 우리는 이들의 셀프 리더십에 대한 결과를 함축적으로 보고 있는 셈이다.

오지탐험가 혹은 사회봉사자로 유명한 한비야는 40세에 탐험을 시작했다. '여자가 이 나이에 무엇을 할 수 있는가?'라는 주변의 우려에도 불구하고 자신의 삶의 목표를 찾아 나섰다. 역대 최고의 스포츠 기량을 가진 농구 선수로 잘 알려진 마이클 조던도 후보 시절이 있었으며, '무엇이든 시켜만 주면 다하겠다'는 열정으로 농구라는 스포츠를 대했다고 한다. 지금은 농구 구단의 구단주 반열에 올라 자신의 자아실현에 성공한 모습을 보여주고 있다. 마틴 루터 킹 목사는 '나에게는 꿈이 있습니다'라는 명연설로 많은 미국인에게 새로운 희망을 주었다. 모든 것을 이룬 모습이 아니라 그 꿈을 향한 도전에 많은 사람들이 박수를 보냈기 때문이다. 미국의 실천적 지식인이었던 스콧 니어링(Scott Nearing) 박사는 젊은 시절 교수직을 사퇴하고 농부로서 모범적인 삶을 살았다. 그는 "인생은 자신의 순례길을 가면서 통행료를 내는 것이다"라고 말했다. 그는 통행료를 내는 데 인색하지 말라고 강조한다. 통행료를 많이 낼수록 아름답고, 편한 길을 걷기 때문이다. 통행료를 내지 않는 것은 오솔길이나 험난한 길이다. 원하는 삶을 살고 싶으면 사회를 향해서 먼저 통행료를 내는 것이 중요하다.

셀프 리더십을 올바로 이해하고 자신에게 적용시킬 필요가 있다. 그러한 선택이 눈앞의 여러 가지 환경적인 어려움을 해결해주지는 않는다. 그러나 우리들의 내면에 자리하고 있는 '왜 그리고 어떻게 살아야 하는가?'라는 질문에 대한 분명한 대안과 원칙으로 자리 잡을 수 있을 것이다.

[그림 2-4] 스콧 니어링

CASE STUDY 🖉 생애 리더맵(빌 클린턴)

☑ 셀프 리더십을 자신의
미래 설계에 반영한
빌 클린턴

'케네디'같은 대통령이 되겠다는 꿈을 갖고 싶어온 윌리엄 클린턴(William Jefferson Clinton)은 만 46세에 그 꿈을 이루었다. 빠른 나이에 자신의 꿈을 이루었다는 사실보다 5세에 꿈을 꾸기 시작하였으며 10세에 흥내를 내었다는 점이 대단하다. 아칸소 주지사 의자에 앉은 어린 클린턴은 언젠가 이 자리의 주인이 될 것이라고 생각했다. 고 한다. 빌 클린턴이 미래를 위해서 25세 이전에 얼마나 많은 사람들을 만나는가를 주목하라.

[그림 2–5] 빌 클린턴의 생애 리더맵

	1세	10세	15세	20세	25세	35세	55세	69세
비전		⑤ 인종차별 없는 삶을 꿈꾸다	⑯ 인생의 멘토 케네디와 악수하다	⑱ 케네디 지역사건의 영향으로 워싱턴행 결정	㉗ 아칸소 대학 법학과 교수가 되다	㉘ 아칸소 하원의원 출마 · ㉚ 아칸소 법무장관이 되다 · ㉜ 아칸소 주지사가 되다 · ㊻ 대통령 당선	㊵ 대통령 당선 · ㉞ 미국월드컵 축구 유치위원회 명예위원장	㊸ 유엔 아이티 특사 (태풍 피해 복구)
리더십		⑩ 주지사 의자에 앉다 · ⑩ 전당대회 시청	⑭ 케네디 지지 운동 · ⑮ 드골레이단 활동(일종이 정치클럽) · ⑯ 미국 재향군인회 소년단 행사 참가(예비 정치활동)	⑱ 킹 목사의 연설을 듣고 눈물을 흘리다 · ⑲ 대학교 학생회장 출마 · ⑳ 홀트 선거운동원으로 활동 · ㉒ 풀브라이트위원 사무실에서 출근	㉖ 텍사스 선거운동(맥거번 의원)		
역량	⑦ 맥 맥라티(백악관 비서실장) 조피바섬무주건매 길이 일함	⑩ 홀 데이버드(함제보건 근무, 캐럴린(성인 문병 토리자)) · ⑯ 폴제이미슨(멘디슨 근무, 캐럴린(성인 문병 토리자)	⑱ 조지타운 대학교 입학	⑳ 로즈 장학생으로 옥스퍼드 대학교로 가다 · ㉒ 유럽여행 후 예일법대 입학	㉔ 힐러리와의 첫만남 · ㉖ 힐러리의 사랑을 위해 캘리포니아로 가다 · ㉙ 힐러리와 결혼		
인간관계	⑬ 조 뉴먼(죽마고우)	⑩ 그레이엄 목사(신앙의 힘을 보여준 사람)	⑯ 그레이엄드(형제보다 평생 친구)	㉑ 짓 애버슨(우프로이 대사), 짐 무어(연금문제 조언) · ㉒ 밥 라시(노동장관), 드나스 블레어(태평양 주둔 미국 사령관), 릭 스탠스(보스턴 연방법원 판사), 스토로트 택넛(국무부 부장관), 더그 이글러(법률서비스 본인의 의장), 앨런 바스(센드이에이고 연방판사), 윌리 블라자(제안방순회항소심법원 판사)				

죽지 바듯

비전은 소통으로 설계해 나간
클린턴. 통 윌리엄스(노동부 범블고문,
클린턴 모든 사람을 그에게
기회가 있던 가능성이 있다.

파브(FOB) 정신: 일상생활에서의 셀프 리더십 체크리스트

파브(FOB)는 '보트에서 막 내린 사람(Fresh Off the Boat)'을 의미한다. 경제적으로 어려운 나라에서 보트를 타고 선진국에 진입한 보트 피플을 통칭하는 것으로 생존이 모든 것에 우선하는 사람들을 비유할 때 사용되는 용어다. 파브 정신을 셀프 리더십의 유형으로 제시하는 이유는 바로 이러한 의식이 셀프 리더십의 가장 치열한 표현이기 때문이다.

새로운 환경에 도전하는 '파브'라고 불리는 사람은 가슴이 떨리고 설렌다. 기회를 가지게 되었기 때문이다. 적어도 무언가를 시도해볼 수 있는 기회가 있는 것이다. 물론 두렵다. 자신들이 갖고 있는 것을 파악하면 상대적으로 보잘 것 없기 때문이다. 촌스러운 외형, 물려받은 것 없는 유산, 인종 문제, 언어 문제. 어느 것 하나 경쟁에서 유리한 것이 없어 보인다. 하지만 왠지 설렌다. 새로운 기회를 맞아 인생의 모든 것을 걸고 싶어진다. 인생을 걸고 도전할 수 있는 일이 있다는 것이 행운으로 여겨진다. 아, 이러한 기회를 갖기를 원하는 사람들이 얼마나 많이 있는가. 생각만 해도 다행으로 여겨진다. 내가 지금 이 기회의 땅에 있다니 말이다.

파브와 반대되는 개념으로 사브(SOB: Still On Boat)는 '아직도 보트에서 내리지 못한 사람'이라는 의미이다. 자신의 과거와 환경에서 허덕이는 사람이다. 셀프 리더십이 부족한 사람에게 쓴다. 파브는 스스로 시도하는 셀프 리더이고 사브는 환경에 의존하는 팔로워다. 파브와 사브의 차이점은 [표 2-4]와 같이 비교할 수 있다. (신완선, 『파브 파이팅』, 2004)

인생은 여러 가지 배를 타고 보물섬을 찾아가는 것과 같다. 우리의 출신, 학벌, 환경 조건이 모두 배의 종류에 해당되는 것들이다. 아주 초라한 돛단배를 타고 있는 사람은 조그만 돌풍에도 휩쓸릴까 경계하며 살아간다. 항상 깨어 있어야만 목적지까지 갈 수 있는 사람들이다. 튼튼해 보이는 호화 선박에서 유유자적하며 자신이 해야 할 일을 준비하는 사람들도 있다. 운이 좋은 사람들이다. 물론 다행스럽게도(?) 그 안에서 미래를 준비하지 않고 편안히 잠만 자는 사람도

파브(FOB)	사브(SOB)	
1. 주도적인 삶을 산다.	1. 주어진 삶을 산다.	
2. 스스로 해결하려고 시도한다.	2. 타인이 해결해 줄 것을 기대한다.	
3. 내 탓을 한다.	3. 남의 탓을 한다.	
4. 역경을 만나면 기회라고 생각한다.	4. 역경을 만나면 피할 생각만 한다.	
5. 모닥불을 직접 피우는 사람이다.	5. 곁불을 쬐려고 기다리는 사람이다.	
6. 삶의 목표가 분명하다.	6. 시간이 지나면 저절로 문제가 해결될 것이라고 생각하고 기다린다.	[표 2-4] 파브와 사브의 차이점

부지기수다. 중요한 것은 누구든지 보물찾기에 도전하기 위해서는 먼저 자신이 타고 있는 배에서 뛰어내려야 한다는 사실이다. 배에서 뛰어내리지 못하고 있는 사브는 보물섬에 발을 디딜 수 없다. 환경이라는 굴레에서 벗어나 진정한 자신이 되어야만 삶의 보물을 찾을 수 있다. 자신의 처지를 무시하라는 의미가 아니라 자신의 환경에서 독립해야 한다는 뜻이다. 가르치는 선생으로서 나의 가장 큰 기쁨은 파브를 많이 만날 수 있다는 점이다. 마음 고생을 하고 학교에 입학을 했는지 아니면 편입을 해서 왔는지 내가 알 턱이 없다. 또 알 필요도 없다. 그들이 주어진 순간을 감사하게 생각하고 기꺼이 도전하는 학생들이라는 점이 나에게는 소중하다. 마음속에 말 못 할 시련을 품고 있을 수도 있고 희망에 찬 포부를 즐기고 있을 수도 있다. 재미있는 사실은 '파브는 신입생 시절 초라해 보일지라도 졸업할 때 우아하다'는 점이다. 시작은 초라하지만 학년이 올라갈수록 그들의 역량이 강해지기 시작한다. 자신의 쓰라린 좌절이 서서히 희망의 근원으로 바뀌고 있다는 것을 체험하면서 학창 시절을 보내는 모양이다. 나는 그래서 자신의 배에서 뛰어내려 스스로 새롭게 시작하는 파브가 든든하다. 그들은 놀랄 만큼 강해지고 있기 때문이다.

인생은 어차피 새로운 시작의 연속이다. 대학에 입학하는 것도 졸업하고 첫 직장에 발을 내딛는 순간도 새로운 시작이다. 이 때 가장 중요한 것은 바로 자신이 타고 온 배에서 뛰어 내리는 것이다. 즉, 사브가 아니라 파브가 되어야 한다.

CASE STUDY 🖉 조앤 캐슬린 롤링(Joanne Kathleen Rowling)

☑ 해리 포터

영국 한 빈민가의 허름한 아파트. 쥐가 들끓고 난방조차 되지 않는 좁은 방안에서 믿을 수 없는 일이 일어났다. 그 곳에서 어린 딸을 재워놓고 조금씩 써나갔던 『해리포터』를 발표하면서 무일푼의 이혼녀였던 조앤 캐슬린 롤링은 일약 스타덤에 오른 것은 물론 영국의 최대 갑부가 되었다.

조앤은 본래 상상력이 풍부한 아이였다. 그녀는 어려서부터 "우리가 ~ 이 되었다고 상상해 보자"라는 말을 입에 달고 다닐 정도로 상상하는 놀이를 즐겨했고, 자기가

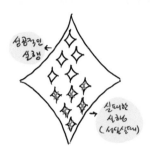

실패를 거듭했지만 그녀의 실행력은 결국 세상을 반하게 만들었다.

만든 이야기를 글로 적어서 여러 편의 동화를 쓰기도 했다. 그 습관은 커서도 변하지 않았는데 뭔가를 끼적거리며 혼잣말을 자주 해 주위 사람들은 그녀를 이상하게 생각하기도 했다.

불행이란 언제, 누구에게, 어떻게 닥칠지 모르는 일이다. 조앤도 평범했던 자신의 인생이 한순간 춥고 배고픈 빈민으로 전락하리라곤 상상도 못했을 것이다. 그러나 불행은 다시 행복해질 수 있는 기회일 수도 있다. 얼마나 좌절하지 않고 어떻게 잘 일어서느냐가 문제다. 조앤을 다시 일어서게 한 것은 무엇이었을까? 그것은 그녀의 꿈이었다. 상상하기 좋아하고 이야기 만들어내기 좋아하던 그녀는 가지고 있던 이야기들을 끄집어내기 시작했다. 그리고 전례 없는 출판 기록을 세우며 전 세계를 떠들썩하게 했다.

[그림 2-6] 조앤 롤링과 해리포터 시리즈
이미지 출처: ① 위키미디어, ② lozikiki, Flickr CC By

이제는 뛰어내려라. 진정한 파브가 되겠다고 생각하고 새롭게 도전하라. 그 도전 속에 모든 고민을 해결해 줄 열쇠가 숨어 있다는 것을 믿어라. 이제 그 열쇠를 찾아 나설 때이다. 파브의 최우선 자질은 주도적인 태도를 갖는 것이다. 자기 자신과 승부하라. 환경 탓을 하지 말라. 이제 자신을 진정한 파브로 단련시킬 수 있는 고약한 약초부터 맛을 보기 시작하라. 파브는 희망을 찾아서 배에서 내린 사람들이다. 도전하는 사람이고 가능성을 본 사람이다. 파브는 무한 가능성을 보는 사람이다.

루키 정신: 기업에서의 셀프 리더십 체크리스트

셀프 리더십 개념을 강조하는 사례로서는 루키 정신을 꼽을 수 있다. 신입 사원과 전문가의 조화를 추구하며, 계속해서 신입 사원의 마음가짐을 유지할 것을 강조하는 경우다. 사람들은 초보였을 때는 가능한 많은 것을 배우는 데에 초점을 맞춘다. 루키 정신을 주장한 리즈 와이즈먼(Liz Wiseman)은 신입 사원 시절에 다음과 같은 5가지에 질문을 통해 자신의 행동을 점검했다고 한다.

① 다른 사람이 보지 못한 일을 어떻게 보았나?
② 어떻게 전문가를 찾았는가?
③ 자신을 빨리 증명할 수 있었는가?
④ 피드백 받는 방법은 무엇인가?
⑤ 실수를 만회하는 방법은 무엇인가?

리즈는 1,000명을 대상으로 신입 사원의 도전 정신에 대해 조사한 결과, 도전 정신을 느낄수록 업무 만족도가 높다는 것을 알게 되었다. 자신의 업무가 쉬워서 지겨워지는 경우를 경계해야 한단다. 두 사람이 고무줄을 팽팽하게 당겨서 한 사람의 자세가 무너지는 순간이 최대의 긴장이 유지된 시점이다. 그러한 진

지함과 긴장감이 오히려 만족감을 극대화시킨다. 그녀가 제시한 루키 정신 부적합 상태는 5가지로 압축된다.

① 일이 쉽다(가이드나 노트를 버려야 함).
② 답이 있다(계속 문제의식을 가져야 하며 지식을 이용하여 좋은 질문을 해야 함).
③ 모든 피드백이 긍정적이다(모르는 것을 인정해야 함).
④ 멘토가 되고 있다(오히려 멘토링을 받아야 하며, 익숙한 것을 경계해야 함).
⑤ 바쁘긴 한데 지루하다(자격을 스스로 해제해야 함).

초심으로 돌아가 패턴이 없는 실험을 하며, 두려움을 버리고 열정을 가져야 하며, 일을 즐겨야 한다. 다양한 체험을 통해서 배우려는 자세를 가져야 한다. 이러한 모습은 기업이나 조직 생활에서 셀프 리더십을 유지하는 데 필요한 체크리스트로 활용될 수 있다.

3. 리얼 옵션: 미래의 선택 권리를 중시한다

셀프 리더십은 개인 단위에서 필요한 역량이다. 주변 분위기를 무심코 따라가는 것이 아니라 스스로 목표를 정하고 실적을 관리하는 일련의 행위이므로 동기부여가 무엇보다도 중요하다. 우리는 여기서 사람들이 왜, 그리고 무엇으로 미래를 준비하게 되는가를 이해할 필요가 있다. 왜냐하면 그러한 목적과 수단이 결합되어 한 사람의 셀프 리더십으로 표출될 것이기 때문이다. 마음속으로 의도하는 바와 실제 표면적으로 나타나는 결과는 얼마든지 다를 수 있다. 리더십은 객관적인 판단이 중요하다. 나타나는 현상이 다음 기회에 대한 판단과 실행으로 이어지기 마련이다.

셀프 리더십을 함축적으로 표현하는 개념으로는 리얼 옵션(Real Option)이 적합하다. 리얼 옵션은 미래의 선택 권리를 의미하는 것으로서 현재의 선택과 결정이 미래에 어떤 결과로 이어졌는지를 판단하는 수단을 제공한다. 예컨대, 돈을 모으기 위해서 최선을 다하는 사람은 미래에 돈으로 편하고 윤택하게 살 수 있는 권리를 확보하려고 노력하고 있는 것이다. 승진을 목표로 주어진 일에 몰입하는 사람은 승진이라는 선택 권리를 추구하는 것으로서 승진이 되면 더 높은 연봉과 자존감에 대한 합당한 명분을 얻을 수 있다고 생각하고 있을 것이다. 즉, 미래의 선택 권리인 리얼 옵션이 무엇인가에 따라서 당장 눈앞에 놓인 일에 대한 의식과 자세가 달라질 수 있다.

리얼 옵션의 개념에 가까운 이론은 레이프 에드빈슨(Leif Edvinsson)이 제창한 지적자본이다. 조직의 경쟁력은 금융자본과 지적자본에 의해서 형성된다고 주장한다. 금융자본은 이해가 쉽다. 금전적인 축적이 미래의 기회를 보장한다. 사람들이 저축을 하거나 돈을 빌려서 원하는 선택을 할 수 있다. 파워, 즉 구매력을 확보한 실적에 주어지는 권리다. 그의 정의에 따르면 '지적자본은 지식이나 비재무 자산을 부(富)를 창출시킬 자원(wealth creating resources)으로 전환시키는 능력'이다. 그리고 지적자본은 인적자본(human capital)과 구조자본(structure capital)로 구성된다. 예를 들어, 세계적인 스포츠 스타가 되면 광고를 통해서 높은 수입을 올릴 수 있는 잠재력을 가지게 된다. 가능성만으로 당장 수입을 얘기할 수는 없지만 브랜드 가치에 반영되어 실제로 거래와 평가에 반영되기도 한다. 건물이나 사업장 매매 단계에서 인정되는 권리금이 좋은 예이다. 사람도 마찬가지다. 실제 보유하고 있는 금전 가치 이외에 개인 역량과 무형 자산이 지적자본이다.

리얼 옵션 개념에서 보면, 사람들의 셀프 리더십은 미래의 선택 권리에 의해서 결정될 수 있는데 여기서 얘기하는 선택 권리는 꼭 주관적인 상황을 의미하지는 않는다. 프로 운동 선수가 좋은 사례다. 자유 계약(Free Agent, FA) 권리를 행사할 수 있는 기회를 앞둔 선수들은 자신의 가치를 높이기 위해서 다른 기간보다도 집중한다. 계약할 때 유리한 입지를 확보하기 위해서다. 평소에 자기 관리를 열심히 하는 셀프 리더십이 강한 사람이 아닐지라도 이러한 상황에서는 누구나 최선을 다한다. 미래에 대한 가치, 즉 보다 유리한 리얼 옵션을 위해서 노력하는 것이다. 때로 아무런 이유 없이 리더가 좋아서, 혹은 사명감으로 셀프 리더십을 끌어 올리는 경우도 많다. 어떤 보상에 대한 기대가 아니라 자발적인 동인이 마음을 움직이는 것이다. 물론 이런 경우도 심리적 동인을 충족시키고자 하는 리얼 옵션을 염두에 두고 있다고 볼 수 있다. 무의식 중에 하는 행위 이외에 대부분의 행동에서 합리적인 사람은 과정과 결과에 대한 기대를 하게 된다.

리얼 옵션 6가지 유형

성공한 사람의 개인적인 리얼 옵션 패턴을 분석해 정리한 결과에 따르면 리얼 옵션은 크게 6가지 종류로 분류할 수 있다. 그리고 각 유형이 차지하는 비율은 다음과 같다.

- 비전형(47%): 미래 비전을 위해서 리얼 옵션을 준비한다.
- 위기형(19%): 위기를 극복하려는 노력 자체가 리얼 옵션이 된다.
- 체험형(13%): 다양한 체험이 리얼 옵션을 만드는 계기가 된다.
- 취미형(10%): 취미 활동을 확장한 결과가 리얼 옵션이 된다.
- 멘토형(7%): 멘토의 제안을 경청하여 리얼 옵션을 준비한다.
- 대리형(4%): 타인의 체험을 믿고 자신의 옵션으로 선택한다.

① 비전형 리얼 옵션_Vision

자신이 구상하고 있는 미래의 선택 권리를 의미한다. 동기부여의 중심에는 스스로 정한 목표에 부합하는 미래가치가 있는 경우다. 47%에 해당되는 사람들이 이러한 유형의 리얼 옵션에 초점을 맞추어 자신의 미래를 변화시키는 데 성공했다. 항상 관심을 갖고 노력하므로 그만큼 몰입력과 성공 가능성이 높다.

② 위기형 리얼 옵션_Crisis

　당장의 어려움을 해결하면 무언가 될 것이라고 생각하는 경우에 해당되는 유형이다. 위기 극복을 위해 온갖 체험을 하다가 자신도 모르게 역량이 축적된 경우도 이에 해당된다. 문제 해결을 위해 치열하게 몸부림치는 순간이기에 몰입력이 그만큼 크다.

③ 체험형 리얼 옵션_Challenge

　다양한 체험을 하는 과정에서 인생의 전환점을 찾는 경우가 체험형 리얼 옵션에 해당된다. 실험적 도전이 성공으로 이어진 상황이다. 성공 비율은 13%이다.

④ 취미형 리얼 옵션_Hobby

　자신이 좋아서 하는 일 혹은 취미 활동에 중심을 두는 경우다. 타인이 아니라 개인적인 차원에서 마음에 들면 행동에 옮기는 유형이다. 목표 의식은 그만큼 낮으므로 열 명 중에서 한 명 정도가 성공하는 것으로 나타났다.

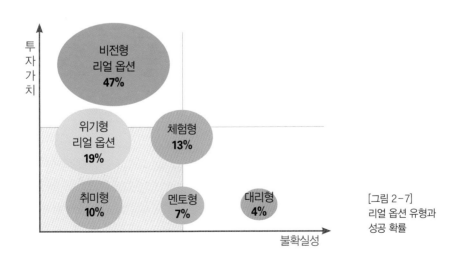

[그림 2-7]
리얼 옵션 유형과
성공 확률

⑤ 멘토형 리얼 옵션_Mentor

자신이 존중하는 사람의 배려와 제안에 순응하는 상황에서의 리얼 옵션이다. 뭔가 의도가 있을 것이라고 믿고, 배운다는 자세로 미래를 준비한다. 멘토형 리얼 옵션은 소중한 사람의 이야기를 믿고 실천하여 새로운 삶의 영역을 개척한다.

⑥ 대리형 리얼 옵션_Proxy

본인의 직접적인 체험이 아니라 다른 사람의 도전을 보고 자신의 리얼 옵션을 찾는 데 도전하는 경우다. 멘토형 리얼 옵션이 직접 조언을 듣고 숙고한 후에 행동으로 옮긴다면 대리형은 남의 성공담에 솔깃해서 행동을 취하는 경우다. 성공 비율은 4%로 가장 낮다. 타인의 경험이므로 영향력이 상대적으로 크지 않은 편이다.

미래는 단 한 가지 리얼 옵션으로 결정되지 않는다. 복수의 옵션을 동시에 추구하는 사람도 있고 한 가지 선택권에만 집중하는 경우도 있을 것이다. 미래에 대한 투자이므로 '분산 투자'냐 아니면 '선택과 집중'이냐의 문제이기도 하다. 모든 계란을 한 바구니에 담는 것과 나누어 담는 차이에 해당된다. 불확실성이 높을수록 적절한 포트폴리오를 운영하라는 것이 투자 전문가들의 주장이다. 자신이 감당할만한 불확실성 수준에 따라 적절한 리얼 옵션을 선택하는 것이 현명한 방법일 수 있다. *

▄▄▄ *2장은 저자의 저서 『신완선 교수의 리얼옵션』(2012)의 내용을 일부 포함하고 있습니다.

CASE STUDY 📎 허명회

☑ **한결같은 마음으로 체험형 리얼 옵션을 실천한 허명회 KD 운송그룹 회장**

KD 운송그룹은 대한민국에서 가장 큰 버스 회사다. 대략 5천 대 가까운 버스를 가졌다. 허명회 회장은 1961년 현 경기고속의 전신인 경기여객의 평사원으로 입사하여 현재 경기고속 등 8개 운수 대표이사로 재직중이며 운수업에 평생을 바친 사람이다.

허 회장에게서 리더가 되기 위한 조건들을 찾아보자. 첫 번째 조건은 사람에 대한 관심과 애정이다. 기사들의 식사는 최고의 식자재를 사용한다. 다른 것은 아껴도 직원들에게는 아낌없이 돈을 쓰자는 철학이다. 직원뿐 아니라 직원 가족에 대한 관심도 남

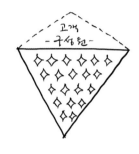

철저한 솔선수범으로 구성원을 지원하여
최대 운송그룹을 만든다.
가슴에 실행의 다이아몬드를 품었던 리더.

다르다. 직원만큼 직원 가족들의 성원이 회사에 필수적이란 것을 알기 때문이다.

둘째, 솔선수범이다. 조직이 잘 운영되기 위해서는 높은 사람이 모범을 보여야 한다. 허 회장은 자신의 차를 바꾸지 않는 것으로 유명하다. 그가 13년 간 탄 자동차는 삼성화재 박물관에 전시되어 있을 정도다. 차를 바꾸지 않는 이유는 "고객을 위한 버스는 8년에 한 번 바꾸면서 내 차를 4년 만에 바꾸는 것은 말이 되지 않는다"는 것이다. 이 회사에 노사분규가 없는 것도 이런 허 회장의 솔선수범 때문일 것이다.

셋째, 철저한 관리와 현장주의다. 아무리 사람이 좋고 솔선수범해도 이익을 내지 못하는 조직은 무너진다. 버스 사업은 마진이 적다. 영업 이익률이 1.2%에 불과하다. 이익을 내기 위해서는 일정 규모가 되고, 관리에 철저해야 한다. 그는 수많은 버스 회사를 인수하면서 성장했는데 그는 회사를 인수할 때 3가지를 본다. 차고지의 정리 정돈 상태, 화장실의 청결 상태, 회사 식당에서 CEO가 밥을 먹는지 여부다. 출처: 한근태, 『리더가 희망이다』(2012)

[그림 2-8]
이른 아침 정류장에 나온 허명회 회장
이미지 출처: 매경이코노미, "50년간
하루도 안 쉬고 5000대 버스회사 일궈",
성혜련 기자, 2011.03.30

CASE STUDY 🖉 리얼 옵션 유형 찾기

☑ 자신의 리얼 옵션 찾아보기

모든 합리적인 사람은 자신에게 필요한 방식으로 미래를 준비한다. 미래를 준비하는 과정이 다른 이유는 개성의 차이므로 옳고 그름에 대한 판단 대상이 될 수는 없다. 그렇지만 자신이 준비하는 리얼 옵션이 어떤 유형에 해당되는지를 알아두는 것은 나름 의미가 있다. 아래 그림은 리얼 옵션 유형을 찾아보는 흐름도이다. 자신이 리얼 옵션 유형에 미래 자원을 투입하고 있는지를 파악할 수 있다.

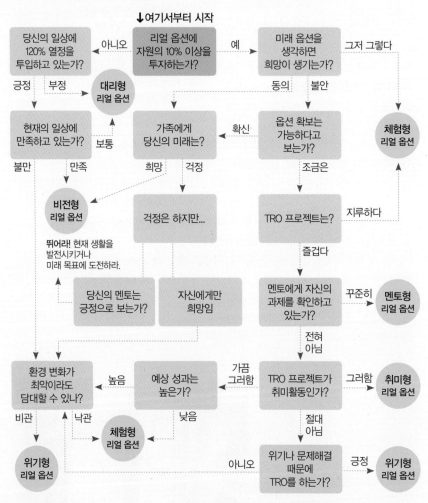

[그림 2-9] 리얼 옵션 유형을 결정하기 위한 자가진단표

Date :   Name :

Situation 셀프 리더십은 스스로 목표를 정하고 도전하는 과정의 반복이다. 지금까지 살아오는 동안 자신의 비전이 어떻게 변해왔는가를 비전 아이콘을 이용해서 그려보아라.(5장 표지 참고)

다음의 아이콘을 이용해 상황에 맞는
자신만의 리더십을 표현해 보세요.

△ 비전   ●—— 커뮤니케이션   ○ 신뢰   ▤ 인재   ◇ 실행

"현실에 집중해야 한다. 그러나 어디로 왜 가는지도 알아야 한다."

Date :   Name :

Situation 파브(FOB)는 환경이라는 배에서 뛰어 내린 사람이다. 남이 아니라 자기 자신에게서 미래를 찾아나간다. 자신의 파브 정신 스타일을 실행의 아이콘으로 표현해보라.(9장 표지 참조)

다음의 아이콘을 이용해 상황에 맞는
자신만의 리더십을 표현해 보세요.

비전   커뮤니케이션   신뢰   인재   실행

"환경은 언제나 양면적이다. 내가 리드하면 선물이고, 리드 당하면 짐이 된다."

CHAPTER
SUMMARY

1 **리더십의 정의:** 리더십의 사전적 의미는 '방향을 설정하고 따라오도록 만드는 것'이다. 다양한 전문가들이 내린 정의의 공통점을 보면 방향성과 통솔력에 대한 개념을 내포하고 있으며 한 단어로 함축하면 영향력(impact)으로 표현될 수 있다.

2 **리더십의 유형:** 리더십에 대한 연구는 특성 연구, 행동 연구, 원칙 연구, 상황 대응 연구 등으로 구분될 수 있으며 분류 방식에 따라서 다양한 리더십 모형이 제시되어 있다. 방식은 다양하지만 본질적으로 리더십의 기본 개념인 방향성(정렬성)과 실행력(적응성)의 표현에 초점을 맞추고 있다.

3 **셀프 리더십의 정의:** 스스로 목표를 설정하고, 자기 통제 등과 같이 자율성을 중심으로 하는 내적 리더십으로서 파브 정신이나 루키 정신이 셀프 리더십의 예라고 볼 수 있다. 파브 정신은 새로운 세계에 대한 도전 시점의 의지를 뜻하며 루키 정신은 새로운 직업을 출발하는 시점의 자세를 유지할 것을 강조한다.

4 **리얼 옵션의 개념:** 셀프 리더십으로 미래를 준비하는 과정에 요구되는 구체적인 접근 방식을 소개하기 위해서 리얼 옵션 개념을 설명했다. 6가지 리얼 옵션(비전형, 위기형, 체험형, 취미형, 멘토형, 대리형)이 있으며 자신에게 적합한 방식으로 미래의 선택 권리를 확보하라고 주문하고 있다. 셀프 리더십이 궁극적으로 리얼 옵션, 즉 미래의 선택 권리로 이어진다는 사실에 초점을 맞출 필요가 있다.

REVIEW
QUESTIONS

1 리더십의 사전적 정의는 무엇인가?

2 리더십을 한 단어로 표현하면 무엇인가?

3 전문가들이 리더십을 다양하게 정의하는 이유는 무엇인가?

4 셀프 리더십이 중요한 이유는 무엇인가?

5 셀프 리더십이 좋은 조직과 그렇지 못한 조직의 비즈니스 결과는 어떻게 달라질 것이라고 판단하는가?

6 파브(FOB) 정신의 의미는 무엇이며 그러한 어원이 시작된 배경은 무엇인가?

7 루키 정신의 5가지 핵심 요소는 무엇이며 그것이 조직의 지속가 능성 확보에 왜 중요한가?

8 리얼 옵션은 무엇이며 6가지 유형에는 어떠한 것들이 있는가?

APPLICATION
EXERCISES

1 조직 구성원의 셀프 리더십이 중요하다고 설명했다. 구성원 각자 가 주인정신을 갖고 리더를 지원하는 것이 리더십에서는 중요하 기 때문이다. 구성원들이 셀프 리더십을 갖도록 만들기 위해서는 어떤 내용들이 중요한지 성공 사례를 찾아서 설명하라.

2 셀프 리더십이 좋은 기업과 셀프 리더십이 좋지 못한 기업을 각각 1개씩 찾아라. 그들의 셀프 리더십 수준이 기업의 경쟁력에 어떻 게 작용하는지 분야별로 구분해서 비교하라. 셀프 리더십이 오히 려 리더십에 방해가 되는 경우가 있는지도 조사하라.

3 루키 정신에 대해서 배웠다. 기업에 근무하고 있는 두 사람을 면 담하여 루키 정신에 대한 체크리스트를 적용해보라. 각 문항에 대 해서 그들의 의견을 들어보고 왜 루키 정신이 실제로 유용한 주제 인지 확인하라.

4 우리나라에서 최근 가장 빠르게 성공한 기업을 1개 선정하라. 그 러한 사업을 성공시킨 CEO가 어떤 유형의 리얼 옵션을 통해서 사 업을 추진하였는지 조사 및 분석하라.

5 자신이 현재 준비하고 있는 리얼 옵션이 무엇인지를 진단하라. 자 신이 희망하는 리얼 옵션은 무엇이며 그러한 방향으로 전환하기 위해서 준비해야 할 과제를 제시하라.

컬러 리더십과 리더십 자가진단

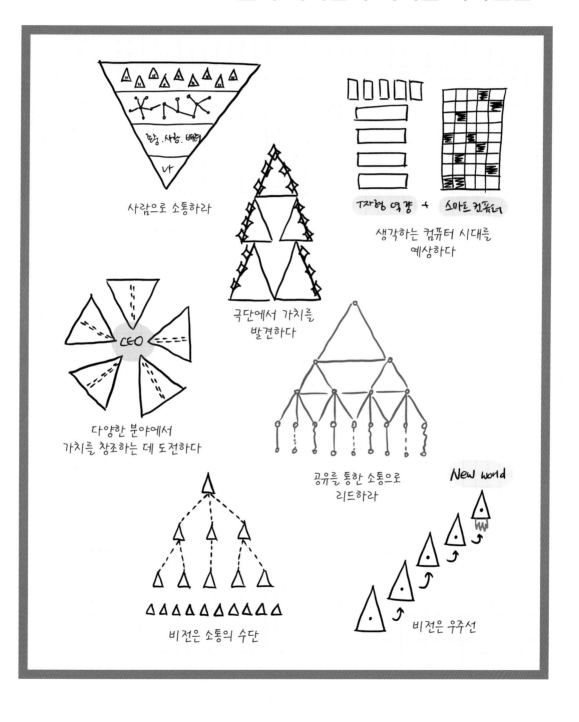

사람으로 소통하라

생각하는 컴퓨터 시대를
예상하다

극단에서 가치를
발견하다

다양한 분야에서
가치를 창조하는 데 도전하다

공유를 통한 소통으로
리드하라

비전은 소통의 수단

비전은 우주선

제 3 장

컬러 리더십과 리더십 자가진단

1. 왜 리더는 자신의 강점을 살려야 하는가?
2. 우리들의 강점을 색깔로 비유하면 어떤 컬러가 되는가?
3. 컬러별 리더십 강점과 성공 패턴은 무엇인가?
4. 나의 리더십 컬러는 과연 무엇일까?

1. 개인 리더십의 유형

테크노 리더십을 적용하기에 앞서 자신이 어떤 유형의 리더인지 파악하는 것이 중요하다. 자신의 리더십 강점을 활용하여 기술 중시 시대의 리더십을 추구하는 것이 중요하기 때문이다.

옥스퍼드 사전(Oxford Dictionaries)에서는 리더를 '사람이나 동물들이 올바른 길로 갈 수 있도록 이끄는 사람'이라고 정의하고 있다. 이러한 사전적 의미를 보다 효과적으로 수행하도록 지원할 수 있는 이론적 프레임을 제시하기 위해서 많은 연구자들이 리더십 모형 혹은 접근 방식에 대한 연구 개발을 시도하였다. 20세기 초 리더십이 이론화되면서 전통적 리더십 이론 연구는 세 가지 접근 방법으로 나뉘어 발전해 왔다. 첫째, 특성 이론적 접근법(trait approach) 둘째, 행동 이론적 접근법(behavior approach), 마지막으로 상황 이론적 접근법(situational approach)이다. 이러한 전통적 리더십 이론을 바탕으로 1980년대부터는 새로운 흐름의 리더십 이론 접근법이 나타나 오늘날에는 변혁적

(transformational), 거래적(transactional), 슈퍼(super), 서번트(servant) 리더십 등 다양하고 새로운 리더십 패러다임의 연구가 전개되고 있다.

1930년대부터 1940년대 사이에 주류를 이루었던 특성 이론 접근법은 리더와 비(非)리더를 구별하며 리더십의 근거를 리더의 개인적 특성인 인성 혹은 자질에 두었다. 초기 이론은 리더십이 타고난 본능이라는 위인 이론에 근거를 두고 있으며 후에는 비효과적인 리더와 구별되는 효과적인 리더의 특성이 존재한다는 주장을 펼치게 된다. 즉 성공한 리더들의 공통적 특성을 집중적으로 연구해 개념화한 이론이다(이임정 · 윤관호, 2007). 대표적인 연구자들로는 스토그딜(Ralph Melvin Stogdill, 1974), 만(Mann, 1959), 커크패트릭과 로크(Kirkpatrick & Locke, 1991) 등이 있다.

1940년대 후반에 시작된 행동 이론은 리더의 행동에 따라 리더십의 유효성이 달라질 수 있으므로 리더십은 개발될 수 있다는 것이 중심 주제이다. 리더의 행동을 중심으로 리더십을 파악했으며 과업 지향적 행동(업무 중심)과 관계 지향적 행동(구성원 중심) 구성으로 크게 개별화시켰다. 앞선 특성 이론과 비교되는 점은 첫째, 리더십의 유효성은 리더의 인성 및 자질이 아닌 자발적인 행동에 있으며 둘째, 리더와 비(非)리더를 구분하지 않고 다양한 리더의 행동이 구성원들의 성과 만족에 어떤 영향을 미치는가를 연구한다는 것이다. 대표적인 연구로는 오하이오주립대학교(Ohio State University), 미시간대학교(University of Michigan), 그리고 블레이크(Blake)와 머튼(Mouton)*의 연구가 있다. 그러나 특성 이론과 행동 이론의 연구를 통해 모든 상황에 적합한 이상적인 리더의 유형을 발견하지 못하자 1960년대 후반 리더십의 유효성을 상황과 연결시키는 상황 이론이 등장하게 되었다. 상황 이론의 핵심은 '효과적인 리더십 유형이란 상황에 따라 결정되어야 한다'는 것이다. 앞선 두 가지 이론에 의한 리더의 특성과 행동을 중심으로 연구한 것에 반해 상황 이론은 작업 상황, 외부 환경의 성격과 같은 상황적 요인에 따라 결정된다는 것에 초점을 두고 있다. 대표적인 연구로

━━━ *사람과 생산성이라는 두 가지 요인을 토대로 리더의 행동을 설명하는 관리 격자(managerial grid) 이론을 내세움.

는 하우스(R. House)의 경로-목표 이론(path-goal theory of leadership), 허시(Paul Hersey)와 블랜차드(Kenneth Blanchard)의 상황대응 이론(situational leadership styles), 케르(Kerr, S.)와 제미르(Jermier, J. M.)의 리더십 대체이론(leadership replacement theory), 피들러(F.E. Fielder)의 상황적합 이론(contingency theory) 등이 있다.

20세기 후반의 급격하고 다양한 사회 변화에 맞서기 위해 리더십 연구 역시 새롭고 다양한 이론들이 탄생했다. 안정적인 환경 속에서 현상 유지와 예측된 성과의 요구를 전제로 정립되었던 기존의 이론들이 사회가 급변하면서 그 타당성을 서서히 잃어가게 되었기 때문이다. 글로벌 네트워크가 현실화되는 시대에 맞춰 조직의 빠른 대응력과 변화 주도, 그리고 그에 맞는 구성원들의 능력 개발 및 동기부여에 구심점이 맞춰지는 새로운 리더십(new leadership theories) 또는 새로운 장르의 리더십(new genre of leadership theories)이라는 형태의 이론들이 시도되고 있다. 대표적으로 변혁적, 비전, 서번트, 슈퍼 리더십 등이 그것이다. (이 부분은 필자가 지도한 학위 논문(서보경, 2011) 내용의 일부를 인용하였다.)

2. 컬러 리더십: 강점으로 리드하라

리더십은 어떻게 사용하느냐에 따라 실생활에 유용할 수도, 혹은 범죄에 이용될 수도, 서투르게 다루면 자기 살을 벨 수도 있는 칼과 같은 것이다(김종영, 2007). 이는 리더 자신과 구성원이 이미 지니고 있는 것과 원하는 것(needs) 그리고 단체의 목적과 비전을 파악해야 리더십의 유용함이 제대로 발휘된다는 뜻이다. 결국 리더가 리더십의 수많은 개념과 정의 그리고 다양한 견해들 속에 자신의 리더십 유형과 조직이 원하는 유형을 제대로 파악하고 사용할 때 조직에 탄력성이 생기고 큰 성과를 도출할 수 있다. 리더십에 있어 절대 완벽이란 존재하지 않는다. 다만 노력과 학습으로 보완할 뿐이다. 여러 리더십 이론 동향과 새

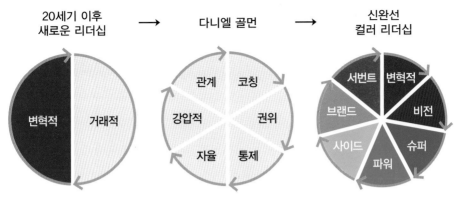

[그림 3-1] 컬러 리더십(color leadership)

로운 리더십은 보다 조직에 적합한 이론을 찾아내고자 할 때 발전, 개발되는 것이다. 또한 리더에게 하나의 리더십 유형만 존재하는 것이 아니고 주어진 상황에 따라 달라지거나 여러 유형이 동시에 발휘될 수도 있음을 인지해야 한다.

'컬러 리더십(color leadership)'은 모든 리더십에는 장단점이 있음을 전제로 하여 리더 스스로가 어울리는 리더십 유형을 찾고 전체적으로 높은 리더십 수준을 유지 하도록 지원하는 것이 핵심인 리더십 유형 분류 틀이다.

하버드 비즈니스 리뷰(Harvard Business Review, Reference 3-1 참조)에 1990년대 이후 등장한 새로운 리더십 이론들 중 대표적인 리더십 유형인 변혁적, 거래적 리더십을 2000년 다니엘 골먼(Daniel Goleman)이 보다 실용적으로 분류 하여 여섯 가지 유형으로 세분화 시켰고 필자가 워렌 베니스(Warren Bennis)의『뉴 리더의 조건(On Becoming a Leader)』을 바탕으로 7가지로 재편성하여 각 유형에 컬러를 대입시킨 뒤 '컬러 리더십'으로 이름 붙였다. 권위와 강압적 유형 분류를 통합시켰으며 브랜드와 슈퍼 리더십을 추가했다. 필자가 각 리더들의 특징에 색깔 개념을 부여하여 컬러 리더십을 제시한 이유는 리더 자신을 무지개 색깔로 포장하라는 의도가 아니다. 다양한 리더십 컬러, 즉 강점을 적재적소에 활용하여 자신에게 어울리는 리더십 이미지를 분명히 하고, 올바른 일을 올바른 방향으로 이끄는 리더가 될 수 있게 하기 위함이다. 자신의 리더십 강점을 찾아내어 올바른 영향력을 행사하고 조직으로 하여금 '긍정이라는 공통의 언어'를 갖고 변화에 도전하도록 만드는 것이 중요하다고 강조하는 것이다.

아래 [표 3-1]은 리더십 컬러를 상징하는 키워드와 영어 표현을 제시한 표로 다니엘 골먼이 하버드 비즈니스 리뷰(Harvard Business Review)에 발표한 연구 결과를 발전시켜서 컬러 리더십의 키워드, 표현, 철학을 정리한 것이다. 예컨대, 빨간색 서번트 리더십은 '사랑'이 키워드다. '사람이 중요하다'라는 함의를 가진 유형으로서 사랑으로 모든 것을 해결할 수 있다는 철학을 중시한다. 적용 관점에서 보면, 복잡한 갈등이나 대립이 만연한 조직 문화에 적합한 리더십 컬러다. 보라색이 가리키는 변혁적 리더십은 '용기'로 조직을 이끌고자 한다. 도전적인 시도를 중시하며 자신의 약점을 강점으로 전환시키는 사고방식을 중시한다.

[표 3-1] 컬러 리더십 비교*   **은 Harvard Business Review에서 다루지 않은 유형이다.

리더십	키워드 (접근방식)	표현	철학	돋보이는 경영 환경
빨간색 서번트	사랑 (Affiliative)	People come first.	사랑으로 모든 것을 해결할 수 있다.	복잡한 갈등이나 대립을 해소하고 싶다.
주황색 브랜드	창의 (Creative*)	Think different. Act different.	남을 뒤따르는 자 성공할 수 없다.	차별화된 경쟁력을 만들고 싶다.
노란색 사이드	예방 (Democratic)	What do you think?	1:10:100의 원리에 충실하자.	의견수렴을 통해서 공감대를 확립하고 싶다.
초록색 파워	성실 (Pacesetting)	Do as I do, now.	에버그린 정신	팀으로부터 즉각적인 결과를 만들고 싶다.
파랑색 슈퍼	지식 (Delegating**)	Do it yourself.	인재 양성으로 승부한다.	권한 위임을 통해서 책임을 명확히 하고 싶다.
남색 비전	비전 (Authoritative)	Come with me.	리더와 구성원이 같은 방향으로 뛴다.	새로운 비전이나 방향 설정이 요구되는 환경이다.
보라색 변혁적	용기 (Coaching)	Try this.	나의 약점이 바로 나의 강점이다.	업무 능력을 개선하여 장기적인 경쟁력을 만들고 싶다.

━━━ *신완선, 앞의 책 p. 45.의 "표 2. 컬러 리더십의 특징과 적합한 환경"에 제시된 각 리더십 유형별 철학을 삽입하여 필자가 재정리했다.
*(서보경, 2011)이 재정리한 필자의 컬러 리더십의 특징

가치관으로 장기적인 경쟁력을 확보하는 데 유효한 유형이다. 이와 같이 리더는 자신의 강점을 살려서 중요한 영향력을 발휘한다는 것이 컬러 리더십의 지향점이다. 완벽한 역할이 아니라 강점이 빛을 발하는 환경을 고민해야 하며 모든 구성원의 강점을 활용하는 것에 초점을 맞춘다.

커다란 백지에 마음껏 비전을 펼치는 리더, 뜨거운 가슴으로 경영하는 리더, 냉정한 머리로 이끄는 리더, 미래를 끊임없이 걱정하는 리더, 항상 'Go!'를 외치며 강력한 추진력을 발휘하는 리더, 완벽한 리더십을 꿈꾸는 리더, 그리고 뒤죽박죽 온통 상처투성이가 되어버린 리더 등 다양한 리더가 있지만 모든 리더는 공통적으로 자신만의 강점으로 사람들이 올바른 길을 찾도록 도와주려고 노력한다. 스티븐 코비(Stephen Covey) 박사는 그의 저서 『성공하는 사람들의 8번째 습관(The 8th Habit)』에서 '너의 목소리를 찾고 다른 사람의 목소리를 찾아줘라(Find your voice and help others find their voices)'라고 주장했다. 베스트셀러 『성공하는 사람들의 7가지 습관(The seventh habits of highly effective people)』 이후에 저술된 책이므로 그만큼 시사하는 바가 크다. 결국 강점을 살리는 것이 목표를 이루는 과정에 가장 중요하다는 의미이기도 하다. 컬러 리더십은 코비 박사가 말한 8번째 습관 이전에 제시된 개념으로 한국 사회의 흑백 사고 중심의 리더십 문화에서 구성원의 다양한 강점을 보는 컬러 리더십 문화로 바꿔보려는 의도를 내포하고 있다.

컬러 리더십은 "당신은 진정 어떤 스타일의 리더입니까?"라는 리더십에 대한 근원적인 질문을 던지고 있다. 가치관이 뚜렷한 리더십이 아름답기 때문이다.

3. 컬러 리더십의 특징과 성공 요소

컬러 리더십 프레임이 제공하는 가장 큰 장점은 7가지 리더십 유형을 정립하고 각 유형에 대해서 리더십 철학, 목적, 그리고 성공 요소라는 공통적인 프레임을 적용하여 실행 가능성을 높였다는 점이다. 다양한 리더십 개념이 제시되기는 했지만, 그들 리더십의 공통분모를 도출해 비교 및 정리한 것은 리더십의 실행력을 높이는 데 중요하다. 가 리더십 컬러의 특징과 성공 패턴을 소개하면 다음과 같다.

● 빨간색 리더: 서번트 리더십(끝없는 사랑형 리더)
관리자는 지배하려 하고 리더는 신뢰로 이끌어 간다

"나는 사랑하고 있습니다. 사랑하고 있습니다. 죽어라고 사랑하고 있습니다"라고 외쳤던 사우스웨스트항공사(Southwest Airlines)의 허브 켈러허(Herb Kelleher)는 가슴으로 경영하는 빨간색 서번트 리더이다. 그는 구성원과 고객에게 가슴으로 다가서는 사랑이야 말로 경쟁력의 핵심이라고 믿고 있는 리더이다.

"다른 사람을 섬기고자 하는 욕구는 인간의 자연스런 욕구이다."

서번트 리더십의 창시자인 로버트 그린리프(Robert K. Greenleaf)가 강조하는 것은 인간의 기질이다. 다른 사람이 잘 될 수 있도록 섬기려는 내적인 마음을

[표 3-2] 빨간색(서번트) 리더의 3가지 성공 패턴

성공 패턴 ①	역삼각형 파워 구도	역삼각형 파워 구도를 즐긴다. 섬기는 자세로 리더의 역할을 수행하기 위해서는 리더가 가장 낮은 위치에 있는 역삼각형 파워 구도를 인정해야 한다. 피라미드형 파워 구도로는 섬기는 자가 될 수 없다.
성공 패턴 ②	네트워크형 조직 구조	네트워크형 조직 구조를 선호한다. 권한 위임이 자유롭고 고객과의 접점이 다양하게 발생할 수 있는 네트워크 형태의 분산형 구조를 선호한다. 구성원의 다양성을 적극적으로 활용할 수 있는 구조이기 때문이다.
성공 패턴 ③	이해관계자 요구 파악	이해관계자의 요구를 파악한다. 구성원의 다양한 요구를 알지 못하면 섬기는 방향이 잘못 설정될 수도 있다. 고객, 구성원을 포함한 다양한 이해관계자의 의견 수렴과 피드백에 초점을 맞춘다.

가진 성향의 사람들에게 적합한 리더십이 필요하다는 것이다. 이러한 철학을 근거로 그린리프는 서번트 리더를 "먼저 섬기는 사람이다"라고 정의했다.

따뜻한 마음으로 신뢰를 구축하여 영향력을 행사하는 리더십, 즉 섬기는 리더십을 추구하는 것이 '서번트 리더'이다. 모든 리더십에서 신뢰는 중요하지만, 특히 서번트 리더십은 신뢰와 믿음이 뒷받침 되어야 한다. 따뜻한 마음과 인간에 대한 깊은 애정이 필요하다. 그래서 서번트 리더십을 '빨간색'으로 분류했다.

빨간색(서번트) 리더는 [표 3-2]와 같은 3가지의 성공 패턴을 가지고 있다.

| Human | Human & Machine | Smart Technology |

CASE STUDY 📎 이태석 신부

☑ **한국의 서번트 리더 이태석 신부**

이태석 신부는 인제대학교 의과대학 졸업, 가톨릭 사제이자 의사로서 봉사할 것을 다짐하고 2001년 수단으로 출국했다.

열악한 환경 속에서 한센병 환자들과 결핵 환자들을 보살피며 지속적인 예방접종 사업을 추진했다. 또한 의사로서의 의무만 다하는 것이 아니라, 사랑으로서 '톤즈' 마을의 사람들을 이끌었다.

선생, 의사, 음악가, 봉사자로서 종교에 국한되지 않고 모두를 동등하게 대했고, 끝없는 전쟁으로 폐허가 된 '톤즈'에 존중, 사랑 그리고 배려를 보여줌으로써 변화를 만들어냈다.

덕분에 그는 남수단 교과서에 최초의 외국인 사회 기여자로 등재 될 예정이다. 출처: 이태석, 『친구가 되어 주실래요?(쫄리 신부의 아프리카 이야기)』, 생활성서사, (2013)

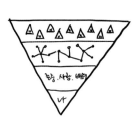

역삼각형 구도로 존중, 사랑, 배려로 소통하고 리드했으며, 소외 계층에 작은 비전을 심어주려고 노력했다.

[그림 3-2]
서번트 리더의 상징이 된 이태석 신부

● 주황색 리더: 브랜드 리더십(이미지 관리형 리더)
관리자는 모방하지만 리더는 독창적으로 만들어 낸다

1912년, 미국의 레온 빈(Leon L. Bean)은 가죽 장화를 만드는 것을 계기로 사업을 시작했다. 대부분 가벼운 장화를 만들던 시절에 두껍고 무거운 고급 장화를 만들어 시장 점유율을 높이는 것에 도전했다. 처음 100켤레를 만들어서 우편 판매를 하고 난 후, 바느질에 문제가 있다는 것을 발견하게 되었다. 이때, 레온 빈은 '100% 고객 만족 보장'을 추구한다는 기치 아래 중요한 리더십을 발휘했다. 당시 그 정도의 불량은 보편적인 것이었음에도 불구하고 "전부 수거하여 100% 환불 해줘라"라고 지시했던 것이다.

현재 이 회사는 사냥, 낚시, 하이킹과 같은 레저 활동에 관련된 제품들을 취급하면서도 연간 매출액이 10억 달러(한화로 약 1조 9백억 원)에 달하고 있다. 놀라운 것은 순전히 카탈로그 판매에 의존하면서도 그러한 성장을 이룩했다는 점이다. 100% 고객 만족 보장이라는 브랜드 이미지를 만드는 데 초점을 둔 레온 빈 사장이 브랜드 리더십을 활용한 결과이다. 이를 통해 브랜드의 파워는 브랜드에 초점을 맞춘 리더십에서 비롯된다는 것을 배울 수 있다.

독창적인 아이디어로 남이 가지 않은 새로운 길을 만드는 것에 높은 가치를 두는 리더가 있다. 그러한 리더는 모방이 아니라 창의력으로 승부한다. 남보다 앞서서 표준을 장악하여 독보적인 경쟁력을 확보하는 것이 주된 목표이기도 하

[표 3-3] 주황색(브랜드) 리더의 3가지 성공 패턴

성공 패턴 ①	경쟁력 차별화	중간에서 경쟁력을 찾지 않는다. 중간 부문에서는 차별화가 쉽지 않다. 모든 사람이 중요하다고 생각하기 때문이다. 관련 분야에서 고른 경쟁력을 확보하는 것이 중요하다.
성공 패턴 ②	블록 버스터	블록버스터에 도전한다. 브랜드 창출은 끊임없는 새로운 시도를 요구한다. 새로운 도전에 투자를 아끼지 말아야 한다. 포기하지 않고 도전할 때에 결국 블록버스터가 나올 수 있다.
성공 패턴 ③	룰 브레이커	경쟁 환경 변화에 민감하다. 보다 나은 미래를 위해서 탄탄했던 현재도 과감하게 파괴한다. 룰 브레이커가 되어서 기존의 발상에서 벗어나는 시도를 추구한다. 스스로 창조하여 새로운 질서를 선도하는 사람들이 브랜드 리더이다.

다. 다소 튄다는 비판을 듣더라도 확실한 이미지를 구축하는 데 초점을 맞추는 사람이 바로 '브랜드 리더'이다. 시각적인 가시성이 높은 '주황색'을 브랜드 리더십에 부여했다.

　　주황색(브랜드) 리더는 [표 3-3]과 같은 3가지의 성공 패턴을 가지고 있다.

| Human | Human & Machine | Smart Technology |

CASE STUDY 🖇 FREITAG

☑ 일명 '감성 쓰레기'라고 불리는 브랜드

버려진 트럭 방수천, 자동차 안전벨트, 자전거 타이어 등으로 스타일리시한(stylish) 가방을 만드는 기업으로 마커스 프라이탁(Markus Freitag)과 그래픽 디자이너인 대니얼 프라이탁(Daniel Freitag) 형제가 'Made in Swiss'로서 전량 수작업한다. 광고, 이벤트, 할인 등을 일체 하지 않는 독특하고 고집스런 행보를 이어가며, '재맥락화(Recontextualized)'라는 브랜드 핵심 가치 아래 '디테일에 대한 꼼꼼한 관심'이라는 기조로 고객과 커뮤니케이션하는 기업이다.

프라이탁 형제는 중간에서 경쟁력을 찾지 않은 것은 물론 룰 브레이커 개념으로 기존 사업 패턴을 뛰어넘는 데 성공했다. 이미 투입 자원에서 역발상을 적용해 폐품을 원·부자재로 전환시켰으며 브랜드 파워가 아니라 디테일한 부문의 품질 차별화로 고객가치를 제공하는 데 초점을 맞추었다. 브랜드 리더이면서도 브랜드 가치에 집착하지 않은 신선한 발상을 통해서 새로운 가능성을 찾았다고 볼 수 있다. 출처: 신현일의 컨버전스토리, 2016년에 필요한 '브랜드 리더십', The PR News, 2016.01.15

두 형제는 각자 극단에서 가치를 발견하려고 노력했다.
남달랐지만 새로운 비전을 찾아냈다.

[그림 3-3] 감성 차별화에 성공한 프라이탁
이미지 출처: Daniel Lobo, Flickr CC by

● 노란색 리더: 사이드 리더십(노심초사형 리더)

관리자는 시스템과 구조, 리더는 사람에 역점을 둔다

"모든 사업의 성공은 실패라는 씨앗을 품고 있습니다. 성공하면 성공할수록 많은 사람들이 그 사업의 바닥이 드러날 때까지 경쟁할 것이기 때문입니다."

인텔(Intel) 신화의 주인공 앤디 그로브(Andy Grove) 前 회장의 말이다. 그는 자신이 노란색 사이드 리더임을 '오직 패러노이드(paranoid · 편집광: 사소한 일을 크게 걱정하는 사람)만이 살아남는다'라는 강력한 메시지로 선포한 경영인이다.

노란색은 경고를 의미하는 옐로 카드를 연상하게 만든다. 경고를 받기 전에 미리 예방하겠다는 마음가짐으로 조직을 이끄는 리더가 있다. 사전 예방을 강조하며 불확실한 미래에 대해 전략적으로 준비하고 대응해 나간다. 구성원들과 동행하는 자세로 참여하고 선도하는 리더가 바로 '사이드 리더(side leader)'이다. 노란색은 구성원과 함께 동고동락하는 사이드 리더에게 단연 어울리는 리더십 컬러이다.

노란색(사이드) 리더는 [표 3-4]와 같은 3가지의 성공 패턴을 가지고 있다.

[표 3-4] 노란색(사이드) 리더의 3가지 성공 패턴

성공 패턴 ①	전방위 문제의식	항상 문제의식을 갖는다. 문제의식을 갖지 않고서는 예방 중심의 경영 활동을 펼치기가 어렵다. 사이드 리더는 항상 문제의식을 갖고 개선의 여지를 볼 수 있는 사람이다.
성공 패턴 ②	균형 있는 경쟁력	균형 있는 경쟁력을 창출한다. 불확실한 미래에 대비하기 위해서 균형 있는 경쟁 요소 확보를 중시한다. 특정한 요소에 집착하는 편협한 리더의 모습에서 탈피하려고 한다.
성공 패턴 ③	시스템 경영	시스템으로 경영한다. 조직의 최적화를 위해서 시스템 관점을 중시한다. 리더 자신도 시스템의 일부로 보고 일관된 자세로 조직 운영에 참여한다. 사이드 리더의 리더십 활동은 예측이 가능하다.

CASE STUDY 🖇 제프 베조스(Jeffrey Preston Bezos)

☑ 제프 베조스의 마케팅

2017년 세계 최고의 부자는 제프 베조스다. 1994년 금융사에서 근무하다가 부모님이 노후자금으로 준비해둔 30만 달러를 투자하여 아마존을 창업하였다. "인터넷의 규모가 1년 새 2,300배 성장했다는 소식을 접하게 되면서 이 길 말고 다른 길이 있음을 깨달았죠." 그는 후회 최소화(Minimum Regret) 개념에서 창업에 대한 의사결정을 했다고 한다. 자신이 80살이 되는 해에 돌아보았을 때를 생각하며 후회를 줄이고자 했다. 온통 인터넷 시대가 세상을 지배하고 있을 텐데 아무것도 하지 못했다면 너무나 후회가 될 것 같아서

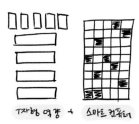

T자형 역량 + 스마트 컴퓨터

스스로 T자형 인재가 되었으며 생각하는 컴퓨터 시대를 예상하였다.

쉽게 결정했다고 한다. 자신의 역량에 스마트 컴퓨터를 더하여 미래를 개척하기로 말이다.

제프 베조스는 책을 인터넷으로 판매하는 업종을 선택했다. 품질에 문제가 전혀 없는 책이지만 세계의 모든 책을 보유한 서점은 없다는 것을 생각해 냈다. 바로 그 초대형 서점이 인터넷 덕분에 가능하다고 본 것이다. 시작은 인터넷이었지만 현재 그의 경영 여정은 콘텐츠, 드론, 인공지능, 우주항공, 스마트 컴퓨터 등 거침없이 미래로 나아가고 있다.

"앞으로 10년 동안 바뀌지 않는 것은 무엇입니까?" 베조스가 중시하는 질문이다. 변할 수밖에 없는 미래의 관점에서 오늘의 현상을 살펴보는 관점. 노란색 사이드 리더의 그러한 문제의식이 그의 인생을 바꾸었고 미래 세계도 바꿀 것이다.

1

2

[그림 3-4] 아마존의 CEO 제프 베조스
이미지 출처: **1** rvlsoft/shutterstock.com
2 James Duncan Davidson, Flicker CC By

● 초록색 리더: 파워 리더십(탱크주의형 리더)
관리자는 현상을 그대로 받아들이나 리더는 그것에 도전한다

영국의 윈스턴 처칠(Winston Churchill) 수상이 명문 옥스퍼드대학교 (University of Oxford)에서 졸업식 축사를 하게 되었다. 그는 위엄 있는 차림으로 담배를 입에 물고 졸업식장에 나타났다. 처칠은 열광적인 환영을 받으며 천천히 모자와 담배를 연단에 내려놓았다. 그러고 나서 청중들을 바라보았다. 모두들 숨을 죽이고 그의 입에서 나올 근사한 축사를 기대했다. 드디어 그가 입을 열었다.

"포기하지 마라!"

그는 힘 있는 목소리로 첫마디를 뗐다. 그러고는 다시 청중들을 천천히 둘러보았다. 청중들은 그 다음 말을 기다렸다.

"절대로 포기하지 마라!"

처칠은 다시 한 번 큰소리로 이렇게 외쳤다. 더 이상 아무 말도 하지 않고 다시 모자를 쓰고는 연단을 걸어 내려왔다.

처칠 수상은 영국 국민의 마음을 움직이는 리더십을 발휘했다고 평가받는 사람이다. 노년에는 노벨문학상을 수상할 정도로 문학적인 재능도 돋보였다. 하지만 그가 후대에 가르쳐준 가장 큰 교훈은 '포기하지 않고 노력하는 삶의 자세'였으며 그러한 교훈을 몸으로 가르쳐준 파워 리더(power leader)이다. 2차 세계대

[표 3-5] 초록색(파워) 리더의 3가지 성공 패턴

성공 패턴 ①	솔선 수범	행동으로 지시한다. 파워 리더는 솔선수범에 자신 있는 성실한 사람이다. 행동으로 보여주는 것을 중시하며 진두에 서서 직접 조직을 이끌고 위험 극복에 도전한다.
성공 패턴 ②	채널 집중	채널을 집중화시킨다. 불필요한 자원과 역량의 소비를 줄이기 위해서 채널의 집중화를 선호한다. 포커스 능력을 기반으로 '내가 손대면 상황이 달라진다'는 확신을 가지고 조직을 선도한다.
성공 패턴 ③	가시적인 목표	가시적인 목표를 제시한다. 모든 구성원이 지속적으로 추구할 수 있는 가시적인 목표를 세우고 통솔력에 활용한다. 각종 지표를 통해서 경쟁력을 평가하고 과감한 보상과의 연계를 통해서 직접적인 동기부여를 중시한다.

전 당시, 영국 군대가 패색이 짙었던 1940년 5월에 처칠은 하원에서 수상 취임 연설을 하게 되었다. 그토록 중대한 시기에 발표한 취임 연설의 핵심은 "피와 땀과 노력과 그리고 눈물밖에는 아무 것도 드릴 것이 없습니다!"였다. 절체절명의 순간에 선보인 처칠 리더십은 의외로 자신의 과거 경력에 대한 과시도 아니요, 미래에 대한 약속도 아니었다. 온몸으로 도전하겠다는 '헌신적인 마음'을 영국 국민 앞에 내놓았다. 파워 리더에겐 자신의 모든 것을 조직을 위해서 던질 수 있는 헌신과 열정이 필요하다.

초록색은 성장과 발전에 어울리는 색깔이다. 'Go'를 의미하는 초록색 신호등도 멈추지 않고 전진하는 분위기를 떠올리게 만든다. 성실과 끈기를 기반으로 솔선수범하여 조직을 이끄는 리더. 말보다는 강력한 행동을 요구하는 '파워 리더'이다. 파워 리더의 컬러는 초록색이 적합할 것이다.

초록색(파워) 리더는 [표 3-5]와 같은 3가지의 성공 패턴을 가지고 있다.

| Human | Human & Machine | Smart Technology |

CASE STUDY 📎 메리 바라

☑ 메리 바라

메리 바라(Mary T. Barra)는 GM의 여성 CEO이다. 과거 CEO 경쟁자들을 회사에 잔류시켜 신기술 추진에 힘썼다. 이례적으로 실리콘 밸리 신생 기업, '크루즈'를 채택하여 함께 선구적인 기술 개발 팀을 조직했다. 2015, 2016년 가장 영향력 있는 여성 리더 1위에 선정되었다. 출처: 유은영 기자, '자동차, 5년 내로 제 2의 사무실 될 것', whowired, 2016.12.14

다양한 분야에서 가치를 창조하는 데 도전하여 GM의 최고경영자가 되다.

[그림 3-5] 파워 여성 리더의 상징인 GM의 메리 바라

● 파란색 리더: 슈퍼 리더십(권한 위임형 리더)
관리자는 고전적인 군인이지만 리더는 자기 본연의 개체이다

평범해 보이는 사내 변호사인 다윈 스미스(Darwin E. Smith)가 킴벌리클라크 (Kimberly-Clark Corporation)의 CEO로 활약했다. 스미스는 온순한 성격의 소유자로서 이사회조차도 큰 확신 없이 그를 CEO에 선정했다. 이사진 중 한 명이 스미스를 따로 불러내어 그 자리에 앉기에는 여러 가지 부족한 점이 있다고 지적했을 정도로 아주 회의적인 시각을 가진 사람들도 있었다. 그러나 스미스는 20년간(1971년~1991년) CEO 자리를 지키면서 놀라운 전문 경영 능력을 보여주었다. 킴벌리클라크는 주식 투자 회수율에서 시장 평균보다 4.1배 높은 뛰어난 실적을 거두었으며 스코트 페이퍼(Scott Paper)나 프록터&갬블(Procter & Gamble) 같은 라이벌 회사를 가볍게 따돌렸다. 코카콜라(Coca-Cola), 휴렛팩커드(Hewlett-Packard, hp), 3M(Minnesota Mining and Manufacturing Company), 혹은 제너럴일렉트릭(General Electric, GE) 보다도 좋은 경영 실적을 나타냈다. 다윈 스미스는 말이 아닌 실적으로 '과연 CEO 역할을 잘 해낼 수 있을까?'하는 이사회의 우려를 씻어냈다. 초우량 기업이 무엇을 의미하는지를 보여준 대표적인 경영자로 손꼽히는 그의 인간적인 특징은 '겸손함과 내적 의지'라고 한다.

파란색은 냉정함과 차가운 두뇌와 관련된 단어이다. 풍부한 지식을 활용해 경영하는 박식한 리더는 사람의 기본적인 역량을 중시하는 사람들이다. 구성원들에게

[표 3-6] 파란색(슈퍼) 리더의 3가지 성공 패턴

성공 패턴 ①	인재 등용	인력의 가치는 동등하지 않다. 사람의 능력이 다양하므로 자신이 추구하는 방향에 적합한 인재 등용을 중시한다. 지식으로 경쟁하는 것이 아니라 개별적인 능력과 전문성에 초점을 맞춘다.
성공 패턴 ②	셀프 리더	인재 양성. 셀프 리더로 키운다. 모든 구성원들이 주인의식을 갖도록 조직 문화를 만들며 각자가 자기 자신의 주인이 될 것을 요구한다. 셀프 리더가 되기 위해 필요한 교육 훈련을 제공하는 데에 과감하다.
성공 패턴 ③	파트너십	파트너십을 추구한다. 사원들이 거래의 대상이 아니라 기업 목표의 한 부분으로 자리잡을 정도로 리더와 팔로워 간의 파트너십이 형성되어야 한다는 것을 강조한다. 상생의 법칙을 중요하게 생각한다.

스스로 주인의식을 갖는 셀프 리더가 되라고 요구하며, 자신은 그들의 멘토가 되기를 즐긴다. 바로 사람을 키우는 '슈퍼 리더'의 철학으로 리드한다. '파란색' 지식 리더가 바로 슈퍼 리더가 되어야 하는 이유이다.

파란색(슈퍼) 리더는 [표 3-6]과 같은 3가지의 성공 패턴을 가지고 있다.

Human	Human & Machine	Smart Technology

CASE STUDY 🔗 빌 게이츠

☑ 소통을 통한 빌게이츠의 리더십

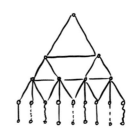

대화와 지식 공유를 통해서
소통으로 리드한 슈퍼 리더

빌 게이츠 성공의 이면에는 '사람'이 있다. 변호사인 아버지는 영향력 있는 리더였고 교사였던 어머니 역시 사회성이 탁월하였다. 뛰어난 사람의 영향력을 체감하는 환경에서 성장한 셈이다.

역량의 가치를 믿게 만든 성장 환경이 사업가의 여정에도 크게 기여한다. 폴 앨런(Paul Allen)과의 동업이 대표적이다. 고교 시절, 두 사람이 누가 3일 동안 밖에 나가지 않고 코딩에 몰두할 수 있는가를 놓고 내기를 했다는 얘기는 유명한 에피소드다. 더불어 젊은 도전을 즐겼던 모습을 떠올리게 된다. 빌 게이츠가 마운틴 휘트니 고교에서 했다는 말이 인상적이다. "공부 밖에 모르는 '바보(nerd, 너드)'한테 잘 보여라. 사회에 나와서는 그 '바보' 밑에서 일할 가능성이 크다." 역량 있는 사람이 세상을 주도하고 있다는 사실을 강조하는 말이다.

파란색 슈퍼 리더는 역량의 가치를 동등하게 보지 않으며 항상 학습하는 셀프 리더가 될 것을 주문한다. 빌 게이츠는 지금도 직원들과 E-mail로 끊임없이 대화를 나누고 지식을 공유하는 습관을 유지하며 리더십을 이어가고 있다. "Some people may call you a nerd. I claim it with pride. (사람들이 당신을 너드(공부만 하는 바보)라고 부를지도 모른다. 나는 그 꼬리표에 자긍심을 갖고 있다)." 항상 배우는 너드가 되라는 주문이다.

[그림 3-6] 빌게이츠
이미지 출처: Sebastian Vital, Flicker CC By

● 남색 리더: 비전 리더십(카리스마형 리더)
관리자는 눈앞의 이익에 관심을 두지만 리더는 미래의 전망을 생각한다

무려 20년간의 지속적인 노력 끝에 어린이들의 꿈동산이라고 불리는 디즈니랜드(Disneyland)에 대한 계획을 실현시킨 월트 디즈니(Walt Disney). 디즈니랜드는 1955년에 처음으로 개장했다. 그는 놀이동산을 이야기를 전달할 수 있는 공간으로 생각했다. 디즈니의 영화와 애니메이션의 장면을 현실로 구현하고자 했던 것이다.

대부분의 사람들이 끼니를 걱정하던 1930년대부터 '꿈의 놀이동산'에 대한 비전을 갖고 있었던 그는 남색 비전 리더임에 틀림없다. "지구에 상상력이 존재하는 한 디즈니랜드는 영원히 완성되지 못할 것이다"라고 말한 디즈니는 항상 꿈꾸는 CEO였다.

리더는 미래에 대한 '희망의 상징'이 되어야 한다. 미래를 보여주지 못하는 사람은 결코 관리자의 수준에서 벗어날 수 없다. '비전 리더(vision leader)'는 올바른 비전을 제시하고 구성원 모두가 동참할 수 있도록 '동일 벡터 리더십'을 확보하여 같은 방향으로 나아간다. 강력한 비전을 상징적으로 나타내기 위해 '남색'을 비전 리더와 연계시켰다.

남색(비전) 리더는 [표 3-7]과 같은 3가지의 성공 패턴을 가지고 있다.

[표 3-7] 파란색(비전) 리더의 3가지 성공 패턴

성공 패턴 ①	주춧돌형 비전	주춧돌 개념으로 비전을 확장시킨다. '모든 성공이 조그만 시작에서 비롯된다'는 진리에 근거하여 주춧돌 개념으로 비전을 확장시킨다. 그러한 과정에서 구성원들의 신뢰를 확보하여 동일 벡터 리더십을 형성해 나간다.
성공 패턴 ②	비전 성취 공유	비전 성취를 공유한다. 비전 리더는 비전 성취를 과감하게 공유한다. 모든 결실을 구성원에게 나누어주고 자신은 새로운 비전을 향해 전진한다.
성공 패턴 ③	비전 계승자	비전의 계승자를 키운다. 성공한 비전 리더는 자신이 그 비전을 향한 여행을 마무리 짓지 않는다. 더 높은 비전을 향해 도전하도록 계승자를 키우며 그에게 마술의 지팡이를 전수하는 사람이다.

CASE STUDY ⌗ 마거릿 대처

☑ 확고한 비전을 가진 리더 '마거릿 대처'

IMF와 더불어 혹독한 경제 침체에 빠져 있는 영국의 운영을 책임지게 된 마거릿 대처(Margaret Thatcher) 수상.

그녀의 한 가지 확고한 비전에 대한 신념. 그것은 '작고 효율적인 정부로 영국을 번영시키겠다!'였다. 그녀는 이 비전을 달성하기 위해서 시장 경제의 경쟁 원리를 채택했다. 그 결과 실업률이 극도로 높아지고 금리도 올라가 나라 사정이 엉망이 되었다. 당시 수상으로서 그녀의 인기는 영국 역사상 최하위인 25%로 떨어졌지만, 추호의 흔들림 없이 비전 고수에 모든 것을 걸고 매진했다. 그리고 마침내 강인한 리더의 이미지로 국가 경영에 성공했다.

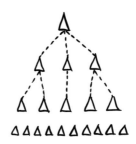

남자들에게 비전을 팔고 싶다고 얘기했던 대처. 그녀에게 비전은 소통의 수단이었다.

"나에게 U턴은 없다"라고 할 정도로 마거릿 대처는 영국병 치료에 온 힘을 쏟았다. 영국 역사에서 엘리자베스 1세 이후 가장 강력한 권력을 장악한 여성이라는 평가를 받은 마거릿 대처에게는 두 가지 별칭이 있다. 하나는 '철의 여인', 또 하나는 '악랄한 마녀'이다. 이 열정과 냉정의 상반된 평가 사이에 마거릿 대처 리더십이 존재한다. 출처: 박기종 칼럼니스트, 영국병의 치료사, '철의 여인' 마거릿 대처(Margaret Thatcher) "리더는 길 중간으로 걷지 않는다", 매일경제, 2017.09.26

[그림 3-7] 마거릿 대처
이미지 출처: 위키미디어

● 보라색 리더: 변혁적 리더십 – 뉴웨이브형 리더
관리자는 임무대로 경영하고 리더는 새롭게 혁신한다

캘리포니아의 말리브 해안(Malive beach)은 세계적인 부자들과 유명 연예인들의 저택과 별장이 즐비한 휴양지로 유명하다. 어느 해, 며칠 간 폭풍이 몰아친 뒤, 해안도로변에 거대한 바윗덩어리 한 개가 불쑥 모습을 드러냈다. 위험하다고 생각한 주민들이 관할 행정 부처에 민원을 제출했다. 물론 바위를 치워달라는 요청이었다. 문제의 바위가 워낙 커서 많은 경비를 쓰고 여러 날 만에 겨우 바위를 치울 수 있었다. 그런데, 진짜 문제는 그때 발생했다. 언덕 속 깊이 단단히 뿌리박고 있던 바위를 빼버리니 온 산이 허물어져 내렸던 것이다. 걷잡을 수 없이 쏟아져 내리는 흙더미에 놀란 행정 당국은 부랴부랴 대공사를 벌여 간신히 사태를 수습했다. 모든 비용을 정산해보니, 전체 공사비로 꼭 백만 달러가 소요되어 이 바위는 "백만 달러짜리 말리브 암괴(The 1-Million-Dollar Malive Rock)"라고 불렸고, 공사 현장이 전국에 TV로 생중계될 정도로 유명한 바위가 되었다.

마침 호주의 한 젊은 조각가가 그 방송을 보게 되었다. 그는 '저 바윗덩어리를 가져다가 걸작을 만들어야지'하고 결심했다. 공사 현장에 달려가 그 수십 톤짜리 바윗덩어리를 백 달러에 팔라고 했고, 당국의 동의를 얻었다. 하지만 그 암괴를 고속도로에서 밖으로 끌어내는 데만도 3만 2천 달러가 소요된다는 사실을 알게 되었다. 머리 좋은 그 청년은 대형 쇼핑센터를 찾아가 입주 점포 주인들을 설득했다. "쇼핑센터의 주차장 한 쪽에서 그 유명한 바윗덩어리를 가지고 조각 작업을 하겠습니다. 일단 그 소문만 퍼지면, 틀림없이 전국에서 구경꾼들이 몰려들 것이고 쇼핑센터는 저절로 장사가 잘 될 테니 바위를 운송해오는 비용은 당신들이 대십시오."

바위는 쇼핑센터 주차장으로 옮겨졌고, 그가 몇 주간 작업을 하는 동안 과연 구경꾼들이 몰려들어 쇼핑센터는 유례없는 호황을 누렸다. 그가 조각하는 장면 또한 TV를 통해서 전국에 방송되었다. 결국 훌륭한 걸작이 탄생했다. 그 조각 작품은 억센 야성의 상징, 양심과 뚝심, 미국의 힘과 정의의 상징인 존 웨인 (John Wayne)의 모습과 너무나 흡사했다. 당시 병마와 싸우면서 입원 중이던 말년의 존 웨인이 친히 그 광장을 방문했다. 죽음을 앞둔 노년의 명배우는 자신의 모습과 흡사한 그 작품을 보고 매우 흡족해했다.

한 창의적인 사업가가 그 조각가를 찾아왔다. 그 작품을 백만 달러에 사겠다는 제안이었다. 조각품을 싣고 미국 전역을 순회하며 관람객들로부터 돈을 벌 계획을 가지고 있었다. 그 바위는 5년 동안 미국 전역의 구석구석을 돌았고, 사업가는 조각가에게 지불한 백만 달러를 훨씬 상회하는 큰 돈을 벌었다.

이 이야기는 노자의 리더십을 설명한 『The Tao of Leadership(1990)』에 나오는 사례이다. 말리브 해안 주민들에게 곧 굴러 내려와 집과 도로를 덮칠 듯이 위협적으로 보였던 바위, 캘리포니아 주 지방 정부에게 막대한 재정적 부담을 안겨준 골치 덩어리, 절대로 움직이지 않을 듯이 버티던 고집불통 괴물 덩어리. 그러나 젊은 조각가는 그 돌에서 미국의 상징인 존 웨인의 모습을 보았고 그것을 훌륭한 예술품, 불멸의 작품으로 승화시켰다. 창의적인 사업가는 거기서 새로운 사업의 기회를 보았고 흥행을 통해 막대한 수익을 낼 수 있었다. 그 작품은 현재 J. 폴 게티 박물관(J. Paul Getty Museum)에 전시되어 있다. 모든 대상은 바라보는 사람의 눈에 의해 다르게 해석될 수 있다. 변혁적 리더는 모든 문제에서 반전의 기회를 찾아내는 사람들이다.

보라색은 역경을 극복하고 새롭게 탄생하는듯한 분위기를 자아낸다. 인고의 과정에 필요한 피와 땀을 설명하는 데 어울리는 색상이다. 주어진 환경에 순응

[표 3-8] 보라색(변혁적) 리더의 3가지 성공 패턴

성공 패턴 ①	약점 극복	약점에서 가치를 창조한다. 자신의 약점이나 조직의 취약점에서 새로운 가치를 창조하는 능동적인 자세를 보여준다. 약점 자체를 강점으로 전환시키기도 하고 약점을 극복하기 위해 대안을 찾는 과정에서 경쟁력을 창출한다.
성공 패턴 ②	신기술 선점	신기술에 먼저 도전한다. 약점을 보완하기 위해서 항상 새로운 정보와 기술에 초점을 맞추고 있으며 전향적인 자세로 역경 극복에 도전한다.
성공 패턴 ③	실패 각오	실패를 두려워하지 않는다. 용기와 열정으로 새로운 변화에 도전한다. 긍정적인 사고방식을 갖고 구성원에게 희망을 주는 끈기도 보여준다.

하지 않고 오히려 올바른 방향으로 변혁시키려고 도전하는 사람이 '변혁적 리더'이다. 주고받는 거래가 아니라 근본적인 가치 추구를 통해 사람을 변화시키는데 초점을 맞춘다. '보라색'은 변혁적 리더의 컬러임에 틀림없다.

보라색(변혁적) 리더는 [표 3-8]과 같은 3가지의 성공 패턴을 가지고 있다.

CASE STUDY 📎 테슬라(Tesla)

☑ 테슬라의 디지털 트랜스포메이션

현재 디지털 트랜스포메이션을 선도하는 대표적인 기업이 테슬라이다. 처음 전기자동차가 출시될 때, 사람들의 관심사는 전기에 초점이 맞추어져 있었다. 차량 운영비가 저렴하고 친환경적 운송 기반을 확보하게 된다는 협의의 개념으로 생각했다. 그러나 테슬라는 IT 기반 소프트웨어를 통해서 새로운 교통수단을 탄생시킨다는 광의의 개념으로 자동차를 바라보았다.

머스크에게 비전은 새로운 세계를 탐사하는 우주선이었다.
변하고, 혁신하고, 도전했다.

컴퓨터를 생각해보라. 과거에는 컴퓨터를 사용하기 위해서 사용자들이 지정된 위치를 방문하는 불편함을 감수해야만 했다. 스마트폰의 개발로 인해서 어느덧 컴퓨터 기능이 움직이는 사용자 주변으로 모여들기 시작하였다. 전기자동차 역시 마찬가지다. 스마트폰에 바퀴를 달아서 필요한 시간에 필요한 곳을 찾아다니는 유연한 운송 기능을 꿈꾸고 있다. 기계와 기능이 중심이 아니라 사용자의 가치와 발상에 초점을 맞추어 미래 기술을 개발하는 것이다.

자동차에 관한 한 누구보다도 강자였을 기존 자동차 회사들이 왜 테슬라 보다 먼저 혁신하지 못했던 것일까? 그 이유는 자신들의 위치를 보장하는 현행 시스템을 유지하고 관리하는 관성에 빠져있었기 때문이다. 테슬라는 지킬 것이 없었다. 지키는 관점이 아니라 새로운 방식을 찾아내야만 자동차 비즈니스에 진입할 수 있다는 미션 덕분에 전기자동차와 자율주행차라는 혁명적인 운송 수단이 가시권에 들어왔다.

출처: 황승환, "테슬라 전기차를 사기 전 알아두면 좋은 10가지", 더기어 홈페이지, 2017.03.14

[그림 3-8] 테슬라의 전기자동차 'S 90D'모델
이미지 출처: 테슬라 제공

4. 리더십 자가진단하기

컬러 리더십 측정을 위한 도구는 25개의 설문으로 구성된 진단표다. 크게 5가지 측면의 성향이 나타나 있는 이 진단리스트는 데브라 벤튼(Debra A. Benton)이 쓴 『CEO가 되는 방법(CEO Material: How to Be a Leader in Any Organization)』과 노르망 L. 프리곤(Normand L. Frigon)과 해리 K. 잭슨(Harry K. Jackson)이 쓴 『The Leader』에 제시되어 있는 방법과 국내 대기업 후계자 선정을 자문하는 과정에서 개발한 '후계자 리더십 면담 리스트'를 통합해 만들어졌다. 이들 25개 진단 항목은 올바른 리더십을 발휘하는 데 필요한 핵심 리더십 자질을 상당 부분 망라했으며 리더의 리더십은 한 가지 유형에 국한되는 것이 아니라 다양한 유형을 나타낼 수도 있다는 것을 보여준다. 리더십 자가진단을 통해 리더는 자신의 강점을 더욱 강화하고, 약점을 보완해 유능한 리더십을 발휘하는 데 도움을 받을 수 있기 때문에 스스로와 부하 직원 등에게 설문을 하고 답을 얻어 보는 것이다.

자신의 리더십 컬러를 찾기 위해 우선 [표 3-9]를 작성해 보도록 하자. 표에 제시되어 있는 자가진단 내용은 제3자의 관점에서 서술되어 있다. 이것은 보다 객관적인 시각에서 진단할 수 있도록 설계된 것이다. 각 문항에 대해 자신의 가장 보편적인 리더십 행동에 근거해서 가능한 제3자의 객관적인 시각으로 진단하면 될 것이다. 만일 다른 사람으로부터 객관적인 진단을 받고 싶은 경우에는, 자신의 리더십에 대해서 해당 그룹이 느끼는 수준을 표시하도록 하면 된다. 솔직한 응답을 유도할 수 있다면, 이것이야 말로 진정 구성원들이 인정한 자신의 리더십 컬러라고 할 수 있을 것이다.

[표 3-9] '컬러 리더십 통합 분석표'에 나타나 있는 진단 문항에 대해 스스로 진단한 점수를 빈칸에 기입하면 된다. 각 문항에 대해서 최저 0점에서 최고 10점을 기입하면 되는데, 음영이 있는 부분이 아니라 반드시 빈칸에만 적어야 한다. 왜냐하면 검은 부분은 각 컬러의 리더십에서 상대적으로 별로 고려되지 않는 핵심 가치이기 때문이다. 예를 들어서, 당신이 만약 핵심가치 1(비전)에 대해서 8

[표 3-9] 컬러 리더십 통합 진단표

구분	문항	진단 내용	빨간색 서번트	주황색 브랜드	노란색 사이드	초록색 피어	파란색 슈퍼	남색 비전	보라색 변혁적
방향 설정	1 비전	나의 비전은 직원에게 희망을 주고 스스로 열정을 갖도록 만든다.	( )	( )	( )	( )	( )	( )	( )
	2 창의성	독특한 발상을 종종 얘기하며 미래를 보는 안목이 탁월하다.	( )	( )	( )	( )	( )	( )	( )
	3 문제의식	어떤 상황에서도 항상 문제의식을 갖고 개선 가능성을 본다.	( )	( )	( )	( )	( )	( )	( )
	4 의견 수렴	구성원의 요구사항을 수시로 파악하여 공감대를 이루려고 노력한다.	( )	( )	( )	( )	( )	( )	( )
	5 신속성	모호한 행동을 취하지 않으며 한 번 결정을 하면 즉시 실행에 옮긴다.	( )	( )	( )	( )	( )	( )	( )
	6 책임감	성과를 높이는 데 책임감을 중요하게 여긴다.	( )	( )	( )	( )	( )	( )	( )
결단	7 용기	곤경과 난관의 순간에도 용기 있는 결단을 내린다.	( )	( )	( )	( )	( )	( )	( )
	8 경쟁심	경쟁을 즐기며 경쟁에서 이기는 것이 중요하다고 생각한다.	( )	( )	( )	( )	( )	( )	( )
	9 치밀성	자신이 맡은 일은 빈틈없이 치밀하게 처리한다.	( )	( )	( )	( )	( )	( )	( )
결단	10 유연성	순발력과 융통성이 있으며 평가를 받고 있으며 급변한 상황에서도 여유 있게 대응한다.	( )	( )	( )	( )	( )	( )	( )
	11 통솔력	원하는 방향으로 조직을 이끄는 능력이 있다.	( )	( )	( )	( )	( )	( )	( )
추진	12 신뢰	리더로서 신뢰가 있다는 평판을 가지고 있다.	( )	( )	( )	( )	( )	( )	( )
	13 열정	하는 일에 대부분 열정적으로 참여하고 추진한다.	( )	( )	( )	( )	( )	( )	( )
	14 전략적 사고	다양한 요소를 고려한 계획 수립 및 실행 능력이 탁월하다.	( )	( )	( )	( )	( )	( )	( )
추진	15 지속적 개선	꾸준한 성장이며 정신적, 신체적 인내심이 강해서 계속 발전시키는 것을 좋아한다.	( )	( )	( )	( )	( )	( )	( )
	16 성실	리더가 되는 데 필요한 성실성을 가지고 있다.	( )	( )	( )	( )	( )	( )	( )
대인 관계	17 커뮤니케이션	대인 커뮤니케이션 능력(연설, 발표, 혹은 설득 등)이 우수하다.	( )	( )	( )	( )	( )	( )	( )
	18 유머	나의 유머는 리더십에 좋은 영향을 미친다.	( )	( )	( )	( )	( )	( )	( )
	19 정치성	외부 활동이 활발하여 내부에서 필요한 부분을 조직 외부에서 찾아내 해결하는 데 적극적이다.	( )	( )	( )	( )	( )	( )	( )
	20 영향력	보다 나은 결과를 위해서 의도적으로 상황을 연출하기도 한다.	( )	( )	( )	( )	( )	( )	( )
	21 교섭 능력	어려운 상황과 다루기 힘든 사람을 협상으로 처리하는 능력이 있다.	( )	( )	( )	( )	( )	( )	( )
	22 겸손	마음에 있어서 겸손이라는 평가를 받고 있다.	( )	( )	( )	( )	( )	( )	( )
가치관	23 자신적 표현	리더는 도덕/윤리적으로 깨끗해야만 한다고 믿고 실천하는 사람이다.	( )	( )	( )	( )	( )	( )	( )
	24 도덕성	마음에 있는 생각을 솔직히 털어놓는 성격이다.	( )	( )	( )	( )	( )	( )	( )
	25 인간중시	상호 인격을 존중하며 다른 사람의 실수도 사랑으로 포용한다.	( )	( )	( )	( )	( )	( )	( )
		합산 점수							

점을 주었다면, 사이드 리더(노랑), 파워 리더(초록) 그리고 비전 리더(남색)로서 8점을 획득한 것이다. 이렇듯 25개의 핵심가치는 각 컬러 리더십 유형에 대해서 10개씩만 응답하도록 되어 있으며, 점수를 합산하면 최고 100점이 될 수 있다.

진단 항목은 크게 다섯 가지 범주로 분류되어 있다. 방향 설정, 결단력, 추진력, 대인관계 그리고 가치관으로 구성되어 있다. 또한 각 범주는 관련된 리더십 자질을 포함하는 요소로 세분되어 핵심 가치에 대해 질문한다. 여기서 주의할 점은 각 가치관 속에 포함된 핵심 가치가 모든 리더십 스타일에 연관되어 있지는 않다는 점이다. 쉽게 말해, 빨간색 서번트 리더십에서 방향 설정 중 1(비전), 2(창의성) 그리고 3(문제의식) 항목은 검은색으로 칠해져 있다. 이것은 빨간색 서번트 리더에게 그러한 리더십 자질이 필요 없다는 것을 나타내는 것이 아니라 방향 설정 범주에서는 4번인 의견 수렴이 서번트 리더를 차별화하는 데 크게 기여한다는 것을 의미한다.

참고로 [표 3-9]를 분석해 보면, 서번트 리더(빨강)와 사이드 리더(노랑)가 6개의 공통 요소를 가지고 있는데, 이는 이들 두 컬러의 리더십이 유사성이 높기 때문이다. 반대로 서번트 리더(빨강)와 파워 리더(초록)의 공통 요소는 '신뢰'와 '성실', 2가지로 상호간에 차이가 큰 리더십 방식임을 의미한다.

[표 3-10] 컬러 리더십 분류표

리더십 컬러	10	20	30	40	50	60	70	80	90
서번트 리더십									
브랜드 리더십									
사이드 리더십									
파워 리더십									
슈퍼 리더십									
비전 리더십									
변혁적 리더십									

이제 [표 3-9]에서 각 항목에 적혀 있는 진단 점수를 세로로 합산하라. 각 컬러 리더십에 대한 합산 점수를 구할 수 있을 것이다. 그 다음, 그 결과를 [표 3-10]의 '컬러 리더십 분류표'에 기입해 자신의 리더십 컬러를 결정하면 된다. 리더십 컬러의 합산 점수를 참고해 '컬러 리더십 분류표'의 각 리더십 컬러에 적절하게 '☆' 표시를 하라. '☆' 표시를 선으로 연결시킨 후, 가장 오른쪽으로 두드러지게 나타나는 것을 자신의 리더십 컬러로 보면 된다.

당신의 리더십 컬러는 무엇으로 나타났는가? [표 3-11]에는 필자의 리더십 컬러가 나타나 있다. 필자(☆)는 '사이드 리더'로서 리더십 점수가 76점으로 나타났다. '★'을 사용해서 표시한 사람은 슈퍼 리더, 파워 리더와 서번트 리더가 비슷하게 나왔다. 반면, '◆'로 표시한 사람은 브랜드 리더임이 확연하게 나타났다. 결과에서 당신이 어떠한 유형으로 나타났건 옳고 그른 것은 없다. 중요한 것은 '리더십 이미지가 있는가?'하는 점이다. 한쪽 컬러에 많이 치우쳐 있다고 해서 당황할 일도 아니다. 당신이 현재 처해 있는 상황이 당신으로 하여금 그러한 유형의 리더십을 갖도록 만들었을 수도 있다. 또한 그 유형이 현 상황에서 이끌어 갈 수 있는 유일한 리더십 접근 방식일 수도 있다.

[표 3-11] 컬러 리더십 분류 예시

리더십 컬러	10	20	30	40	50	60	70	80	90
서번트 리더십					☆◆	★			
브랜드 리더십				★	☆			◆	
사이드 리더십					★	◆	☆		
파워 리더십					☆	★	◆		
슈퍼 리더십					☆	◆★			
비전 리더십					★☆	◆			
변혁적 리더십				★	☆	◆			

당신이 모든 컬러에서 높은 점수를 얻어서 무지개와 같은 드림 리더일 수도 있다. 누구나 부러워할 일이다. 하지만 한두 가지에서 상대적으로 강한 리더십 컬러를 갖춘 경우가 가장 보편적일 것이다. 그러한 리더는 어떻게 해야 하는가? 방법은 팀 리더십을 통해 해결해야 한다. 당신 스스로가 드림 리더가 되는 것보다, 다양한 컬러를 갖춘 크고 작은 리더들이 함께 동참한 '드림팀'을 만드는 것이 더 바람직한 리더의 모습이다. 마쓰시타 고노스케[松下幸之助, 마쓰시타 전기(현 파나소닉)의 창립자]는 신입사원을 뽑을 때, 특성별로 균등하게 배분하여 뽑았다고 한다. 그는 팀 리더십을 중요시했던 것이다. 혼자서는 팀을 이길 수 없다는 사실을 잘 알고 있던 인물인 셈이다.*

*3장은 저자의 저서 『컬러 리더십(Color Leadership)』(2002)의 내용을 일부 포함하고 있습니다.

컬러 리더십과 리더십 자가진단 | 제 3 장 093

CASE STUDY 📎 문재인 & 박원순

☑️ ## 리더십 컬러를 만들어내는 리더의 목적

2017년 초, 대통령 선거가 다가오던 시기에 국민을 대상으로 주요 리더에 대한 컬러 리더십을 조사하였다. 대표적인 리서치 회사인 마크로밀 엠브레인에 공식적으로 의뢰해서 당시 국민들 중 무작위로 선정하여 조사한 결과다. 유효 응답자는 전국에서 총 477명이었다.

분석 결과, 문재인 대통령(조사 당시에는 국회의원)과 박원순 서울시장이 비슷한 유형의 컬러 리더로 나타났다. 둘 다 빨간색 서번트, 노란색 사이드, 그리고 남색 비전 리더의 이미지가 가장 높았다. 세부적으로 보면, 문재인 대통령은 서번트 리더십과 비전 리더십이 가장 높게 나왔다. 포용하며 멀리 본다는 의미다. 박원순 시장도 거의 유사한 스타일이다. 노란색 사이드가 조금 더 치밀하고 초록색 파워가 강한 점이 눈에 들어온다. 아름다운 가게, 희망제작소, 서울역 고가도로 공원화, 서울교통공사의 출범 등 새로운 시도를 보여주는 과정에서 자연스럽게 형성된 이미지일 것이다. 현장에서의 리더십 발자취가 소리 없이 리더십 브랜드로 이어진다는 사실을 깨닫게 된다.

리더는 목적(purpose)을 잃지 않고 유지해야 한다. 왜냐하면 바로 그 목적에 의해서 리더십 컬러가 생기기 때문이다. 특정 컬러 자체가 리더십의 목표일 수는 없다. 핵심은 자신이 원하는 방향대로 이미지가 형성되고 있는가를 직시하는 것이다. 바로 그 컬러가 우리 사회에 남는 영향력이라는 유산이다.

[그림 3-9] 문재인 대통령과 박원순 서울시장의 컬러 리더십

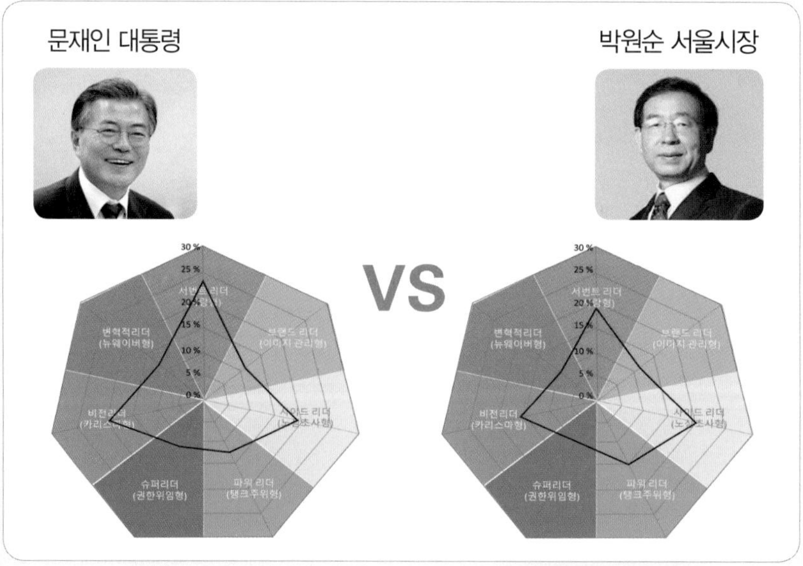

Situation　많은 사람이 빨간색 서번트 리더를 갈망한다. 구성원에게 도움 되는 역할이 리더십의 본질이기 때문이다. 빨강색 펜을 사용해 비전과 신뢰 아이콘으로 자신과 주변 사람과의 관계를 그려보라.

다음의 아이콘을 이용해 상황에 맞는
자신만의 리더십을 표현해 보세요.

 비전　 커뮤니케이션　 신뢰　 인재　 실행

Draw Your Leadership

"고양이와 생쥐. 그들의 관계에서 서번트 리더십은 헛소리에 불과하다."

Draw Your Leadership

Situation   노란색 사이드 리더십과 초록색 파워 리더십을 동시에 갖춘 리더는 아래 사람이 매우 힘들다. 실행력이 강한데 정교하므로 빈틈이 없다. 소통과 실행 아이콘으로 이런 유형의 리더를 그려보라.

다음의 아이콘을 이용해 상황에 맞는 자신만의 리더십을 표현해 보세요.

비전   커뮤니케이션   신뢰   인재   실행

"일이 중요한가 삶이 중요한가. 틀렸다. 행복이 가장 중요하다."

신완선의 Visual 기술 리더십 예시

Situation 컬러 리더십은 리더십 유형을 강점 관점에서 분류하고 있다. 자신의 강점을 찾고 다른 사람의 강점을 찾아주고 동참시키라는 의미다. 구성원의 다양한 강점을 살린다는 의미를 리더십 아이콘으로 표현해보라.

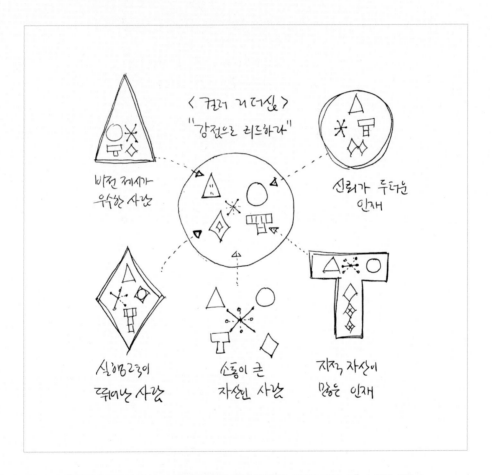

"살다보면 자신의 현실과 반대인 경우를 높게 평가하는 경우가 많다. 소통이 약한 사람이

소통을 중시하고 신뢰가 아쉬운 리더가 신뢰의 의미를 곱씹는다. 컬러 리더십도 마찬가지였다.

강점을 보고 포용하기가 너무 어려워서 컬러 리더십을 상상하게 되었다."

CHAPTER
SUMMARY

1 리더들은 각각 자신만의 강점으로 사람들을 리드한다. 그 강점의 특징에는 색깔을 입힐 수 있는데. 이것은 자신에게 어울리는 리더십 이미지를 분명히 하고 정확한 강점을 찾아내어 올바른 영향력을 행사하도록 하기 위함이다.

2 컬러 리더십은 대표적으로 다음과 같이 7가지 색으로 구별되며 그들의 성공 요인은 아래와 같다.

● 빨간색 리더: 서번트 리더십(끝없는 사랑형 리더)
　　① 역삼각형 파워 구도를 즐긴다.
　　② 네트워크형 조직 구조를 선호한다.
　　③ 이해관계자의 요구를 파악한다.

● 주황색 리더: 브랜드 리더십(이미지 관리형 리더)
　　① 중간에서 경쟁력을 찾지 않는다.
　　② 블록버스터에 도전한다.
　　③ 경쟁 환경 변화에 민감하다.

● 노란색 리더: 사이드 리더십(노심초사형 리더)
　　① 항상 문제의식을 갖는다.
　　② 균형 있는 경쟁력을 창출한다.
　　③ 시스템으로 경영한다.

● 초록색 리더: 파워 리더십(탱크주의형 리더)
　　① 행동으로 지시한다.
　　② 채널을 집중화한다.
　　③ 가시적인 목표를 제시한다.

● 파란색 리더: 슈퍼 리더십(권한위임형 리더)
　　① 인력의 가치는 동등하지 않다.
　　② 인재 양성, 셀프 리더로 키운다.
　　③ 파트너십 개념을 추구한다.

● 남색 리더: 비전 리더십(카리스마형 리더)
　　① 주춧돌 개념으로 비전을 확장시킨다.
　　② 비전 성취를 공유한다.
　　③ 비전의 계승자를 키운다.

● 보라색 리더: 변혁적 리더십(뉴웨이브형 리더)
   ① 약점에서 가치를 창조한다.
   ② 신기술에 먼저 도전한다.
   ③ 실패를 두려워하지 않는다.

3 컬러 리더십 자가 진단을 위한 방법은 다음과 같다.
   ① 컬러 리더십 진단표의 각 문항에 적극 동의 10점, 아주 미흡하다를 0점으로 판단하여 동그라미를 표시한다.
   ② 다음 진단 문항에 대한 점수를 각각 컬러별 리더십 분석표에 대입한 후 합산한다.
   ③ 가장 큰 점수 컬러의 리더 유형이 자신의 강점이 되는 리더십이라 판단한다.

REVIEW
QUESTIONS

1 리더들의 특징을 컬러로 표현하는 이유가 무엇인가?

2 컬러 리더십의 종류는 무엇이며 어떤 철학을 추구하는가?

3 서번트 리더십의 컬러는 무엇이며 성공 패턴 3가지는 무엇인가?

4 브랜드 리더십의 컬러는 무엇이며 성공 패턴 3가지는 무엇인가?

5 사이드 리더십의 컬러는 무엇이며 성공 패턴 3가지는 무엇인가?

6 파워 리더십의 컬러는 무엇이며 성공 패턴 3가지는 무엇인가?

7 슈퍼 리더십의 컬러는 무엇이며 성공 패턴 3가지는 무엇인가?

8 비전 리더십의 컬러는 무엇이며 성공 패턴 3가지는 무엇인가?

9 변혁적 리더십의 컬러는 무엇이며 성공 패턴 3가지는 무엇인가?

10 자신의 컬러 리더십을 진단해 보고 그 특징이 어떠한지 설명하라.

APPLICATION
EXERCISES

1 자신이 가장 존경하는 사람을 한 명 선택 한 후, 그의 리더십이 어떤 컬러인지 진단표를 이용해 진단하라. 그의 컬러 리더십은 어떤 특징이 있는지 설명하라.

2 ABC 기업은 10년 전 조선 부문의 활성화에 발 맞추어 급성장한 회사다. 단기간에 많은 인재가 필요해 경력직 채용을 통해서 회사를 운영해왔다. 최근에는 조선 부문의 경기가 부진한 상황이어서 신규 채용보다는 현재 인력의 역량을 높이고 경영 시스템을 정비하여 미래를 준비해야 할 시기라고 판단하고 있다. 이런 경영 환경에는 어떤 리더십 컬러를 가진 경영진이 필요하며 왜 그러한가를 설명하라.

3 세월호 침몰이나 메르스(MERS) 감염과 같은 국가적 사건 발생 시 초기에 대응을 치밀하게 하지 못한 것에 대한 비판의 목소리가 높았다. 컬러 리더십 중에서 눈높이를 낮추고 예방 관리를 중요시하는 리더십 컬러는 무엇인가? 그러한 리더십 컬러의 특징과 위기 발생 시에 실천 과정에 중시하는 것을 간략하게 설명하라.

4 최근 기업들이 창의력의 중요성을 크게 강조하고 있다. 차별적인 아이디어를 제시하는 것은 물론 실행력 또한 새로운 시도를 권장하는 분위기라고 볼 수 있다. 이번에 학습한 컬러 리더십 중에서 이러한 기업들의 요구에 가장 직접적으로 대응할 수 있는 리더십 컬러는 무엇인가? 그 유형의 리더십 철학과 목표를 간략하게 설명하라.

테크노 리더의 성공 조건

미래 자동차 비전

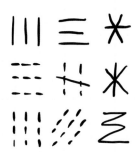

다양한 소통의 포용

소통 효과에 대한 고민

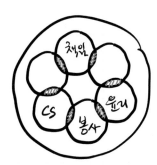

접점에서의 실천

신뢰 크기 결정 7요소

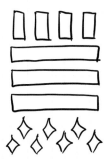

체험을 통한 태도와 지식

새롭고 목표가 분명한 인재

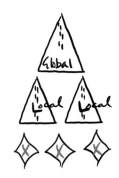

전문성으로 글로벌 비전 구축

제 4 장
테크노 리더의 성공 조건

1. 환경 변화가 리더십에 미치는 영향은 무엇인가?
2. 기존 관료적 리더와 테크노 리더의 차이는 무엇인가?
3. 테크노 리더십이란 무엇인가?
4. 테크노 리더십은 어떻게 진단될 수 있는가?
5. 테크노 리더의 성공 조건은 무엇인가?

1. 스스로를 비하하지 말라

한국 리더십 분야에서 큰 문제 중의 한 가지는 흠 없는 리더가 없다는 점이다. 리더십 자체에 대한 불신이 높아질 수밖에 없는 상황이다. 이러다 보니 먼 나라 이야기는 우아해 보이고 우리들의 이야기는 뭔가 초라한 느낌이 들곤 한다. 그 예로 한 문화부 기자와 평론가들이 세계적인 무용가의 영화 '에로스'를 감상하러 간 적이 있다. 지루한 장면이 이어지다가 갑자기 화면이 뒤집힌 채 배우들이 실오라기 하나 걸치지 않고 춤을 추는 장면이 상영되었다. 기자와 평론가들은 역시 감독이 세계적인 대가여서 뭔가 다르구나 하고 감탄의 눈길을 보내기 시작했다. 그러나 잠시 후, 사과 방송이 흘러나오며 영사기에 영화 프린트를 거꾸로 걸었다고 설명했다. 기자는 '벌거벗은 임금님을 보고서도…(동아일보 2005.06.25.)'라는 칼럼을 쓰면서 무조건 대가(大家)나 외국 것이라면 높은 점수를 부여하는 자신의 행태를 반성했다.

리더십이 그렇다. 우리들의 리더십에 대해서는 혹평을 하면서도 외국 리더십에는 관대한 동경의 눈길을 보낸다. 언젠가 오프라인 강의시간 중에 리더십에 대한 정의를 내린 파워포인트 한 장을 학생들에게 보여주게 되었다. 워렌 베니스(Warren Bennis)를 포함하여 4명의 리더십 전문가의 리더십에 대한 정의를 보여주었다. 사실 말이 리더십 전문가이지 베니스를 제외한 나머지는 내가 소장한 리더십 관련 도서에 나온 리더십 정의를 나열한 것이었다. 저자 중에는 컨설턴트도 있고 교육 전문가도 있었다. 목록 하단부에 나 자신이 생각하는 '신완선 교수의 리더십 정의'를 똑같은 포맷으로 소개하였다. 학생들은 그 페이지를 보고 '와!' 하고 웃었다. 어떻게 감히 세계적인 대가들 사이에 자신의 이름을 놓을 수 있는가 하는 의미의 웃음이었다. 물론 나 자신도 한참 웃었다. 어느 정도 분위기가 가라앉은 후, 학생들에게 엉뚱한 주문을 했다. 자신이 입고 있는 셔츠에 한글이 들어있는 옷을 입고 있는 학생은 보너스 점수를 주겠다고 말이다. 그러자 서로 자신의 셔츠를 들여다보기 시작했다. 하지만 아무도 손을 들지 못했다. 평소 연구실에 자주 찾아오는 학생이 능청을 떨었다.

"교수님, 저에겐 점수 주셔야합니다. 제 팬티에 적혀있거든요." 또 다시 강의장은 폭소로 가득 찼다. "여러분, 뭐 느끼는 것 없어요? 우리가 요즘 이렇다니까요." 말은 자주(自主)를 외치면서도 모든 것에서 외국을 쫓아가고 있음을 지적했다. 우리 것이 중요하다고 하면서도 뭔가 우리 고유의 것은 어설프게 생각하는 행태 말이다. 진정한 자주는 우리 스스로에 대한 자신감을 갖는 것이라는 사실을 강조했다. 물론 그렇게 얘기한 나 자신도 내가 한 말에 얼마나 충실한가는 자신이 없지만….

학생들의 단편적인 모습일 수도 있지만 이제 우리도 자신감을 회복해야 한다. 수천만 원이나 수억 원을 들여 해외 석학을 국내로 불러들이듯이 국내 석학도 귀하게 대접할 필요가 있다. 외국인 리더를 귀하게 모시듯이 국내 리더의 몸값도 올바른 가치를 매길 시기이다. 우리 스스로 가치를 인정하지 않는다면 누가 우리의 값을 인정할 수 있겠는가.

앞서 말한 스스로에 대한 불신은 기존 리더에 대한 실망에서 비롯되었음을 직시해야 한다. 우리들이 수시로 목격하는 리더십 사례가 실패에 대한 회한이기에 주로 해외에서 성공한 사례를 배우겠다고 벤치마킹 모델로 삼는 것이다. 리더십 자체만 보는 것이 아니라 완벽한 사람을 동시에 요구하는 우리 문화에서는 모든 것이 참으로 힘든 여정이 아닐 수 없다. 클린턴 前 대통령이 자서전 출판기념회에 초청을 받아 한국을 방문했다. 필자도 수백 명 참석자의 한 사람으로서 그 자리를 지켜보게 되었다. 클린턴 前 대통령은 비록 성공한 대통령으로 평가받을지는 모르지만 훌륭한 어른으로 대접받기는 힘들 것이다. 그러나 그날 우리는 모두 그가 어떻게 성공한 리더가 될 수 있는가를 알기 위해서 한 자리에 모였다. 그가 개인적으로 안고 있는 많은 과(過)에 대해서는 아무 일도 없다는 듯이 말을 아끼면서 말이다. 만일 그가 대한민국 국민이었다면 우리는 분명 다른 잣대로 그를 괴롭혔을 것이다. 왜 더 완벽할 수 없었는가를 놓고 많은 가정법을 읊조리고 있었으리라.

어느덧 경력이 쌓인 필자도 가끔은 해외에서 강의를 해달라는 요청을 받고 있다. 중국, 싱가포르, 베트남, 사우디아라비아 등에서 주로 한국의 품질경쟁력과 경영진 리더십 이야기를 듣고 싶어 한다. 외국 청중들의 관심은 대한민국의 약점에 있지 않다. 한국의 성공적인 혁신과 그러한 혁신을 이끈 리더십을 배우고 싶을 뿐이다. 미래는 과거에 대한 질책으로 형성되는 것이 아니라 바른 방향을 추구하는 긍정적인 마인드와 실천으로 만들어진다. 우리 스스로 강점을 찾고 인정하지 않는다면 과연 누가 우리의 땀과 도전에 박수를 보내겠는가.

2. 리더십의 격차는 어디에서 비롯되는가

리더십은 다양한 정의를 가지고 있지만, 리더십을 발휘하는 주체의 특성만큼이나 리더십이 발휘되는 환경에 밀접한 영향을 받는다는 것은 공통된 사실이다. 이렇듯 리더십이 환경적 영향에 의해 민감하게 변화되는 만큼 리더십의 격차가 일어나는 환경적 요인을 잘 살펴야 한다.

본 책에서는 최근 급격하게 변화하는 리더십 환경에 대하여 기술, 인구학, 경제의 관점에서 간단히 언급하고자 한다.

新시대, 新세대

21세기 초반을 지배하고 있는 하나의 주요한 변화는 인간 존재의 혁명을 들수 있다. 절대적인 기아에서 벗어나고 생활이 편리해짐에 따라서 인간 본연의 가치를 추구하는 경향이 뚜렷해지고 있다. 삶의 질에 대한 관심과 참여폭이 상당히 적극적으로 변모하고 있으며 기술의 발달은 이러한 현상을 부추기고 있다. 정치에 참여하는 세대도 더욱 젊어지고 있으며 여성, 노동계 등 한국의 리더십 참여 구성원 자체가 다변화하고 있는 셈이다. 이러한 현상에 맞추어 새로운 세대, 즉 M 세대가 등장했다.

오스트리아 시장조사업체인 맥크린들 리서치(McCrindle Research)에 따르면 X, Y세대 이후 1995년부터 2009년 사이에 태어난 세대를 Z세대라고 이야기하며, 1980년 이후의 세대를 통칭하여 M세대로 '밀레니엄(Millennium)' 혹은 '모바일(Mobile)'세대라고 부르고 있다. 특히 이 중에서도 전세계 인구의 약 30% 이상을 차지하는 Z세대는 디지털 장치를 통해 연결되고 소셜미디어를 통해 소통

[그림 4-1] 세대별 분류와 Z세대, M세대 이미지 출처: McCrindle Research

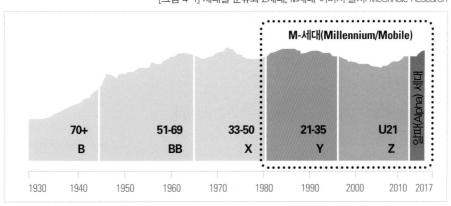

하는 21세기에 최초로 형성된 완전한 글로벌 세대이다. 이러한 세대적 변화에 따라 리더가 계층 간 혹은 세대 간 차이를 줄이기 위해서 다양한 노력을 해야 한다. 다양한 구성원을 한마음으로 만들기 위해서는 커뮤니케이션을 강화하는 것이 중요한 현안이다. 초 IT 시대의 장점을 활용하면서도 세대를 초월하여 의사소통을 이루어낼 수 있는 리더십 기능이 절대적인 상황이 된 것이다. 이러한 환경에서는 IT 기술의 발달을 선도적으로 활용할 수 있는 테크노 리더의 강점이 더욱 꽃을 피울 수 있다.

블랙 스완에서 회색 코뿔소로

세계 경제 상황도 급속하게 변화하고 있다. 과거에도 많이 쓰였고, 지금도 많이 쓰이고 있는 경제 용어 중에 '블랙 스완(black swan)'이라는 단어가 있다. 영국의 〈타임스(The Times)〉에서 '세상에서 가장 유명한 사상가'로 묘사 된 적이 있는 레바논 출신의 대학 교수이자 사상가, 철학자, 역사가, 투자 전문가이기도 한 나심 니콜라스 탈레브(Nassim Nicholas Taleb)가 2007년 본인의 저서인 『블랙 스완: 0.1%의 가능성이 모든 것을 바꾼다(The Black Swan)』에서 소개하면서 경제 용어로 사용되기 시작했다.

블랙 스완이란, 17세기 말 유럽인들이 호주에 진출했을 때, 검은색 백조를 처음 발견하면서 '백조는 희다'라는 사실이 깨진 사건에서 은유적으로 유래한 말이다. '매우 예외적이어서 예측이 불가능할 뿐만아니라 만일 발생하게 되면 극심한 충격과 파장을 몰고 오며 발생한 뒤에야 비로소 설명과 예견이 가능해지는 것'으로 정의했다. 그런데 최근에는 이러한 경제 상황과 반대되는 개념으로 '회색 코뿔소 이론(Gray Rhino Theory)'이 주목받고 있다.

회색 코뿔소 이론은 세계적인 싱크탱크 세계정책연구소(World Policy Institute)를 출범시킨 대표이사이자, 시카고국제문제협의회(Chicago Council on Global Affairs)의 학문 전담팀을 이끌고 있는 미셸 부커(Michele Wucker)

- **블랙 스완(2008, 니콜라스 탈레브)**

유럽인들이 18세기에 오스트레일리아 대륙에 진출했을 때 검은색 백조를 처음 발견한 사건에서 가져온 은유

'극단적으로 예외적이어서 발생 가능성이 없어 보이지만 일단 발생하면 엄청난 충격과 파급효과를 가져오는 사건을 가리키는 용어'

↓

2008년, 탈레브 교수는 '블랙 스완의 등장은 과거 경험과 데이터를 바탕으로 미래를 예측하는 것이 거의 불가능해졌음을 의미한다'라고 이야기함.

- **회색 코뿔소 이론(2013, 미셸 부커)**

2013년 1월 다보스 포럼에서 소개. '인간이 자주 놓치는 위험 혹은 보고서도 못 본척 하는 위기'

'체중이 2톤에 육박하는 짐승이 콧김을 뿜고 땅을 박차며 당신을 노려보며 금방이라도 공격할 태세인데, 희한한 새 한 마리에 신경을 써야 하겠는가? 회색 코뿔소 같은 위기는 확실하게 눈에 들어온다.'

↓

But, 이제는 데이터 분석을 통해 놓치고 있는 수많은 위험 신호들을 포착하여 대응해야 한다고 주장

[그림 4-2] 경제 환경의 변화

가 2013년 다보스 세계경제포럼(World Economic Forum, 이하 WEF)에서 소개한 이론으로 '인간이 자주 놓치는 위험 혹은 보고서도 못 본 척 하는 위기'라고 정의된다. 이러한 경제 패러다임의 변화는 리더에게 있어 선두를 유지하거나 확보하기 위한 의사결정에 영향을 미치는 중요한 요소이며, 급격하게 변화하는 환경에서의 리더십 차이는 미래의 흥망과 변화를 이끌어내기 위한 중요 변수가 된다. 리더만이 그러한 환경 변화에 조직이 시의적절하게 대응할 수 있도록 이끄는 역할을 할 수 있기 때문이다.

미래 연구학자들이 말하는 미래는?

세계의 환경을 종합해 미래를 연구하고 예측하는 학문이 미래학이다. 구글의 엔지니어링 이사이자 '프로젝트 X'의 기계학습 분야 담당자로 주목받는 미래학자인 레이 커즈와일(Ray Kurzweil)은 기술의 변화에 초점을 맞추어 아래와 같은 6가지의 진화 단계를 정의했다. 그는 발명이라는 개념이 깨어나기 시작한 물리학과 화학의 시대에서부터 먼 미래로 보이는 인공지능이 지금의 1조배가 되는

테크노 리더의 성공 조건 | 제 4 장   107

단계까지 총 6단계의 시대적 큰 흐름을 겪을 것이라고 주장하며 구체적으로 향후 30년의 미래를 예측했다. 그리고 그의 예측은 현재까지 약 86% 적중하고 있다고 한다.

[그림 4-3] 미래학자 레이 커즈와일의 6가지 진화의 단계

제1기	**물리학과 화학의 시대** 원자 구조에 있는 정보를 보는 단계
제2기	**생물학의 시대** DNA에 있는 정보를 보는 단계
제3기	**뇌 과학의 시대** 뇌 신경 패턴에 있는 정보를 보는 단계
제4기	**기술학의 시대** 하드웨어와 소프트웨어 속에 있는 정보를 보는 단계
제5기	**기술과 인공지능이 합쳐지는 시대** 인간 지능을 포함한 생물학의 방법론이 확대돼 인간이 기술 베이스와 통합되는 단계
제6기	**우주가 깨어나는 시대** 인지가 최고조에 달해 인간 지능(인공이지만)이 지금의 1조배가 되는 단계

[그림 4-4] 미래학자 레이 커즈와일 미래 예측

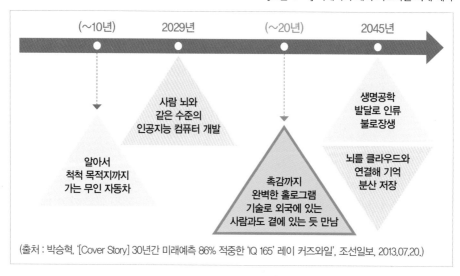

(출처 : 박승혁, '[Cover Story] 30년간 미래예측 86% 적중한 'IQ 165' 레이 커즈와일', 조선일보, 2013.07.20.)

인구학적, 경제적, 기술의 발전 등 다양한 영역에서의 급격한 변화는 산업적으로도 큰 변화의 흐름을 만들고 있다. 2016년 WEF에서 클라우드 슈밥 의장(Klaus Schwab)이 언급하며, 글로벌 이슈로 떠오른 4차 산업혁명이 가장 대표적인 일이다.

급격한 변화의 시대, 인공지능 기술 등의 발달로 인간 역할의 많은 부분이 대체되는 환경에서 인간이 리더십을 발휘해야 하는 부분(역할)은 무엇이며, 그때 우리가 발휘해야하는 역량은 무엇인가.

이러한 인공지능이 대두되는 4차 산업혁명 시대에서 인간의 역할에 대한 질문에 대답하기 위해 지식경영, 인공지능, 정보공학 등의 다양한 분야에서 연구가 활발히 진행되고 있다. 뉴질랜드 빅토리아대학교(Victoria University of Wellington)의 경제학 교수 켄 패리(Ken Parry)와 호주 디킨대학교(Deakin University) 경제학 교수 마이클 코헨(Michael Cohen)과 수칸토(Sukanto)

[그림 4-5] 산업혁명과 패러다임의 진화

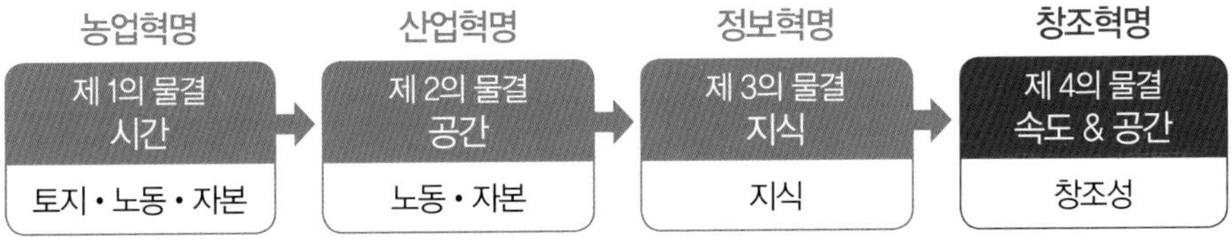

농업혁명	산업혁명	정보혁명	창조혁명
제 1의 물결 시간	제 2의 물결 공간	제 3의 물결 지식	제 4의 물결 속도 & 공간
토지 · 노동 · 자본	노동 · 자본	지식	창조성

빅 체인지 1	조직의 넥스트 패러다임 수직사회(one way, 일방형) → 수평사회(two way, 쌍방향)
빅 체인지 2	공급자의 넥스트 패러다임 푸쉬(push, 공급자 중심) 방식 → 풀(pull, 수요자 중심) 방식
빅 체인지 3	감성과 감동 중시 넥스트 패러다임 좌뇌(brainstorming)사회 → 우뇌(heartstorming)사회
빅 체인지 4	부(富) 창조 방정식의 넥스트 패러다임 활동 소득(active income) → 소극적 소득(passive income)
빅 체인지 5	네트워크의 넥스트 패러다임 연결사회 → 초연결(hyper connected)사회

는 2016년에 발표한 'Rise of the Machines: A Critical Consideration of Automated Leadership Decision Making in Organizations(Ken Parry, Michael Cohen, and Sukanto, 2016년 Group & Organization Management 저널)'에서 AI를 활용해 리더십을 발휘하는 연구를 진행했다. 본 논문에서는 과거에 정보를 제공하고 그에 따른 단순한 해결 방법을 제시하던 시스템에 머무르지 않고, 변화하는 상황을 인지하여 대안을 제시하고 최적안까지 판단하는 AI를 활용하는 의사결정 프로세스를 다루었다. 이때 논문의 연구자들은 인간의 의사결정이 필요한 상황 또는 AI의 판단이 적합한지를 판단 및 결정하는 단계에서 인공지능이 인지하지거나 고려하지 못하는 윤리적, 직감적 특성을 활용하여 거

[그림 4-6] AI시대 인간의 역할

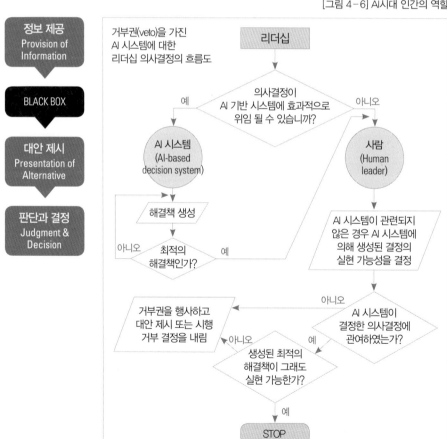

부권을 가진 결정권자로서의 역할을 수행해야 한다고 주장하고 있다. 생물학자 찰스 다윈(Charles Robert Darwin)은 '이 지구상에 살아남은 종족은 가장 강한 종족도 아니고 가장 지적인 종족도 아닌 환경변화에 가장 잘 적응하는 종족'이라며, 변화에 대한 인식력과 실천력이 중요하다고 이야기했다. 앞서 말한 변화하는 사회와 변화하는 인간의 역할과 이러한 시대에 필요한 역량을 종합하면 21세기 승자의 조건은 다음과 같이 정리 할 수 있다. 급격한 변화를 선구적으로 이끌어갈 21세기 리더는 변화와 혁신에 대응할 '창의와 도전', 융·복합 환경에서 시너지를 창출할 수 있는 '커뮤니케이션(communication), 팀워크(teamwork)', 빠른 속도로 변화를 이끌어 갈 '실행'을 갖춘 리더이다.

리더십은 참으로 어려운 주제이다. 국내 모 대기업의 연구 인력에 대한 리더십 설문조사 결과를 본적이 있다. 이 분석 결과의 특징은 자신의 평가에 비해서 상사가 보기에는 후하고 부하직원이 보기에는 박한 결과가 나타났다는 것이다. 윗사람이 본 리더십 수준에 비해 아랫사람이 본 리더십에서 부족하다고 지적하고 있는 셈이다. 단적으로 표현하면, 윗사람에게는 잘 보이려하고 아랫사람에게는 까다롭게 굴고 있음을 나타내는 결과이기도 하다. 이러한 현상이 발생한 것은 그만큼 조직이 성과 관리에 집착하고 있기 때문이다. 윗사람의 성과 관리에 적극 협조하는 상황이니 위에서 보기에 고마울 수밖에 없으리라. 반면에, 치열한 성과 관리는 부하직원에게는 각박한 리더로 비쳐지기에 충분하다. 재미있는 것은 이 조직의 최근 3년간 리더십 수준이 점점 나빠지고 있다는 사실이다. 당사자의 리더십이 나빠질 리는 없다. 조직의 리더십에 대한 기대 수준에 따라 리더십은 다르게 비쳐질 수 있다는 것을 의미한다.

21세기 승자의 조건

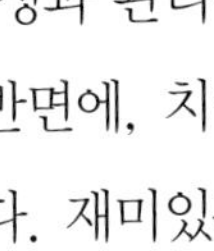

SPEED	"실행, 실행, 실행"
융·복합과 시너지	"Communication, Teamwork"
변화와 혁신	"창의와 도전"

[그림 4-7]
21세기 승자의 조건

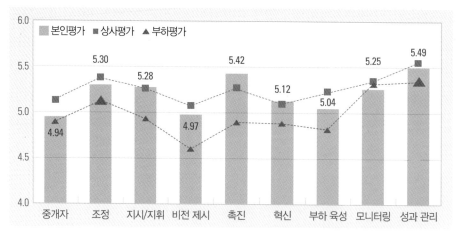

[그림 4-8] 특정 대기업의 리더십 설문조사 결과(1)

반대로 모 제과회사의 부장에 대한 리더십 결과는 정반대이다. 상사의 평가는 까다로운 반면에 아랫사람의 평가는 후하다. 이는 화합을 중시하는 조직 문화를 나타내는 것을 반영한다고 볼 수 있다. 위에서 보기에는 실적 관리가 미흡한 편인데, 아랫사람에게는 인기가 비교적 괜찮은 것이다. 우리는 이들 자료에서 리더십의 상대성을 읽어야 한다. 리더 자신의 문제일 수도 있지만 조직의 문화에 의해서 리더십은 다르게 비쳐지기도 한다. 리더십을 분석하고 개선 방향을 설정하려면 그만큼 정교하게 대응해 나가야 한다는 것을 배우게 된다.

[그림 4-9] 특정 제과회사의 리더십 설문조사 결과(2)

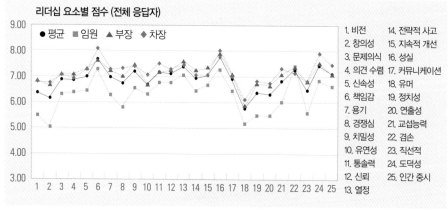

3. 리더 그룹이 바뀌고 있다

리더십이 기업경영에서 왜 중요한가. 리더는 기업 내에서 부여받은 인재, 비용, 시간, 책임 등을 가지고 있으며, 조직 내에서의 리더십은 부여받은 자원을 활용해 성과를 창출하는 과정이다. 그렇기 때문에 조직 내의 성과 창출 정도를 리더십 발휘 정도로 평가할 수 있다.

그렇다면, 회사가 리더에게 기대하는 것은 무엇인가. 국가 또는 회사는 끊임없이 세계 일류의 경쟁력을 갖추기 위해 노력한다. 예를 들어 한국 경제의 견실한 성장을 주도한 반도체, 전자, 조선, 철강, 석유화학 등 제조 산업을 지속적으로 발전시키려는 노력은 기존 산업의 기술력을 높여 경쟁력을 확보하고자 하는 것이다. 또는 21세기 지식 기반 사회를 이끌 생명공학기술(Bio Technology, BT), 나노기술(Nano-Technology, NT), 정보통신기술(Information Technology, IT), 환경기술(Environmental Technology, ET), 우주항공기술(Space Technology, ST), 문화콘텐츠기술(Culture Technology, CT) 등 첨단 산업 분야를 육성하는 데 국가적 역량을 집중함으로서 미래를 대비한 최첨단 산업을 육성하고자 하기도 한다. 이때 리더는 기존 기술과 첨단 기술에 대한 깊은 이해를 통해 지속적 발전을 이끌어 낼 수 있는 방향을 설정할 수 있으며, 이를 추진할 수 있는 역량을 갖추어야 한다.

[그림 4-10] 조직과 조직 내 리더십 역할

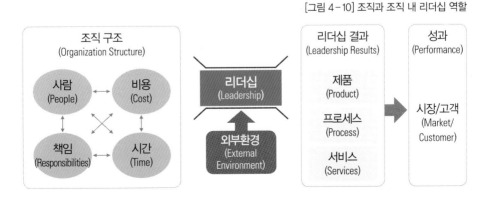

■ 상경 사회과학 전공(%)　■ 이공계 전공(%)　■ 기타 전공(%)

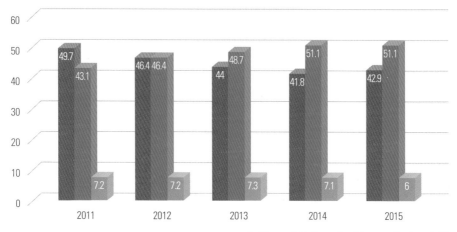

[그림 4-11] 국내 100대 기업 CEO 전공 분포 현황

최근에 부각되는 테크노 리더십의 탄생 배경은 '마케팅을 잘 아는 사람이 기술을 이해하기는 어렵지만 기술을 이해하는 사람은 마케팅도 쉽게 이해할 수 있다'이다. 이 말의 뜻은 마케팅을 잘 아는 사람이 기술을 이해하는 것보다, 기술을 이해하는 사람이 마케팅을 이해하는 것이 쉽다는 의미이다. 경영이 패턴에 대한 이해라면 기술은 새로운 것에 대한 이해이기 때문에 훨씬 더 빠르고 변화가 많다. 그러므로 순서를 두자면 경영을 이해하는 것보다 기술에 대한 이해를 먼저 한 사람이 더 유리할 수가 있다.

[그림 4-12]는 지금 이 시대에 요구되는 전문 역량(전문성), 경영 역량, 글로벌 역량, 공유가치(조직에 대한 충성도)의 관계를 보여주고 있다. 또한 이와 같은 요소가 일류 기업들이 지향하는 리더상(인재상)이라고 볼 수 있다.

[그림 4-12] 기업들이 지향하는 리더상

글로벌 역량
(Global Business)

공유가치
(조직Loyalty)

경영 역량
(Leadership)

전문 역량
(전문성)

현재사회 = 지식정보 사회 = 전문성

4. 테크노 리더란 누구인가?

테크노 리더는 기술적 혹은 전문성의 우위를 리더십의 기반으로 삼는다. 경쟁의 원리를 보다 단순화한 환경에서 전개하여 불확실성을 최소화하기 위해서이다. 벤처 창업이 확대되는 상황에서도 대부분 기술력을 가진 사람이 직접 창업과 경영을 추구하는 것

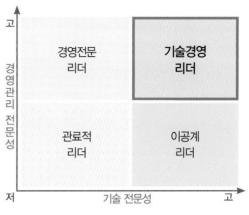

[그림 4-13] 테크노 리더십 영역

도 같은 맥락에서 해석할 수 있는 부분이다. 사실 테크노 리더는 전혀 새로운 개념이 아닐 수도 있다. 수많은 발명품을 배경으로 전기 회사를 시작한 토머스 에디슨(Thomas Alva Edison)이나 자동차 조립 능력을 스스로 터득한 헨리 포드(Henry Ford)야 말로 테크노 리더의 원조격에 해당된다고 볼 수 있다. 그렇다면 왜 갑자기 테크노 리더가 중요해졌는가 하는 점이 궁금해질 수밖에 없다. 학문적인 배경이 뚜렷하지 않고 생산량 자체가 부족했던 시기에는 리더십에 대한 구분도 산업에 대한 부분이 아니라 인격적인 차원에서 다루어졌다. 실질적으로 스티븐 코비(Stephen Covey) 박사는 1940년대까지의 리더십을 성품 리더십으로 분류할 정도이다. 모든 것이 경험과 직감에 의해서 운영되었던 것이다.

경영학이 중요하고 효과적인 실용 학문으로 자리잡는 1960년대를 거치면서 기업의 인적구성원의 역할도 분업화되기 시작했다. 기술을 개발하고 생산하는 기능과 마케팅을 하고 판매를 하는 기능이 명확하게 정리되기 시작한 것이다. 마이클 포터(Michael Porter)의 가치사슬(value chain)에 의해서 모든 기능이 유기적으로 연계되어 있는 점은 인정하면서도 경영은 분업화 된다는 개념이 조직 운영에도 체계적으로 접목된 것이다. 이 시기에는 보다 많은 고객을 만나고 폭넓은 사업 범위에 관여하는 총괄 부문에 관여한 인력이 보다 높은 리더의

위치에 오르곤 했다. 또한 환경적으로 노동집약적 성격도 강해서 생산 현장에는 많은 숫자의 기술자가 필요한 상황이었다. 따라서 수적으로는 엔지니어가 많지만 조직 운영 차원에서는 오히려 경영이나 법률 분야를 맡은 인력들이 중요한 역할을 했다.

이러한 리더십 구조에서 노동 환경이 기술집약적으로 바뀌고 지식사회가 되어가면서 기술 인력의 역할 또한 파격적으로 바뀌기 시작하였다. 테크노 리더들이 단순한 연구 개발 혹은 생산 근로자로서의 엔지니어 역할로는 만족할 수 없는 상황이 된 것이다. 뿐만 아니라, 기업의 경쟁력이 연구 개발력이나 기술력에 근거하여 결정되면서 테크노 리더의 기여도는 그만큼 위상이 달라지고 있다. 이러한 환경적 변화에 따라 독보적 기술 우위를 확보하는 것이 가장 확실한 경쟁력이 되면서 기술력 확보에 기여할 수 있는 리더를 존중하게 된 것이다. 기술로 승부하는 특성을 지니고 있기에 미래에 대한 예측에도 아주 민감하게 대응한다. 올바른 예측을 바탕으로 한 기술 개발이 전제되지 않으면 진정한 블루오션 전략이 되지 못하기 때문이다.

기존 비즈니스 리더와 테크노 리더의 차이는 [그림 4-15]와 같이 크게 다섯 가지로 압축할 수 있다. 테크노 리더는 기술적 전문성, 분석적 사고, 독보적 경쟁우위, 실행력, 그리고 기술과 가치에 초점을 맞춘다. 차별적 경쟁력을 갖추어야만 승부가 가능하다는 과학과 기술의 사고방식을 근본으로 하고 있는 셈이다. 가치-비용을 중시하는 체계에서 기술-품질로 전환하는 것도 특징이다. 고객

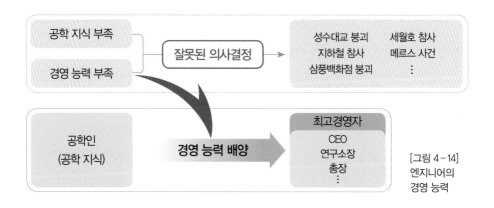

[그림 4-14]
엔지니어의
경영 능력

[그림 4-15]
테크노 리더와
관료적 리더의
차이

관료적 리더	테크노 리더
• 관리 능력을 중시한다.	• 전문성을 중시한다.
• 경험적 판단력을 활용한다.	• 분석적 사고 능력을 활용한다.
• 인적 네트워크로 승부한다.	• 독보적 경쟁우위를 선호한다.
• 전략에 초점을 맞춘다.	• 실행에 초점을 맞춘다.
• 목표달성에 초점을 맞춘다.	• 기술-가치를 동시에 추구한다.

과 시장을 위해 더 큰 목표를 추구하면 눈앞의 수익 문제는 저절로 해결될 수 있다는 믿음에 근거한 경쟁 전략이다. 기술이 경쟁력을 좌우하는 무한경쟁 시대의 피할 수 없는 선택이기도 하다. 이들 차이점을 종합하면, 관리 역량에 근거하여 경쟁우위를 확보한다는 관점에서 사업 환경과 기술에 기반을 두고 가치경영에 초점을 맞추고 있음을 알 수 있다.

3장에서 배운 컬러 리더십은 리더십 전개 유형 즉, 리더십을 발휘하는 유형에 따라 분류한 것이고, 이번 장에서 배운 테크노 리더십과 관료적 리더십은 리더십을 준비하는 과정에 근거하여 분류한 유형이다. 이러한 리더십 유형들과 테크노 리더십은 서로 다른 이야기가 아니다. 테크노 리더가 개인의 역량과 성향에

[그림 4-16] 컬러 리더십 유형과 테크노 리더십의 관계

		서번트 리더십	브랜드 리더십	사이드 리더십	파워 리더십	슈퍼 리더십	비전 리더십	변혁적 리더십
리더십 준비 과정에 근거한 분류	관료적 리더	경험과 직감에 근거하여 리더십 학습 목표달성에 초점을 맞추며 달성 과정에 대해서는 체계적인 접근방식이 없음.						
	경영전문 리더	정치, 경제, 경영 등 종합적 리더로서의 역량 학습 총론적 판단력과 논리력이 탁월하고 경영 전문성에 근거한 리더십 전개						
	이공계 리더	경험과 직감에 근거하여 리더십 학습 각론적 분석력이 탁월하고 과학기술 전문성에 근거한 리더십 전개						
	테크노 리더	정치, 경제, 경영 등 종합적 리더로서의 역량 학습 각론적 분석력이 탁월하고 해당분야 기술 전문성에 근거한 리더십 전개						

리더십 전개 유형에 근거한 분류

따라 서번트 리더, 브랜드 리더, 사이드 리더 등이 되지만 리더십을 발휘해야하는 영역은 테크노 리더십이라는 것이다. 개인의 리더십 기질과 시대가 요구하는 리더십 영향력을 구분하여 이해하고 활용하는 데 관심을 가져야 한다.

5. 테크노 리더의 성공조건

테크노 리더를 비즈니스 리더와 굳이 구분할 필요가 있는가는 논의의 대상이 될 수 있다. 비즈니스 리더라고 하더라도 기술에 초점을 맞춘다면 똑같은 리더십 스타일이 될 것이라는 관점에서 대두될 수 있는 질문이다. 이러한 이의제기에 대한 해답을 찾기 위해서 한국 CEO 97명을 대상으로 학부 전공에 따라 인문계와 이공계로 나누어서 리더십을 비교분석했다. 학부 전공이 리더십 유형을 최종적으로 결정하는 것은 아니지만, 전반적인 성향을 구분하기에는 적절하다는 판단 때문이었다. 이 분석에 사용된 데이터는 필자가 머니투데이 신문에 2년간 매주 연재했던 컬러 리더십 사례에 근거를 두고 있다. 금융, 제조, 벤처 등 다양

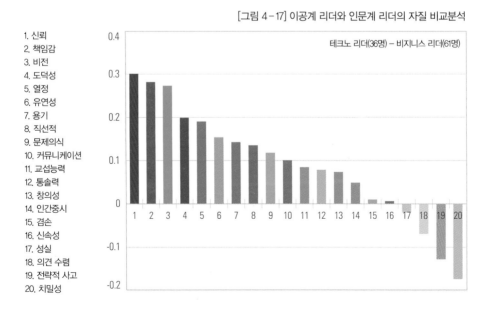

[그림 4-17] 이공계 리더와 인문계 리더의 자질 비교분석

1. 신뢰
2. 책임감
3. 비전
4. 도덕성
5. 열정
6. 유연성
7. 용기
8. 직선적
9. 문제의식
10. 커뮤니케이션
11. 교섭능력
12. 통솔력
13. 창의성
14. 인간중시
15. 겸손
16. 신속성
17. 성실
18. 의견 수렴
19. 전략적 사고
20. 치밀성

테크노 리더(36명) - 비지니스 리더(61명)

한 분야의 CEO들이 이끌고 있는 회사의 직원 20~30명 정도가 참여한 설문조사 결과 데이터이므로 의미 있는 결과라고 볼 수 있다.

이공계 출신의 CEO는 인문계 출신에 비해 초록색, 파워 리더의 비율이 높게 나타났다. 보다 목표 성취에 강하고 직접적인 리더십 방식을 선호한다는 의미이기도 하다. 세부적인 리더십 자질에서 이공계 출신은 신뢰, 책임감, 비전, 도덕성 등이 높게 나타났다. 사실에 근거한 의사결정과 가시적인 성과를 선호하는 스타일이 경영에도 나타난다고 볼 수 있다. 흥미로운 것은 인간중시 측면에서도 더 높게 나타났다는 사실이다. 솔직하고 진실된 접근방식이 대인관계에서도 좋은 평가를 받고 있는 셈이다. 반면에, 인문계 출신의 경영자들은 치밀성, 전략적 사고, 의견 수렴, 성실 부분에서 높게 나타났다. 통계적인 유의수준을 언급하지 않더라도 전반적인 측면에서 테크노 리더가 좋은 평가를 받고 있는 편이다. 이 결과만으로 우열을 단정하기에는 표본수가 충분하지 않지만, 테크노 리더가 결코 뒤지지 않는 평가를 받으며 오히려 조직을 성공적으로 이끌고 있음을 입증하는 소중한 자료이다.

테크노 리더의 톱3 우위 요소와 리더십의 핵심인 커뮤니케이션과 인적 자원을 통합해 '테크노 리더십 5대 성공요소'로 제시한다. 조직 통솔에 결정적으로 작용할 수 있는 리더십 자질로서 역량 개발에 필수적인 요소이다. 이들 성공요소를 테크노 리더의 성공조건과 핵심요소로 정리하면 [그림 4-18]과 같다.

본 책에서 제시하고 있는 성공요소는 크게 5가지인 비전, 커뮤니케이션, 신뢰, 인재, 실행으로 구성되어 있다. 비전은 리더십을 방향성 차원에서 가장 먼저 제시되어야 할 요소로서 명확한 목표(target)를 공유시키는 것이 핵심이다. 개인과 조직에 따라서 비전의 크기와 제시하는 방식은 다양하겠지만 구성원이 몰입해야 할 이유를 제공하는 일이므로 리더십의 출발점으로 볼 수 있다. 커뮤니케이션(소통)은 비전을 공유시키는 노력인 동시에 환경 변화에 대한 변화관리 활동을 의미한다. 팀워크(teamwork)를 확보하여 조직의 유연성을 강화하는 것이 성공여부를 결정한다. 신뢰는 조직의 결집력 혹은 응집력에 필수적인 조건으로서 신뢰감(trust)에 초점이 맞추어져 있다. 인재는 조직 내 인적자원의 강점을

테크노 리더의 성공조건	리더십 핵심요소
비전 제시로 조직의 정렬성을 높인다.	**Target**
커뮤니케이션으로 조직의 유연성을 높인다.	**Teamwork**
신뢰를 통해서 결집력을 높인다.	**Trust**
인적 자원을 활용할 기회를 찾는 데 주력한다.	**Talent**
실행에 집중한다.	**Threshold**

[그림 4-18] 테크노 리더의 성공 조건

찾고 활용하려는 것으로서 구성원의 재능(talent)을 정의하고 경영시스템에서의 역할을 설정해야만 한다. 변화의 속도가 기하급수적으로 빨라지는 미래 경영환경을 감안하면 적재적소에 위치한 구성원의 역량이 리더십의 결과를 좌우하는 것은 당연한 현상이다. 물론 리더십을 궁극적으로 결정하는 것은 구성원의 실행력이며 실행 노력의 수준을 결정할 임계점(threshold)을 보다 가시화 시켜야만 리더십 결과의 예측과 관리가 가능하게 될 것이다. 이들 다섯 가지 핵심요소가 해당 부문의 전문성을 기반으로 전개될 때에야 비로소 테크노 리더십이 균형 있게 영향력을 발휘하고 있는 것으로 볼 수 있다.

테크노 리더십을 진단하기 위해서는 관련 조직의 특성을 고려한 테크노 리더십 자질을 정의하고 해당 자질이 요구되는 업무 영역과 매핑(mapping)하는 과정이 필요하다. 리더십 자질과 업무 영역을 매핑함으로써 테크노 리더 개인이 보유하고 있는 리더십 자질이나 역량이 실제 업무를 추진하는 과정에서 어떤 영역을 통해 발현되는지 파악할 수 있다. 즉, 테크노 리더의 자질에 대한 자가진단을 통해 업무 역량을 가늠할 수 있는 도구로 활용 가능하다.

다음은 테크노 리더의 5대 성공요소인 비전, 신뢰, 실행, 인재 및 커뮤니케이션 각각의 항목과 연관된 리더십 자질과 업무별 영역을 매핑한 모형 [그림 4-20]과, 이 모형을 활용하여 테크노 리더십을 스스로 평가해 볼 수 있는 자가진단표 [표 4-2]이다. 리더십 자질에 중복되는 항목이 있으며 한 업무에 8개의 자질로 구성되어 있다.

　리더십 자질을 평가하기 위해 활용하는 방법으로 업무 상황에서 발생될 수 있는 다양한 상황을 예시로 제공한 후, 테크노 리더가 어떤 자질 항목들을 선호하는지 체크한다. 다음은 테크노 리더의 자질 평가를 위한 몇 가지 상황 예시와 예시 문항 [그림 4-19] 사례이다.

· 업무에 문제가 발생하였을 경우, 주로 어떤 행동을 선호하십니까?

· 실수를 저지른 부하사원을 지도하는 경우, 어떤 행동을 선호하십니까?

· 대립되는 양측 의견을 조율하기 위해서 어떤 행동을 선호하십니까?

· 테크노 리더로서 가장 우선적으로 해야 하는 행동이 무엇이라고 생각하십니까?

· 문제 발생이 예견되는 업무 상황에서 어떤 행동을 선호하십니까?

· 정보 수집이 필요한 경우, 귀하는 어떤 행동을 선호하십니까?

[그림 4-19]
테크노 리더
자질 진단
문항 예시

테크노 리더로서 가장 우선적으로 해야 하는 행동은 무엇입니까?		
보기	1순위	2순위
A 조직의 목표를 완수하기 위해 책임감을 갖고 앞장서서 노력한다.	○	○
B 조직의 목표를 달성해 가는 과정에서 나타날 문제점과 장애요인을 면밀히 분석한다.	○	○
C 기술의 환경변화를 통찰하여 경쟁력을 높이기 위한 장단기 실행전략을 구체화하여 수립한다.	○	○

측정 자질: 책임감(A), 문제해결(B), 전략적 사고(C)

　테크노 리더로서 가장 우선적으로 수행해야 하는 행동이 무엇인지에 대한 상황 질문을 통해 3가지 리더십 자질(책임감, 문제해결, 전략적 사고)에 대한 선호도가 드러나도록 문항이 구성되어 있음을 알 수 있다. 이와 같은 방식으로 모든 진단 문항을 구성하고 측정하고자 하는 리더십 자질 항목이 균등하게 선택지에 포함됨과 동시에 우선순위별 가중치를 적절하게 부여하면 테크노 리더 개개인이 보유하고 있는 업무 영역별 리더십 자질의 수준을 정량 지표로 표현할 수 있다.

연구기획		과제관리		조직관리		사업개발		연구혁신	
기획력	6.88	동기부여	7.71	전문성	5.67	전문성	7.42	창의적 사고	6.13
전략적 사고	4.63	영향력	5.13	영향력	7.75	전략적 사고	5.79	혁신성	6.38
목표설정	7.42	커뮤니케이션	6.42	자기개발	6.33	커뮤니케이션	5.67	전문성	5.67
예측력	7.13	협력성	5.25	코칭력	5.13	기획력	7.13	예측력	6.33
전문성	5.67	열정	6.38	판단력	5.96	코칭력	6.88	전략적 사고	7.13
판단력	5.96	신속한 대응	5.79	커뮤니케이션	5.08	고객지향	4.17	자기개발	7.42
혁신성	6.13	책임의식	4.96	자기관리	5.79	조직관리	5.96	목표설정	5.79
유연성	7.58	코칭력	7.75	열정	7.00	자기개발	5.29	유연성	7.58
영향력	6.38	문제인식	5.96	자율성	5.50	신속한 대응	5.75	열정	7.75
자기개발	6.42	지속적 개선	5.21	협상력	4.58	윤리성	6.58	커뮤니케이션	4.54
평균	6.42	평균	6.42	평균	6.42	평균	6.06	평균	6.42

[표 4-1] 테크노 리더십 자가진단 결과 예시

[표 4-1]은 테크노 리더십 자가진단 결과를 지표화한 예시이다.

테크노 리더십에 대한 핵심요소를 정의한 시점에서 우리는 자신의 테크노 리더십 수준은 물론 어떤 업무와 관련성이 높은가를 파악할 필요가 있다. [그림 4-20]은 테크노 리더십 자질(trait)과 연구개발 조직 내 직무와의 연계성을 연구 분석한 결과다. 필자가 일류 기업인 S 기업의 연구개발 인력을 대상으로 개발한 프레임으로서 이는 테크노 리더십을 스스로 평가해 볼 수 있는 자가진단표([표 4-2] 참조)로 발전했다. 앞서 설명한 5가지 핵심요소를 세분화하여 진단체계로 개발했으며 자가 진단 결과를 통해서 어떤 직무가 자신에게 적합한지를 판단하도록 만들었다.

예컨대, 자가진단표 22개 질문에 대해서 자신의 리더십 점수를 최저 0점에서 최대 10점으로 두고 현재 리더십 수준을 그 사이 값으로 판단하면 된다. 모든 질문에 대해서 점수를 부여하고 5개 업무 연관성을 고려하여 제시된 연관성 박스에 점수를 기록한다. 그리고 모든 진단을 마친 뒤 각 업무별로 위에서 아래로 점수를 합산하면 어떤 업무의 점수가 가장 높은지를 판단할 수 있다. 합산 점수가 리더십 자가진단 수준을 의미하며 업무 연관성이 가장 높은 업무가 자신의 테크노 리더십에 적합한 업무라고 보면 된다. 3장에서 학습한 컬러 리더십과 마찬가지로 자신의 테크노 리더십의 강점을 파악하고 이를 활용할 수 있는 업무를 인지하는 것은 리더십 학습 및 훈련에 중요한 출발점이다.

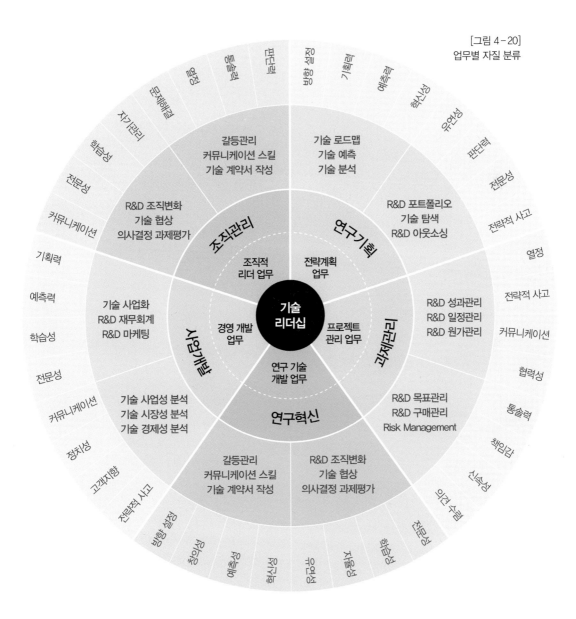

[그림 4-20]
업무별 자질 분류

[표 4-2] 기술 리더십 자가진단표

T자형 인재 모델	리더십 자질	연구 개발 업무관련성				
5가지 자질	22개 항목	연구혁신	연구기획	조직관리	과제관리	사업개발
1 비전	예측력	( )	( )			( )
	방향 설정	( )	( )			
	통솔력			( )	( )	
	전략적 사고		( )		( )	
2 신뢰	책임감				( )	
	자기관리			( )		
	고객지향					( )
	협력성				( )	
3 실행	기획력		( )			( )
	신속성				( )	
	유연성	( )	( )			
	판단력		( )	( )		
	열정			( )	( )	
	문제해결			( )		
4 인재	창의성	( )				
	혁신성	( )	( )			
	자율성	( )				
	학습성	( )		( )		( )
	전문성	( )	( )			( )
5 커뮤니케이션	의견 수렴				( )	
	커뮤니케이션			( )	( )	
	정치성					
	합계	( )	( )	( )	( )	( )

6. 테크노 리더의 위대한 유산

"오늘의 좌절을 결코 잊지 않겠습니다." 1968년 올림픽 수영 종목에서 무려 4개의 메달을 따고서도 마크 스피츠(Mark Spitz)는 좌절의 아픔을 토로했다. 금메달 2개, 은메달과 동메달. 누가 봐도 만족할 만한 성과였지만 그에게는 큰 괴로움으로 다가왔다. 단체 릴레이에서 금메달을 목에 걸었을 뿐, 개인 종목에서는 금메달을 획득하는 데 실패했기 때문이다. 마크는 자신의 패인(敗因)이 경쟁 환경에 대한 무지에서 비롯되었다고 판단했다. 그때부터 주요 경쟁자가 참가하는 시합에 모두 참가했다. 그리고 그들을 압도해 나가기 시작했다. 이기고, 이기고 또 이겼다. 경쟁자의 머릿속에 '마크 스피츠는 도저히 넘을 수 없는 벽'이라는 압박감을 심어주는 데 주력했다. 물론 쉽지 않은 일이었다. 스스로를 연단하는 데 모든 열정을 집중시킨 도전이었다. 1972년 개최된 제 20회 뮌헨 올림픽에서 무려 7개의 금메달을 목에 걸어 전무후무한 올림픽 기록을 세운 스피츠. 그의 초인적인 기록은 그렇게 이루어졌다. 좌절감으로 시작하여 열정적인 도전으로 마무리된 것이다.

초일류 사고방식은?

지금도 일류이고 미래에도 일류일 기업이 초일류 기업이다. 초일류는 그만큼 장기적인 경쟁력이 필요하다. 탁월한 시스템의 주인공인 인적 자원의 장기적인 열정과 도전을 요구하는 것이기도 하다. 열정과 도전. 참 좋은 말이다. 하지만 어찌 그게 쉬운 말인가. 어떻게 하면 그러한 무형의 자산을 계속 유지할 수 있을까?

초일류 수준의 열정과 도전 정신을 유지하는 비결은 가까운 곳에 있다. 그것은 현대 비즈니스의 개척자이며 백화점의 창시자인 존 워너메이커(John Wanamaker)가 강조한 비법이기도 하다. 바로 '희망으로 주위를 즐겁게 하라'는 간단한 논리이다. 자신에게 맡겨진 업무에서 즐거움을 찾아내는 긍정적인 태도가 바로 초일류 사고방식이다. 따라서 초일류를 지향하는 조직은 희망을 나누는 문화를 추구해야 한다. 회사 내에서, 회사 사이에서, 그리고 우리 사회에 희망을 전파하는 리더가 되어야 한다. 그래서 앞서가는 기업의 초일류 행진을 국민 모두가 고맙게 생각하도록 만들어야 한다.

인간의 가장 위대한 유산은 '태도'이다. 테크노 리더는 '희망을 찾아내는 긍정적 태도'를 위대한 유산으로 남기는 초일류 인재가 되어야 한다.

Human   Human & Machine   Smart Technology

CASE STUDY 🖉 비전

☑ 비전의 크기: 현대모비스 '미래 자동차 비전'

친환경 자동차와 스마트 카(smart car)가 산업계 최대의 화두로 떠오르면서, 글로벌 기업 간 선두 경쟁이 가속화되고 있다. 국내 기업으로서는 현대모비스가 대표적으로 스마트 기술의 발전에 앞장서고 있다.

현대모비스는 2000년대 초반 자동차 부품사업을 시작하여 불과 10년도 넘지 않은 시점에서 글로벌 자동차 부품업체 Top 10에 진입하였다. 현대차와 기아차라는 확고한 비즈니스 파트너가 있었기에 가능한 일이었지만 더 본질적으로 보면 글로벌 리

비전에 필요한 요소들을 통합시켜서 미래 자동차 기술에 도전하고 있다.

더가 되겠다는 비전 리더십이 성공에 결정적으로 기여하였다. 세계 최고 수준에 도달할 기술과 품질에 대한 열정이 글로벌 기업 문화를 형성시켰기 때문이다. 최근에는 연구개발에 초점을 맞추어 자율주행 사업에 요구되는 핵심기술을 조기에 확보하고 친환경 부품생산을 위해 매진하고 있다. 기업 비전의 크기가 구성원 모두의 생각의 범위가 된다는 것을 배우게 된다. 출처: 최윤식, '[머니S토리] '미래차'에 사활 건 현대모비스', MoneyS, 2016.09.04

[그림 4-21]
현대 모비스 미래 자동차 비전 시연 모습
출처: 정재웅, '[CES 2017]현대모비스, '자율주행차 기술' 알린다', BusinessWatch, 2016.12.22

CASE STUDY 🖉 의사소통

☑ 소통의 본질: 아모레퍼시픽 ASIAN BEAUTY CREATOR

ABC 워킹타임. 아모레퍼시픽은 각 직원별 업무 방식의 차이점을 인정하고 효과적으로 활용하기 위해서 근무시간 조정 기능을 도입하였다.

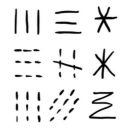

'다를 수 있다는 것을 인정하는 배려심'이 리더십에 포함된다는 것에 주목해야 한다. 직원 간 다양한 채널의 커뮤니케이션 수단을 제공하고 수평적 조직문화를 위해서 직위 호칭 대신에 이름을 부르게 하는 것도 일관된 노력의 일환이다.

다양한 형태의 소통을 포용하고 조직 간 벽을 없애려고 노력하였다.

모든 조직이 그러한 형식을 도입하지만 열린 소통을 정착시키는 곳은 흔하지 않다. 다름을 인정하는 배려심이 리더십의 성공요소인 커뮤니케이션의 본질이기 때문이다.

아모레퍼시픽은 커뮤니케이션 매거진 'ASIAN BEAUTY CREATOR'를 통해서 자신들이 추구하는 소통 문화를 공유하고 있다. 새로움에서 가치를 찾는 작은 실천을 기록하여 나누는 셈이다.

회사의 업종에 맞추어 '세상을 아름답게 만든다'는 꿈과 비전을 제시하는 한편 소통을 통해서 끊임없이 공유하려는 접근 방식(배려심)에서 왜 아모레퍼시픽이 지속가능한 일류 기업인가를 엿볼 수 있다. 출처: 정부재, '아모레퍼시픽, 2015 대한민국 커뮤니케이션 대상', Etnews, 2015.12.03/ 신원선, '인재의 힘 믿는 아모레퍼시픽의 복지정책', metro뷰티, 2016.08.22

[그림 4-22]
아모레퍼시픽의 서경배 대표이사 회장
이미지 출처: 아모레퍼시픽 제공

CASE STUDY   의사소통

☑ 소통의 혁신: 소통 수단의 차별화를 추구하는 브라이트코브

요즘은 비디오 커뮤니케이션 시대라고
할만하다. 미국 리서치 회사에 의하면 직
원들의 75%가 텍스트보다 비디오 시청을
선호하며 53.6%가 사내 커뮤니케이션에
서도 비디오 활용을 희망한다고 한다. 과
반수를 넘는 구성원들이 시각적 소통을
효과적이라고 판단하고 있는 셈이다.

이러한 현상을 이용해 사내 커뮤니케
이션의 증진을 넘어 비즈니스 모델로 수
익을 창출하는 기업이 있다. 바로 기업용
비디오 플랫폼 제작 회사 브라이트코브
(Brightcove)이다. 2004년 설립 이래로 온

소통 메커니즘에서 무엇이
효과적인가를 고민하다.

라인 비디오 산업의 선두주자로 자리매김하고 있는 기업이다. 유튜브(Youtube)가 일반 소비자
의 동영상을 타깃으로 하는 플랫폼이라면, 브라이트코브는 기업이 제작한 동영상을 다룬다.

이 때문에 미디어와 관련이 없는 회사들이 영상을 통해 마케팅 활동을 할 수 있도록 지원
하거나, 다양한 영상 콘텐츠를 가진 미디어 기업이 다양한 디바이스로 콘텐츠를 활용할 수
있도록 지원한다. 그들은 사내 행사 생중계, 동영상을 활용한 미팅이나 문서 작업 대체 등을
통해 사내 커뮤니케이션 효율을 효과적으로 높이고 있다.

소통의 필요성을 지원하는 차원을 넘어 기술발전을 발판으로 소통 수단 자체를 혁신하는
그룹이 있다는 사실을 직시해야 한다. 소통에 관한 한 모든 것이 가능한 시대로 진입하고
있다. 출처: 박성혁, '사내 커뮤니케이션 시리즈 1-효율적인 사내 커뮤니케이션을 시작하기 위한 방법',
brightcove blog, 2015.11.16

[그림 4-23] 비디오 호스팅,
퍼블리싱 플랫폼 브라이트코브
이미지 출처 : 브라이트코브
공식 홈페이지 회사소개

CASE STUDY 📎 신뢰

☑️ 신뢰의 시작: 손과 발로 찾아가는 포스코

"포스코 대학생 봉사단 '비욘드(Beyond)' 학생들이 건축 봉사에 참여해 직접 만든 양평의 스틸하우스를 소외 이웃에게 헌정하는 행사를 가졌다.

포스코는 대학생 봉사단 '비욘드', 포스코 봉사단 등을 창단하며 사회공헌활동에 꾸준히 힘쓰고 있다. CEO를 비롯한 임원 등 리더들이 솔선수범하고 직원들이 자발적이고 지속적으로 참여하는 자원봉사 활동이 기업문화로 정착되었다. 포스코 임직원의 2015년 평균 일인당 봉사시간은 29시간에 달했다." 일요서울에 소개된 포스코 기업문화에 대한 기사를 보면 모든 구성원의 참여하는 모습이 떠오른다.

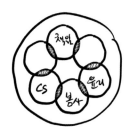

접점에서의 실천으로
신뢰 문화를 형성시켜 나갔다.

신뢰경영을 가장 중요하게 생각하는 포스코는 모든 구성원의 손과 발에 주목하고 있다. 소리 없이 반복할 때에 비로소 신뢰라는 기초가 만들어진다는 것을 잘 알기 때문이다. 철강 산업의 선두주자라는 사실을 자부심으로 생각하는 경영진이 먼저 정도경영과 신뢰경영을 리더십의 기본으로 마음에 새기고 있다.

그러한 그들의 리더십 우선순위가 국내는 물론 해외, 심지어 소외된 저개발국가의 자립에도 마음의 자원을 투입하게 만들고 있다. 현재가 아니라 미래의 포스코를 추구하고 있는 것이다. 신뢰와 믿음의 본질은 인내다. 손과 발로 쌓아가는 여정에는 인내라는 꾸준함이 반드시 동반해야 한다. 출처: 이범희, '신뢰경영 주목받는 포스코', 일요서울, 2016.08.24

[그림 4-24]
포스코 대학생 봉사단 '비욘드(Beyond)'
이미지 출처 : 이범희, '신뢰경영 주목받는 포스코', 일요서울, 2016.08.24

CASE STUDY 🖉 신뢰

☑ 신뢰의 필수요소: 피터슨 교수의 7가지 방법

신뢰라는 개념은 모호성이 크다. 사람에 따라서 해석하는 범위와 깊이가 다를 수밖에 없는 주제다. 원천적으로 본다면 생활 환경 자체가 신뢰에 대한 관점을 결정한다고 보아야 할 것이다.

부동산 투자회사 TCC(Trammell Crow Company)의 최고재무책임자(CFO), 피터슨벤처스(Peterson Ventures) 창업자, 스탠퍼드대 후버연구소(Hoover Institution) 감독위원회 회장 등을 맡으며 수십 년간 기업인과 교수로서 기업의 흥망을 지켜본 피터

신뢰의 크기를 결정하는
7가지 요소

슨 교수가 그간의 연구 결과물을 『The 10 Laws of Trust(신뢰의 10가지 법칙, 국내 미출간)』이라는 책을 펴냈다.

그가 주장하는 신뢰받는 리더의 요소(dimension)는 7가지다. 목표의 공감성, 권한의 공유성, 포용의 적극성, 정보의 투명성, 행동의 일관성, 판단의 객관성, 그리고 태도의 진실성으로 신뢰의 수준을 점검해야 한다. 신뢰는 넓다. 넓을 수밖에 없으므로 좁게 만들어 실천에 이르게 리드하는 것이 핵심이다.

〈리더의 진실성이 신뢰도 높은 조직 만드는 필수 요소〉

....

조엘 피터슨 교수가 말하는 신뢰 경영 7가지 방법

1 누구나 공감할 수 있는 큰 목표를 세워라.
2 권한을 위임하라.
3 조건 없이 경청하라.
4 정보를 투명하게 공개하라.
5 솔선수범하라.
6 잘못했을 때는 솔직하게 인정하라.
7 모든 직급의 직원들에게 겸손하라.

[그림 4-25] 조엘 피터슨 교수가 말하는 신뢰 경영 7가지 방법
출처: 윤예나, [Weekly BIZ]최근 주목받는 리더의 자질 '신뢰 경영', 조선일보, 2016.12.03/Joel Peterson, 'The 10 Laws of Trust', Brilliance Audio, 2016

CASE STUDY 🖉 인재

☑ 인재의 조건: 페이스북 인터뷰의 핵심

· *미국에서 가장 일하기 좋은 기업 1위*
· *직원 만족도 93%*
· *입사 5년차의 평균 연봉*
  약 1억 5000만 원(13만 6000 달러)
· *소프트웨어 엔지니어*
  평균 연봉 1억 4000만 원
· *네트워크 엔지니어*
  평균 연봉 1억 8000만 원

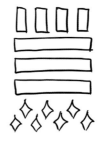

실제 체험을 통해서 깨달은
최고의 태도와 지식을 찾는다.

　2015년 4월, 미국 〈비즈니스 인사이더
(Business Insider)〉와 기업 정보 웹사이트
인 〈페이스케일(PayScale)〉이 공동 실시한
조사 결과에 따르면 페이스북은 꿈의 직장임에 분명하다.

　이런 페이스북은 함께 일할 인재를 찾기 위해서 지원자의 타고난 재능과 그 재능을 가장
돋보이게 만드는 업무 환경을 물어본다고 한다. 최고를 모으고 최고로 대접하겠다는 접근방
식이다.

　페이스북의 CEO 마크 저커버그는 "내가 일을 도와주고 싶은 마음이 생기는 사람을 직원
으로 채용한다"는 인재상을 제시하기도 했다. 능력있는 사람. 도와주고 싶은 사람. 함께하고
싶은 사람. 이들이 바로 지상 최고의 기업이 찾고 있는 인재인 셈이다. 출처: 김민주, '가장 일하
기 좋은 기업' 페이스북의 인재 채용 방법, Korean Sunday Times, 2016.03.09

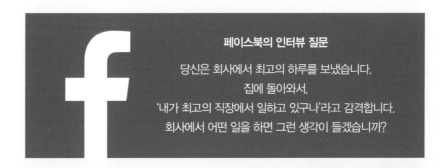

페이스북의 인터뷰 질문

당신은 회사에서 최고의 하루를 보냈습니다.
집에 돌아와서,
'내가 최고의 직장에서 일하고 있구나'라고 감격합니다.
회사에서 어떤 일을 하면 그런 생각이 들겠습니까?

[그림 4-26] 페이스북이 인재를 찾을 때 활용하는 질문

CASE STUDY 🖉 실행

☑️ 실행의 핵심: 구글의 혁신 8대 원칙

구글은 현대 경영의 선구자요 미래의 개척자다. 2016년 '알파고(AlphaGo)'를 세상에 내놓으며 인공지능의 파워로 인간을 좌절시켰다. 물론 그들의 지향점 역시 긍정적이고 미래 지향적이다. 다만, 경제적 파급력을 넘어 인류의 진화와 기술의 경계를 넘나드는 구글의 행보가 우리들의 시야를 벗어나고 있는 것이 사실이다. 절대적인 실행력을 보여주고 있는 구글, 바로 그 구글의 광고 부문 수석부사장이었던 수잔 보이치키(Susan Wojcicki)가 공개했던 8대 혁신 법칙은 다음과 같다.

구글은 새로움을 창조하고 도전하는 동시에 목표가 분명한 인재를 찾는다.

구글의 8대 혁신 원칙(The Eight Pillars of Innovation)

1. 영향력이 있는 미션을 품어라.
2. 크게 생각하고 작게 시작하라.
3. 일시적인 완벽함보다는 지속적인 혁신을 추구하라.
4. 어디서든 아이디어를 찾아라.
5. 모든 것을 공유하라.
6. 상상력으로 불을 지피고 데이터라는 기름을 부어라.
7. 플랫폼이 돼라.
8. 실패하기를 주저하지 말라.

이미지 출처: rvlsoft/shutterstock.com

미션의 크기, 실행의 크기, 혁신의 시기, 창의의 원천, 공유의 범위, 활력의 본질, 존재의 방식, 그리고 도전의 의미를 평이한 과업 차원에서 소개하고 있다. 이렇게 살아오지 않은 것을 후회하게 만드는 리스트다. 후배들은 이들 원칙을 뛰어넘는 실행력을 갖추기를 기대한다. 구글은 구글링을 하는 기업일 뿐이다. 출처: Susan Wojcicki, 'The Eight Pillars of Innovation', Think with google, 2011.07

[그림 4-27]
구글의 前 광고 수석부사장(현 유튜브 CEO)인 수잔 보이치키
이미지 출처: 위키미디어

CASE STUDY 🖋 전문성

☑ 전문성의 가치: 기술 전문성에 경영 리더십을 더한 권혁빈 회장

2016년 3월, 미국 경제 전문지 포브스가 발표한 '억만장자' 명단에 권혁빈 회장(43)이 421위에 올라 이목을 끌었다. 그의 재산은 37억 달러(한화로 약 4조 230억 원)에 달한다고 한다. 도대체 무엇이 권 회장을 획기적으로 도약하게 만들었을까?

권 회장은 온라인 슈팅게임 '크로스파이어(Crossfire)' 시리즈를 개발, 중국·브라질 등 세계 시장에서 연 1조 원이 넘는 매출을 올리고 있는 스마일게이트의 CEO이다.

서강대 전자공학과 출신으로 대학 재학 시절 삼성전자 소프트웨어 개발자 양성 프로그램에서 활동하기도 했었다. 대학 졸업

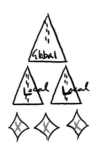

사업 실패를 극복하고 전문성으로 글로벌 경영의 비전을 추구했다.

이후 e-러닝 업체 포씨소프트(4C-Soft)를 창업하기도 했으나 경쟁 과열로 인해 사업을 접어야 했다. 이후, 2002년 회사 설립 후, 4년 만에 '크로스파이어'를 출시하여 대박을 터뜨리고 현재는 종합 엔터테인먼트 그룹을 목표로 선데이토즈(Sundaytoz)를 인수하고 13개의 계열사를 창립하였다.

이러한 성공은 최고 게임을 위해 기술 개발에 역량을 집중시키는 한편 중국 문화를 전문적으로 조사하고 게임에 반영한 후에 중국 시장에 진출하는 전략 덕분에 가능했다. 기술경영 리더십은 핵심 부문에 대한 전문성이 더불어 작동할 때에 최고의 가치를 창출시킨다. 출처: 박철현, [정보화 리더십 탐구]⑰ 중국서 하루 40억 버는 권혁빈 스마일게이트 대표/"돈이 아니라 가치가 중요", ChosunBiz, 2016.08.12

[그림 4-28] 스마일게이트 사옥과 대표 권혁빈
이미지 출처: 스마일게이트 제공

신완선의 Visual 기술 리더십 예시

Situation 가장 존경하는 테크노 CEO의 리더십을 아이콘으로 그려보라.
(필자는 가장 존경하는 테크노 CEO로 서울교통공사의 김태호 사장을 꼽고 싶다. 철학, 가치관,
비전 제시, 커뮤니케이션, 신뢰, 인재(기술 중시 역량), 그리고 실행력 모두에서 배울 점이 있다.)

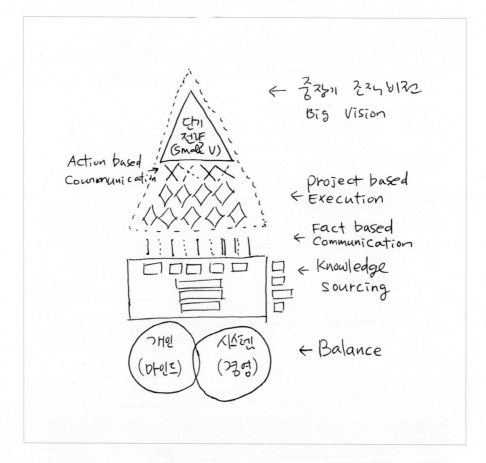

"정체되지 않기 위해 매번 고심하는 게 보입니다. 아이디어를 고안하고 이를 실현하기 위해

애쓰는 모습이 인상적이었습니다." (서울교통공사 7급 주무관) (헤럴드경제, 2017년 11월 3일 기사 중에서)

Date :   Name :

Situation 테크노 리더십 핵심요소로 비전, 커뮤니케이션, 신뢰, 인재, 실행을 제시했다.
각 요소에 대해 즉시 기억나는 사람의 강점을 아이콘으로 그려보라.

다음의 아이콘을 이용해 상황에 맞는
자신만의 리더십을 표현해 보세요.

비전   커뮤니케이션   신뢰   인재   실행

"변화에 둔감한 사람은 발전하는 사람이 변절자로 보인다."

Draw Your Leadership

Situation '컬러 리더십'을 적용하여 오랜 기간 진단한 한국 리더의 강점은 성실과 열정이고 약점은 의견 수렴과 전략적 사고다. 강점으로 약점을 커버하고 싶다면 무엇을 어떻게 조정해나가야 할까. 자신만의 리더십 아이콘을 만들어 그려보라.

다음의 아이콘을 이용해 상황에 맞는
자신만의 리더십을 표현해 보세요.

비전   커뮤니케이션   신뢰   인재   실행

"실패는 언젠가 잘못한 의사결정의 보복이다."

1 리더십은 개인 성향에 영향을 받을 뿐만 아니라 리더가 처한 상황과 환경에 따라 다르게 발현된다. 따라서 자신과 환경에 대해 모두 이해하고 리더십의 차이를 나타낼 수 있는 방법이 무엇인지를 전략적으로 파악해야 한다.

2 급격한 변화를 선구적으로 이끌어가기 위한 21세기 승자의 조건은 변화와 혁신에 대응할 '창의와 도전', 융·복합 환경에서 시너지를 창출할 수 있는 '커뮤니케이션(communication), 팀워크(teamwork)', 변화의 빠른 속도를 이끌어 갈 '실행'이다.

3 테크노 리더란 정치, 경제, 경영 등 종합적 리더로서의 역량을 학습하고 각론적 분석력이 탁월하고 해당분야 기술 전문성에 근거한 리더십을 전개하는 사람이다.

4 기존 비즈니스 리더와 테크노 리더의 차이는 크게 다섯 가지(기술적 전문성, 분석적 사고, 독보적 경쟁우위, 실행력, 기술과 가치)로 압축될 수 있다. 궁극적으로는 비용을 중시하는 체계에서 기술–품질로 전환하는 사고방식을 추구한다.

5 테크노 리더로 성공하기 위해서는 기술 전문성을 바탕으로 비전, 의사소통, 신뢰, 인재, 실행 능력을 갖추어야 한다.

1 21세기 승자의 조건은 무엇인가?

2 테크노 리더란 누구인가?

3 리더십 전개에 따른 유형과 리더십 준비 과정에 따른 유형에는 무엇이 있는가?

4 관료적 리더와 테크노 리더의 차이는 무엇인가?

5 테크노 리더의 성공 조건 다섯 가지는 무엇이며 이들 각 요소에 대응하는 핵심 요소는 무엇인가?

1   급격하게 변화하는 환경 속에서 자신의 전공분야에 영향을 미치는 미래 기술을 생각해보고 그러한 기술적 변화에 대응하기 위해 어떠한 역량이 필요한지를 설명하라.

2   위에서 설명한 필요 역량 대비 자신의 현재 역량이 어떠한지 아래의 경쟁력 자가진단표를 활용해 작성하시오.

항목	내용	비교그룹 대비수준	평가근거
환경	나의 환경적 배경의 수준은 어떠한가?		
태도	추진력과 성실성의 수준은 어떠한가?		
역량	나는 어떤 역량이 뛰어나며, 그 수준은 어떠한가?		
정보	발전 방향에 대한 정보 파악 수준은?		
브랜드	나의 브랜드 이미지는 어떠한가?		
커뮤니케이션	커뮤니케이션 수준은 어떠한가?		
계획성	미래 계획에 대한 나의 준비 수준은 어떠한가?		
리더십	나의 리더십 수준은 어떠한가?		

수준평가   우위: [더]나아, 동등: [비]슷해, 열위: [멸]었어

3   자신의 미래 비전을 세우고 현재의 위치와 목표 달성 전략을 다음 그림처럼 만들고 설명하라.

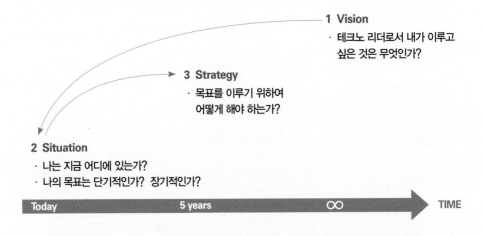

1 Vision
· 테크노 리더로서 내가 이루고
  싶은 것은 무엇인가?

3 Strategy
· 목표를 이루기 위하여
  어떻게 해야 하는가?

2 Situation
· 나는 지금 어디에 있는가?
· 나의 목표는 단기적인가? 장기적인가?

Today   5 years   ∞   TIME

4   테크노 리더십 성공 조건을 기반으로 본인의 기술 리더십 자가진단표([표 4-1] p.122)를 평가해보고 가장 높은 점수를 획득한 연구 개발 업무를 찾아보자. 그리고 그 업무가 본인의 어떤 리더십 특성에 의해 가장 높은 점수를 획득하게 되었는지 서술해보자.

테크노 리더십의 비전

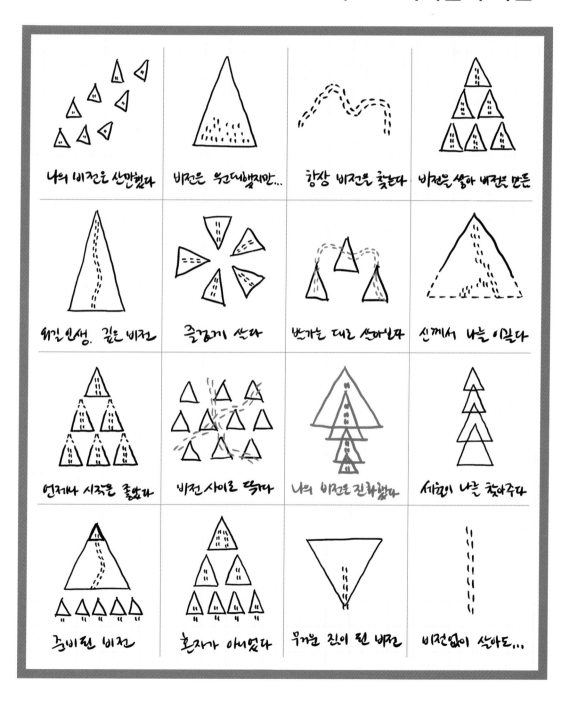

나의 비전은 산만했다	비전은 웅대했지만...	항상 비전을 꿈꾼다	비전을 쌓아 비전을 만든
외길인생. 깊은 비전	즐겁게 산다	번가는 대로 살아간다	신께서 나를 이끈다
언제나 시작은 좋았다	비전 사이로 닫다	나의 비전은 진화한다	세상이 나를 찾아주다
준비된 비전	혼자가 아니었다	무거운 짐이 된 비전	비전없이 살아도...

제 5 장
테크노 리더십의 비전

1. 비전의 정의는 무엇인가?
2. 미래 예측이 테크노 리더에게 중요한 이유는 무엇인가?
3. 기술 선진 국가의 테크노 헤게모니는 어떻게 바뀌는가?
4. 조직의 비전 설정 계기와 유형은 무엇인가?
5. 비전 제시를 위한 테크노 리더의 핵심 역량은 무엇인가?
6. 테크노 리더의 로드맵은 어떻게 설계되는가?

1. 비전의 정의

비전(vision)이라는 용어는 일상생활에서 흔하게 듣지만, 정확한 뜻을 아는 이는 많지 않을 것이다. 과연 비전이 무엇일까? 비전에 관한 정의는 수십 가지가 넘는다. 그 가운데『리더는 비전을 이렇게 만든다(The Visionary Leadership)』의 저자이자 서던캘리포니아대학교(University of Southern California) 경영대학원 교수인 버트 나누스(Burt Nanus) 박사와 연세대학교 정동일 교수의 정의를 인용하자면, 비전이란 '현실성 있고 믿을만하며 매력적인 조직의 미래상에 대한 공유된 꿈, 즉 조직이 나아가야 할 방향'이라고 할 수 있다. 여기서 현실성이라는 단어가 없으면 비전을 꿈과 동일하게 볼 수도 있다. 하지만 비전과 꿈은 다르다. 예를 들면 '나도 언젠가 벤처사업가가 되겠다'는 생각은 그저 꿈에 불과하다. 그러나 '나는 10년 내에 국내 최고 바이오산업 벤처기업을 탄생시키겠다'고 하면 비전이 된다. 즉, 실현가능성이 꿈과 비전을 가르는 기준이 된다는 의미이

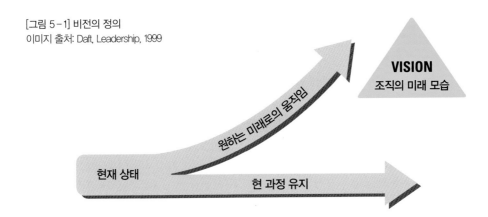

[그림 5-1] 비전의 정의
이미지 출처: Daft, Leadership, 1999

VISION
조직의 미래 모습

원하는 미래로의 움직임

현재 상태

현 과정 유지

다. 현실성을 부여하는 순간, 꿈은 상상에서 현실로 넘어와 비전이 된다. 그래서 '꿈'은 '꾸고', '비전'은 '이룬다'고 하는 것이다.

비전이 없는 기업은 조직의 목표가 불명확하고, 조직구성원들이 각각 개별적인 행동을 취함으로써 조직의 힘이 분산되어 현재에 머무르게 된다. 반면, 비전이 명확한 기업은 추구하는 장기적인 목표와 바람직한 미래상을 향해 달려가게 된다. 조직이 나아가야 할 방향을 내부의 리더들이 명확히 이해하고 있지 못하면, 단기간에 달성해야 할 목표가 상충되는 것은 물론 심지어 서로 방해가 되기도 한다. 그러한 조직은 밝은 미래를 기대할 수 없다. 비전은 단순히 조직의 장밋빛 미래를 담아 놓은 미사여구나 공허한 슬로건이 아니다. 조직이 반드시 달성해야 하는 미래이자 조직 구성원들의 구심점이다. 따라서 조직을 이끌고 있는 CEO나 리더라면 무엇보다 먼저 조직 내에 임직원들 모두가 쉽게 이해할 수 있고 공감할 수 있는 비전이 잘 갖춰져 있는지 확인해 볼 필요가 있다.

비전의 기본 프레임

최고의 경영사상가이자 작가인 짐 콜린스(Jim Collins)는 『짐 콜린스의 경영전략(Beyond Entrepreneurship)』이라는 책에서 비전 프레임은 핵심 가치, 목

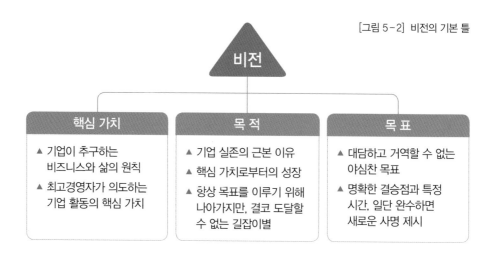

[그림 5-2] 비전의 기본 틀

비전

핵심 가치	목 적	목 표
▲ 기업이 추구하는 비즈니스와 삶의 원칙 ▲ 최고경영자가 의도하는 기업 활동의 핵심 가치	▲ 기업 실존의 근본 이유 ▲ 핵심 가치로부터의 성장 ▲ 항상 목표를 이루기 위해 나아가지만, 결코 도달할 수 없는 길잡이별	▲ 대담하고 거역할 수 없는 야심찬 목표 ▲ 명확한 결승점과 특정 시간, 일단 완수하면 새로운 사명 제시

적, 목표로 구성된다고 했다. 핵심 가치(Core Value)는 기업이 추구하는 비즈니스와 경영 원칙인 동시에 경영진이 추구하는 리더십 방향이다. 목적(Goals)은 조직 존재의 근본 이유이며 핵심 가치의 지향점이다. 항상 목표를 이루기 위해 나아가지만 결코 도달할 수 없는 길잡이별과 같다. 목표(Objectives)는 대담하고 거역할 수 없는 야심찬 목표를 뜻한다. 일반적으로 비전 달성 여부를 판단할 수 있는 목표치와 달성 시기를 제시하고 있으며 일단 완수되면 새로운 사명이 뒤따라야 한다고 볼 수 있다.

기업 차원을 넘어 개인과 일반 조직도 마찬가지다. 비전을 단순한 방향 제시로 여기는 것이 아니라 구체화시키는 과정을 거치는 것이 필요하다. 리더십 차원에서 구성원과 소통 가능한 형태의 비전 프레임을 확보하는 노력의 일환이다. 구성원이 공감하는 비전은 모호성을 최소화시키고 가치, 목적, 목표 관점에서 공감대를 유지할 수 있는 수단을 제공해야 한다.

비전의 역할

핵심 가치, 목적, 목표가 비전의 중심이고 비전을 만드는 힘이다. 이것은 내부적으로는 최고경영자(CEO), 이사회, 주주, 직원이 관련되어 있다. 외부적으로는 이해관계자(stake-holders)라 불리는 고객, 경쟁자, 공급자, 정부, 지역사회 및 공중(public)이 관련되어 있다. 비전을 향해서 추진하는 모습, 기업이 비전을 수립하고 나아가는 모습을 바라보는 내부 이해관계자와 외부 이해관계자가 어느 정도 일치하느냐에 따라서 전략과 전술이 바뀔 수 있다. 따라서 비전이 리더십의 첫 단추에 해당된다는 사실을 명심해야 한다.

[그림 5-3] 비전의 역할

내부 이해관계자
- 최고경영자
- 이사회
- 주주
- 직원

비전

핵심가치
목적
목표

외부 이해관계자
- 고객
- 경쟁자
- 공급자
- 정부
- 지역사회 및 공중

전략과 전술

[그림 5-4] 비전 수립 과정의 관점 전환

TODAY	5~10 years in the future
• 현재 고객은 누구인가? →	미래에 당신의 고객은 누구일까?
• 현재 경쟁사는? →	미래에 당신의 경쟁사는 과연 누구일까?
• 현재 경쟁 우위의 원천은? →	미래에 당신 기업의 경쟁 우위 원천은 과연 무엇일까?
• 현재 수익 원천은? →	미래에 당신의 수익 원천은 무엇일까?
• 현재 경쟁 원천은? →	미래에 당신 회사의 핵심 역량은 과연 무엇이 될 것인가?

CASE STUDY 🖉 LG의 혁신한마당

☑ 비전의 과정: 구성원의 동참이 필요조건

구본무 회장은 2016년 3월 열린 'LG 혁신한마
당'에서 "갈수록 심화되는 경영 위기 환경에서
지속적으로 성장하기 위해서는 그동안 우리가
해왔던 혁신 활동을 철저히 되짚어 보고 지금
까지와는 차원이 다른 획기적인 혁신을 해야 한
다"고 강조했다.

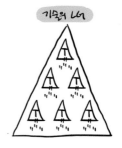

LG 그룹은 강한 기업과 1등 기업을 목표로 제
시할 정도로 구성원의 최고 지향 마인드를 심어
주려고 노력하였다. "LG 구성원 한 사람, 한 사
람이 내가 세상을 바꾼다는 사명감을 가지고 주
도적으로 임해달라"고 당부한 구 회장의 연설에
서도 나타나있듯이 최고에 대한 자신감과 헌신
없이는 조직의 미래가 바뀌기 어렵기 때문이다.

LG는 기술로 비전을 만들어 왔다. 기술
비전을 향해서 인재가 모이게 만든다.

LG 혁신한마당은 사업 현장에서 혁신 활동으로 성과를 낸 사례를 공유하는 자리이다. 최
고 혁신상인 '일등 LG상'도 있기는 하지만 스킬 올림픽이라고 부를 정도로 참가 정신에 초점
을 맞추었다. 아무리 경영진이 바른 방향을 제시한다고 하더라도 구성원의 동참 없이는 그
어떤 것도 이룰 수 없기 때문이다. 비전은 모든 임직원의 동참이라는 동력으로 추진되기 마
련이다. 출처: 박소라, "혁신 통해 시장 경쟁 판도 바꾸자" 구본무 LG회장, etnews, 2016.04.01

[그림 5-5]
구본무 LG그룹 회장

2. 비전의 중요성

경영에서 리더십을 정의할 때 7가지 기능을 강조한다. ① 비전 및 핵심 가치 제시, ② 환경 조성 및 통솔력 발휘(혁신 분위기 조성), ③ 적절한 행동에 대한 보상, ④ 하위 리더 육성, ⑤ 하위 리더가 다른 사람들의 변화 참여 설득, ⑥ 역량 개발, ⑦ 비전 및 핵심 가치 실천이다. ①번부터 ⑦번까지의 흐름을 살펴보면 당연히 비전이 없는 개인, 조직, 기업은 리더십 관점에서 봤을 때 방향성이 모호할 수밖에 없다. 리더십 기능의 시작과 마무리가 비전과 핵심가치 관점에서 판단되기 때문이다. 특히, 중장기적으로 새로운 도약과 혁신을 계획하고 있는 경우는 더욱 그러하다. 새로운 방향 제시에 대응하도록 요구받지 않은 구성원들이 현재의 관행을 반복적으로 유지하는 데에만 초점을 맞출 것이기 때문이다.

SK 그룹의 일류화 중심에 있었던 SUPEX(Super Excellent Level) 활동이 좋은 예시를 제공한다. 일류 기업이 되는 데 필요한 방향과 방법을 제시했으며 이를 통해서 혁신, 보상, 하위 리더 개발, 동참, 역량 발휘, 세부 활동 전개 등 업무상 리더의 역할과 책임을 명확하게 공유했다. 모든 구성원이 각자 자신이 무엇

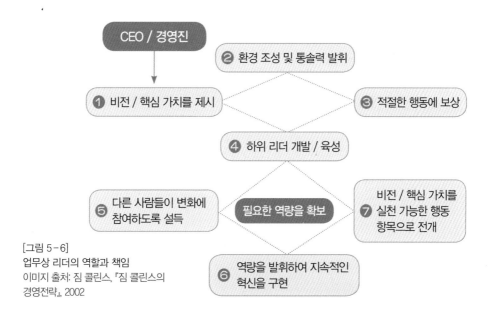

[그림 5-6]
업무상 리더의 역할과 책임
이미지 출처: 짐 콜린스, 『짐 콜린스의 경영전략』, 2002

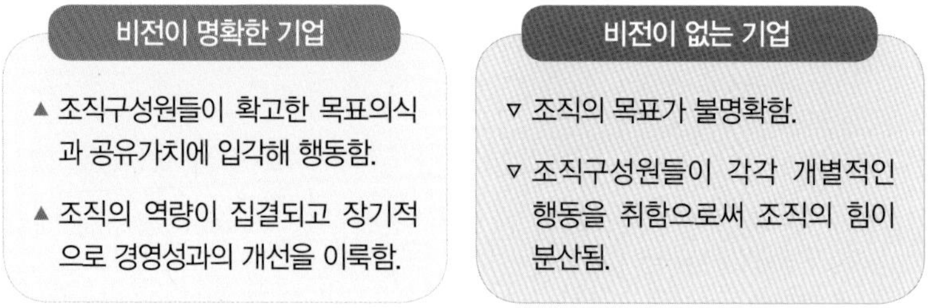

비전이 명확한 기업	비전이 없는 기업
▲ 조직구성원들이 확고한 목표의식과 공유가치에 입각해 행동함. ▲ 조직의 역량이 집결되고 장기적으로 경영성과의 개선을 이룩함.	▽ 조직의 목표가 불명확함. ▽ 조직구성원들이 각각 개별적인 행동을 취함으로써 조직의 힘이 분산됨.

[그림 5-7]
명확한 비전의
중요성

을, 왜, 그리고 어떻게 해야 하는가를 제시하는 일련의 리더십 기능의 중심에 비전이 있다.

명확한 비전 설정은 조직에 목표의식과 의미를 부여하고, 사업의 전략 방향과 조직 운영의 행동 기준을 제공하며, 조직구성원의 동기부여와 조직 활성화에 기여한다. 비전이 없는 기업은 조직의 목표가 불명확하고, 조직구성원들이 각각 개별적인 행동을 취하기 때문에 조직의 힘이 분산된다. 반면, 비전이 명확한 기업은 조직구성원들이 확고한 목표의식과 공유가치에 입각해 행동함으로써 조직의 역량이 집결되고 장기적으로 경영 성과의 개선을 이룩할 수 있다. 공유된 비전은 조직구성원들의 노력을 한 방향으로 결집시켜 시너지를 창출한다.

CASE STUDY SK의 'SUPEX'

☑ 일류 기업: 상대적 GAP에 초점을 맞춘다

SK의 SUPEX(Super Excellent Level)가 비전 설정 및 공유 과정의 좋은 본보기다. 세계 일류 기업으로 도약하기로 비전을 세운 SK 그룹은 현실과 미래를 두 개의 선으로 나타내 공감대 형성을 위해서 노력하였다.

통상적인 기업 활동은 현재 경쟁력을 유지하는 데 초점을 맞추고 있어서 상대적인 갭을 좁히지 못한다는 얘기다. 미래 격차를 좁히거나 상황을 역전시키려면 성과에 대한 현재의 기울기가 달라야 한다.

비전을 일류기업으로 설정하고 그에 걸맞은 혁신의 필요성을 공유하기 위해서 '인간의 능력으로 도달할 수 있는 최

"자신의 축가 20%를 찾아가"

'120% 헌신하라'는 故최종현 회장의 당부를 기억하라.
바로 그 20%가 새로운 기울기이며 비전이 될 것이다.

고의 수준'인 SUPEX를 목표로 도전할 것을 주문했다. SK는 SUPEX를 경영관리체계인 SKMS(Sunkyong Management System)의 구체적인 실천방법론으로 1989년에 처음 도입하였으며 CBA(Challeging But Achievable)라는 목표 조정을 허용하여 모든 기능에서 단계적으로 추진할 수 있도록 유연성을 확보했다.

SK가 2000년대 초반 크게 도약할 수 있었던 배경에는 이러한 비전 지향 방향 제시와 실천 방법론 측면에서 변화한 리더십 문화가 있었다. 물론 각 계열사 별로 우수 부서나 개인을 포상하여 비전 달성에 필요한 몰입력을 지속적으로 확보했다.

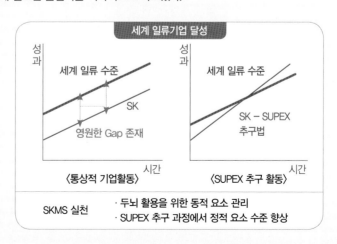

[그림 5-8]
SK 그룹의
SUPEX 추구법

비전 사례: 관심 분야의 베스트(#1) 만나기

세계 최초의 특급 배송업체 페덱스(FedEx)의 창시자 프레드 스미스(Fred Smith)는 "당신이 지난 3개월 동안 만난 가장 흥미로운 사람은 누구인가? 지금 그 사람과 다시 연락을 할 수 있는가?"라는 질문을 했다. 자신의 비전과 관련된 분야에서 최고를 만나고 있는가에 대한 여부가 미래를 결정한다는 것을 강조히고 있는 것이다. 경영 혁신의 아이콘 중 한 명인 톰 피터스(Tom Peters) 역시 베스트 클래스(그는 최고의 클래스를 강조하기 위해서 1등을 #1로 표시하였다.)를 만나야 한다고 강조했다. 그가 2013년 발표한 '경영에서 정말 중요한 일 22가지' 중의 한 가지가 '%FX=#1'을 관리해야 한다는 것이다. 풀어서 설명하면, 다른 분야의 베스트와 점심을 함께하는 백분율을 측정하라는 의미다. 생각과 행동이 탁월한 클래스의 리더들과 어깨를 나란히 할 자세가 필요한 셈이다.

[그림 5-9] 톰 피터스가 강조하는 %FX=#1

비전 사례: 정확한 판단력

의사결정 능력은 비전 제시에서 중요한 역량이다. 톰 피터스(Tom Peters)는 '의심스러운 판단 스킬(Questionable Judgement Skills)'을 강조했다. 우리들의 의사결정 능력을 의심하라는 것이다. 왜냐하면 리더가 미래의 비전, 방향, 목표를 제시하고 끌고 나가는데, 그 방향이 잘못되었다면 리더를 믿고 따라가는 사람들이 잘못된 방향으로 노력을 하고 잘못된 결과에 의해서 고통받을 것이기 때문이다.

[그림 5-10]
임상적 예측 대비
통계적 예측

출처: Paul Meehl,
Clinical versus Statistical
Prediction, quoted in
Daniel Kahneman,
Thinking, Fast and Slow

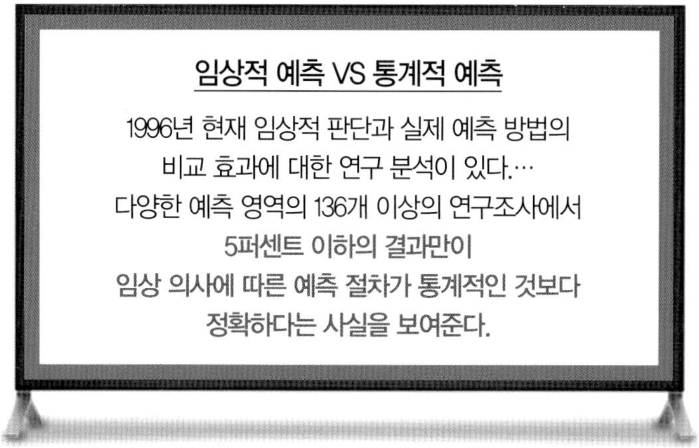

임상적 예측 VS 통계적 예측

1996년 현재 임상적 판단과 실제 예측 방법의
비교 효과에 대한 연구 분석이 있다.…
다양한 예측 영역의 136개 이상의 연구조사에서
5퍼센트 이하의 결과만이
임상 의사에 따른 예측 절차가 통계적인 것보다
정확하다는 사실을 보여준다.

톰 피터스는 [그림 5-10]과 같은 자료를 제시했다. 과거 136건의 의사결정에 관한 연구 중에서 올바른 의사결정 중 5% 미만이 직관에 의한 것이었고, 95% 이상이 통계에 근거했다는 것이다. 따라서 막연한 희망이 아니라 훨씬 더 객관적이고 구체적이고 데이터에 근거한 비전과 방향을 정해야 할 것이다.

3. 테크노 헤게모니를 이해하라

이전 시대의 테크노 리더는 세계적인 기술 패턴만 정확하게 이해하고 있으면 됐지만, 새로운 시대의 테크노 리더라면 시대 흐름의 빠른 변화를 정확하게 파악해 비전 제시를 해야 한다. 이것은 리더 개인의 강점이 될 수도 있지만 그보다, 경쟁의 필수요건이기 때문이다. 선진국에서는 이미 오래전부터 테크노 헤게모니의 실체를 꿰뚫어 보고 있었다. 20세기 말, 세계화의 물결은 국가 간의 경계를 허물었고, 최근에는 산업 간의 벽마저 없어진 무한경쟁의 시대가 열렸다. 아날로그 시대에서 디지털 시대로 넘어가면서 기술 융·복합을 기반으로 4차 산업혁명 시대가 도래한 것이다.

[그림 5-11] 세계 기술 패권의 전이 과정

영국, 양모 기술자로 팍스 브리태니카를 열다

15세기 후반만 하더라도 영국은 유럽의 가난하고 뒤떨어진 나라였다. 영국이 주변 국가들로부터 인정받기 시작한 것은 16세기 말부터였다. 그 당시 영국 외에도 북해 연안지방, 동구지역에는 많은 후진국이 있었다. 그러나 그 당시 영국만이 급성장했다. 그 이유는 기술 개발을 통해서 고급 제품의 무역을 주도했기 때문이다. 영국의 기술 역사는 14세기 중반 프랑스와의 백년전쟁 중에 프랑스 땅에 거주하고 있던 양모 기술자의 이주가 그 출발점이다. 프랑스는 그 당시 첨단 기술의 보유자를 국외로 이주하는 데 방조했고, 영국은 이들을 받아들여 대국으로 가는 기틀을 마련했다. 이것을 계기로 영국은 팍스 브리태니커(Pax Britannica) 시대의 기틀을 마련하게 되었다.

영국은 모직물 기술자를 받아들여 그때까지만 해도 단순한 원료 공급국이던 영국을 모직물 생산국으로 변모시켰다. 이후 그 당시 선진국인 스페인으로부터 종교적인 문제로 거주가 힘든 모직물 종사자들을 다시 받아들여 영국 직물업의 고도화를 구축하게 되었다. 이것이 영국으로의 제2차 기술 이전이며 최종적으로 영국 산업혁명의 기초가 되었다.

이후 영국은 16세기 중반 프랑스 종교분쟁의 패자(敗者)인 유태인의 이주를 다시 받아들인다. 유태인은 당시 최고의 견직물 기술자 그룹이었다. 영국은 이주한 유태인들에게 견직물 제조회사를 설립하게 하고, 그 회사에 독점권을 부여했다. 그들의 기술이 충분히 발휘될 수 있도록 환경을 제공한 것이다. 이것을 계기로 영국은 반제품 밖에 만들지 못하던 영국의 견직물 기술 수준을 고급 직물과 가벼운 모자를 짤 수 있는 기술로 끌어올려 셜록홈즈(Sherlock Holmes)라는 유명 상표의 모자를 탄생케 했다.

유태인들의 기술은 비단이나 모직물에만 한정된 것이 아니었다. 염색 기술, 유리, 보석, 단추, 자수, 스타킹 등 많은 기술을 영국에 이전했다. 결국 그들은 역사에 빛나는 산업혁명의 주역으로 활동했다. 이를 통해서 영국은 팍스 브리태니커 시대를 활짝 열게 되었다. 기술 중시가 국가의 부강을 결정한다는 것을 여실히 보여주는 사례였다.

독일, 기술 인재를 발굴하다

19세기말 독일의 무역량은 영국의 3/5정도였다. 상선의 숫자도 겨우 1/6정도였다. 그 때까지 독일은 영국과 비교가 되지 않는 나라였다. 중세로부터 독일인의 기술력은 탁월한 편은 아니었으나 영국과 프랑스에 비해서 특별히 뒤떨어진 것도 아니었다. 그러나 1648년 이후 나라가 분단되어 정치가 혼란한 긴 세월 동안 독일의 기술자들이 네덜란드나 영국으로 가고자 했기 때문에 우수한 기술 인재가 국외로 많이 유출되었다. 독일이 상대적으로 독창적 원천기술이 적은 것도 이러한 이유 때문이다. 그러나 국가 통일이 시작된 1870년대부터 독일의 기술 환경은 급격히 호전되었다. 국가 차원의 전략적 지원으로 농화학이 급격히 발전했고, 농기구의 기술혁신을 국가에서 강력하게 뒷받침했다. 그 결과 유스투스

폰 리비히(Justus von Liebig)를 필두로 하는 저명한 유기화학자가 연이어 배출되었다. 당시의 독일은 식량 문제를 해결하기 위한 국가적 노력에도 불구하고 인구 팽창으로 인해 식량의 자급자족이 불가능했다. 부족한 식량은 수입할 수밖에 없었고, 특히 러시아로부터 많은 양을 수입했다. 수입 대금을 지불하기 위해서는 영국형의 산업화를 추진하여 수출을 촉진할 수밖에 없었다. 그리하여 독일은 면제품과 모직물에 대한 제품의 대량생산 기술을 영국으로부터 모방 개발하고, 수출 진흥을 촉진하여 1903년에는 면제품 수출 부문에서 1위를 차지하게 되었다. 이렇게 시작된 기술 개발은 부드러운 가죽을 만드는 기술(유피 기술), 보석 가공 기술, 휘발유 엔진 기술, 의학, 화학 등으로 발전했고, 독일은 세계 무대에서 강력한 기술패권국으로 등장할 수 있었다. 특히 염료 기술 분야에서는 그 당시 세계 최고의 기술을 보유한 영국을 추월했다. 독일은 국가적인 차원에서, 영국 기업에서 기술을 습득한 하인리히 카로(Heinrich Caro) 등과 같은 유능한 인재를 확보해 염료 공업을 급속히 발전시킴으로써 영국을 따라잡을 수 있었다. 20세기에 접어들 무렵의 독일은 영국을 추월하는 것은 물론 다른 어느 나라도 대항할 수 없는 수준의 기술력을 갖게 되었다. 사태가 여기까지 이르자, 열강의 최대 관심사는 이러한 독일의 테크노 헤게모니를 봉쇄하는 방법이었다.

미국, 인재 영입으로 팍스 아메리카나 구축

제1차 세계대전에서 미국은 늦게 참전했음에도 불구하고 미국에 등록된 독일의 염료 관련 특허 1,200여 건을 즉각 몰수하여 듀폰(Dupont)과 몬산토(Monsanto)를 비롯한 주요 화학 회사에 무상으로 제공했다. 이에 대한 법적 근거를 마련하기 위해 종전(終戰) 직전인 1917년에 미국 의회는 '적성국교역법(Trading with the Enemy Act)'을 제정해 연방통상위원회(Federal Trade Commission)가 몰수한 특허를 무상으로 민간 기업에 이양할 수 있도록 조치했다. 이 때 몰수한 특허를 관리하기 위해 급하게 설립된 기관이 적국자산관리국

(Office of Alien Property Custodian, APC)이다. 독일과 미국 간의 기술 격차는 제1차 세계대전을 계기로 몰수된 염료 특허를 기반으로 점차 축소되기 시작했다. 그러나 제2차 세계대전 때까지도 두 나라 간의 차이는 확연해 미국이 독일을 추월하는 수준은 아니었다. 전쟁이 끝나고 미국과 소련이 앞다투어 독일인 과학자를 데리고 간 것은 이러한 이유 때문이었다. 소련이 독일을 침입하기 직전에 로켓 분야의 세계적인 과학자인 베르너 폰 브라운(Wernher von Braun) 박사 그룹을 미국에서 데리고 간 것이 대표적인 예이다. 미국은 그들을 데리고 가서 앨라배마 주의 헌츠빌(Huntsville)이란 작은 도시에 독일인 마을을 만들어 이주시켰다. 지금의 헌츠빌은 우주 관련 기술 개발의 세계적 도시로 변모해 있다. 이는 흡사 17세기의 유태인 이민과 같은 것이라 할 수 있다. 이것이 미국이 기술패권국으로 가는 출발점이 되었다. 미국은 이러한 기술을 민생기술에 적용해 산업기술을 획기적으로 발전시켰다. 제2차 세계대전에서는 이와 반대로 민생기술을 군사기술에 적용해 획기적인 군사기술 발전을 이룩함으로써 전쟁을 승리로 이끌었다. 미국의 기술 개발은 순수 민간인으로 구성된 미국 국방연구위원회(National Defense Research Committee, NDRC)를 신설해, 민생기술을 군사기술로 전환하는 방법을 토의했고, 이를 근거로 대통령 비서실 내에 과학연구개발국(Office of Scientific Research and Development, 이하 'OSRD')을 설치하게 되었다. OSRD의 업무는 전쟁 수행을 위해 대학과 민간의 연구 개발을 장려하고 감독하는 것이다. MIT의 레이더 연구소를 비롯해, 대학의 연구소가 모두 OSRD 산하에 들어가 응용 연구에 집중하게 되었다. 연구 성과는 즉각 민간 기업에서 제품화하도록 했다. 원자 폭탄 연구인 '맨해튼 계획'도 최초 OSRD에서 시작했으나 곧 독립된 프로젝트로 OSRD에서 분리되었다.

OSRD의 특징은 군인이 아닌 민간인 전문가가 주역이 되어 대통령 권한이라는 우산 밑에서 대학과 민간 기업을 군사기술 개발에 동원한 점이었다. 이와는 대조적으로, 독일은 군인이 주도하여 대학과 민간 기업을 동원했다. 이 차이의 득실은 확연히 나타났다. 독일은 로켓과 제트 전투기 등을 개발하고 있었지만 미국과 영국이 공동 개발한 레이더 때문에 런던 공습에 실패했다. 이는 스페인

무적함대가 경직된 육군 주도의 백병전(白兵戰, hand to hand combat) 방식을 고집함으로써 해적 기술을 익힌 민간 선원으로 구성된 영국 해군에 우롱당한 경우나, 일본 해군이 태평양 전쟁 때 레이더용 극초단파 개발을 주장하는 학계의 주장을 무시하고 대형 군함과 대형 대포 개발만을 고집하다가 패전한 경우와 유사하다 하겠다.

일본, 기술 우대로 팍스 니포니카 추구

일본은 19세기 중반 통상 문제를 해결하기 위하여 팍스 브리태니카 시대의 주역인 영국을 선택하여 영국형 모델을 도입하기 시작하였다. 일본 정부가 친영 정책을 추진하면서 영국 기술자와 자문 팀이 속속 일본에 들어왔다. 그들은 소위 말하는 고용 외국인이었다. 물론 분야에 따라서는 독일인, 네덜란드인, 미국인도 초청되었다. 예를 들면 토목공사는 운하와 간척공사에 경험이 많은 네덜란드가 강하기 때문에 민부성(民部省) 초청으로 네덜란드인 기술단이 일본에 와서 하천의 개수, 요코하마 방파제 건설사업 등에 종사했다. 미쓰비시중공업(Mitsubishi)의 전신인 나가사키 조선소도 네덜란드 기술로 건설했다. 또한 미국인은 도로 공사에 고용되고, 독일인은 화학 공장, 화학 공장 건설 등에 고용되었다. 그들에게는 파격적인 급료가 지급되었다. 수석 기술자인 카길(Cargill) 등에게는 2천 엔이라는 믿을 수 없을 만큼 많은 급료를 5년간 지불했다. 참고로 당시 일본 총리대신의 급료가 8백 엔이었으므로 고용외국인의 급료가 얼마나 높았는지를 알 수 있다. 또한 영국에서 윌리엄 아일톤(William Edward Ayrton)이라는 저명한 학자를 초빙하여 공부성(工部省) 산하의 공학료(工學寮)에서 많은 전신 기술자를 양성했다. 공부성 산하 공학료는 1873년 영국의 글래스고대학교(The University of Glasgow)에서 초빙된 헨리 다이어(Henry Dyer)에 의해서 설립되어 기계, 토목, 전신, 건축, 광산, 화학 등 6개 분야의 공학 교육으로 출발했다. 미국의 MIT가 1868년에 설립되었으므로 일본의 공학 교육은 불과 5년 밖에 차이가 나지 않는다. 이것은 영국에서 대접 받지 못하는 영재들이 대거 일본에 와서 공학료의 후신인 도쿄대학교(The University of Tokyo) 공학부를 창설했기 때문이다. 이 중에서 특히 영재가 육성된 것은 전기공학 분야였다.

다양한 지위의 고용 외국인들이 국제 정치에 전혀 등장하지도 않은 일본에 왜 몰려온 것일까. 그 이유는 두 가지로 요약할 수 있다. 첫 번째는 고액의 급료였다. 대학을 막 졸업한 젊은 사람이 국장급 월급을 받을 수 있는 외국은 그리 많지 않았다. 두 번째 이유는 영국의 시장 마인드였다. 헤게모니를 쥐고 있던 영국은 세계의 구석구석까지 기술자를 파견해 제국의 위용을 보여주고자 했다.

한국, 국가적 기술전략 추구

우리나라는 수출을 중심으로 국가의 부(富)를 형성한 국가이다. 따라서 당시 우리가 가지고 있는 역량 중에서 세계 시장에서 경쟁력을 가질 수 있는 분야를 중심으로 기업이 형성되고 발전되었다. 또한 국가의 부가 축적되어 가치가 향상 될수록 기술의 수준은 높아지고 첨단화되었다. 1960년대는 섬유, 가발과 같은 저임금 노동력을 기반으로 하는 산업이 우리나라 산업을 이끌었고, 1970년대부터 대규모의 투자가 필요한 철강, 기계, 화학 등과 같은 중화학 공업의 기업들이 산업의 주류를 이루었다. 이때는 대규모의 투자가 경쟁력의 원천이 되었다. 1980년대 들어오면서 기술력이 원천이 되는 첨단 산업이 성장하기 시작했다. 가전, 조선, 자동차 등은 중화학 공업을 기반으로 하는 첨단 조립가공 산업이었다. 첨단 제품을 조립해야 했기 때문에 이에 대한 기술력이 필요했고, 첨단공학 분야의 인재들도 대량으로 배출되기 시작했다.

이후 선진국은 더 이상 우리나라를 후진국으로 보지 않았고, 자국의 첨단 기술을 방어하기 시작했다. 2000년대 이후에는 선진국과 동일한 분야에 대해 기술을 개발하고 이를 바탕으로 사업을 하는 기업들이 성장하기 시작했다. 그것이 반도체, 컴퓨터, 통신기기 등이었다. 더 이상 선진국과의 경쟁을 피할 수는 없었

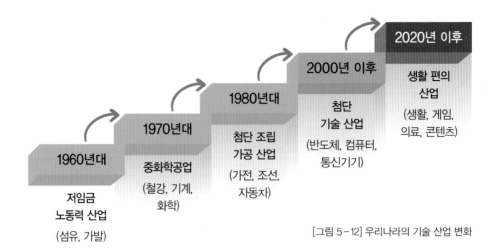

				2020년 이후

1960년대
저임금 노동력 산업
(섬유, 가방)

1970년대
중화학공업
(철강, 기계, 화학)

1980년대
첨단 조립 가공 산업
(가전, 조선, 자동차)

2000년 이후
첨단 기술 산업
(반도체, 컴퓨터, 통신기기)

2020년 이후
생활 편의 산업
(생활, 게임, 의료, 콘텐츠)

[그림 5-12] 우리나라의 기술 산업 변화

다. 다행히 학교와 연구기관에서의 잠재력으로 인해 선진국과 동일한 분야에서 당당히 경쟁할 수 있는 기술 수준을 확보할 수 있었다. 그것은 짧은 시간에 이루어진 것이 아니라 장기간 인재를 양성하고, 기술 개발을 장려하고, 기술자를 중시하는 정책의 결과라고 본다. 정부에서도 또한 초고속 인터넷 망을 구축해 IT 대강국을 만들었듯이, 4차 산업혁명 시대를 맞이하여 빅데이터(big data)와 사물 인터넷망을 이용해 대한민국을 사물인터넷(IoT) 강국으로 만들겠다는 등의 큰 계획들을 속속 발표하고 있다. 이제 세계 시장에서 우리의 위치를 공고히 하기 위해서는 차세대 기술과 관련된 분야에서 선진국을 뛰어넘지 않으면 안 된다. 융·복합과 플랫폼 기반 비전 제시는 기술경영 시대의 화두인 동시에 테크노 리더에게 요구되는 리더십 역량이기도 하다.

중국, 기술대국 도약을 통한 팍스 시니카 추구

중국은 기술대국을 향해 사자의 포효로 그 위세를 키워 가고 있다. 중국은 덩샤오핑(鄧小平)이 구상한 '과기흥국'의 꿈을 향해 전력 질주해 왔으며 그 꿈을 제대로 이루어 가고 있다. 과기흥국(科技興國)은 그 시작도 끝도 우수한 과학기술 인재 확보라는 철학을 무엇보다 강력히 실천해왔다. 그러한 우수 인재들이 정부의 도처에 기술 관료로 자리 잡고 제대로 된 정책과 전략을 구상해 집행했다. 그들은 덩샤오핑(鄧小平)이 주장한 '과학기술은 제1의 생산력이다. 기술 기반 없이는 경제 개발도 국제 경쟁력도 수출도 이루어질 수 없다'는 가르침에 따라 민생 기술의 과기흥국(科技興國)을 이루기 위한 대장정을 시작했다. 이후 중국은 G2 달성이라는 경이로운 위업을 이루었다. 중국이 한국의 기술 수준을 따라오려면 아직 멀었다는 우리의 예측은 빗나가고 말았다. 모든 것은 사람이 이루는 것이며 최고급 인재가 넘쳐나는 한 기적 같은 발전도 일어날 수 있다.

요즈음 세계 최첨단 연구기기 제조업체들은 뜨겁게 달아오르는 중국 시장으로 모여들고 있다. 대당 약 20억 원 수준인 DNA-시퀀서(DNA sequencer)는 요즈음 생명공학 연구에 필수 불가결한 연구 장비이다. 그런데 일본 최고의 기초과학연구소인 이화학연구소(理化学研究所)는 이 장비를 5대 보유하고 있는데 중국과학원(中國科學院)의 베이징게놈연구소(Beijing Genomics Institute, BGI)는 30대나 보유하고 있다. 암 진단용으로 사용되는 최신 장비인 양전자 단층촬영(Positron Emission Tomograph, PET)은 임상 의학 연구에 필수 장비이다. 미국은 이를 약 3,000대 정도 보유하고 있으며 일본은 그 15분의 1인 약 200대인데 반해, 중국은 2005년부터 급속히 도입하기 시작하여 2007년에는 약 100대 정도로 불어났으며 2011년에는 일본과 비슷한 수준인 200대 정도를 보유하고 있는 것으로 추산되고 있다. 또한 단백질의 입체 구조 분석 등에 사용되는 약 10억 원 정도의 고가의 분석기기인 핵자기공명(Nuclear Magnetic Resonance, NMR) 장치는 도처의 연구실에서 최근에 구입하여 새로 설치되고 있는 것을 볼 수 있다. 이와 같이 중국의 연구 인프라는 급속히 최첨단 기기로 정비되고 있어 거의 선진국 수준에 접근한 것으로 보인다. 머지않아 중국이 모든 면에서 한국을 추월하고 말지도 모른다.

CASE STUDY 🖉 네이버와 카카오의 AI 기술 개발

☑ 네이버&카카오 : 기술 패턴을 신속하게 파악하여 비전을 제시하다

최근 네이버와 카카오는 차량용 인포테인먼트 분야에서 인공지능 기술을 접목해 서비스를 고도화하는 작업을 펼치고 있다.

우선 포털업계 1위 네이버(Naver)는 차량 내 개인 환경에 최적화된 인포테인먼트 플랫폼인 'AWAY(이하 어웨이)'를 공개했다. 어웨이는 네이버의 자회사인 네이버랩스가 개발했다. 네이버랩스(Naver Labs)는 생활 환경지능 개발을 비전으로 제시하며 관련 기술 개발에 주력하는 업체다.

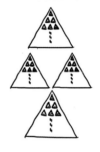

첨단 생활 모습을 예측하고
그 시점에서 필요한 기술을 통합시키다.

반면에, 카카오는 자사 인공지능 플랫폼인 카카오아이의 음성인식 기술을 기반으로 서버형 음성인식 기술을 개발했다. 카카오아이는 음성인식과 합성, 자연어 처리, 이미지 인식 등 멀티미디어 처리 기술과 대화 처리 기술 등이 집결된 통합 플랫폼이다.

운전자가 희망하는 바를 다양한 채널로 인식하고 이를 서버의 데이터베이스와 연계시켜 분석한 뒤에 다시 필요한 정보를 제공하는 생활형 인공지능체계 구축에 도전하고 있는 셈이다. 미래의 생활 모습을 예측하고 선제적으로 준비하는 이들 기업의 리더십은 바로 기술가치 실현에 대한 자신감에서 비롯된다고 볼 수 있다. 출처: 이어진, 네이버-카카오, AI 다음 격전지는 '자동차', 뉴스웨이, 2017.08.29

[그림 5-13]
네이버 인공지능
기술 개발의 중심인
네이버랩스
이미지 출처:
네이버랩스 홈페이지

4. 비전 설정과 제시

"올바른 비전은 자신이 손에 쥐고 있는 것을 놓으면 더 좋은 것을 쥘 수 있다는 믿음이다."

(주)벽산의 김재우 전 부회장은 올바른 비전의 진정한 의미를 강조했다. 미래에 대한 확고한 자신감을 갖고 현재 자신을 집착하게 만드는 것에서 해방되어야 된다는 말이다. 생각을 해방시켜야 미래의 비전이 보인다는 것이다. 테크노 리더는 분명한 비전 제시를 통해서 리더십의 첫 단추를 꿰는 사람이다. 자신의 전문성이 이 단계에서 빛을 발해야 한다.

기업이 경영이라는 산을 오르는데 '오르고 싶은 산'을 정하지 않으면 우왕좌왕, 길을 잃고 헤맬 수 밖에 없다. 비전은 기업이 설정한 기간의 끝 그림을 정하는 일이다. 끝 그림을 정하지 않으면 직원들에게서 최선을 다하는 열정을 기대하기도 힘들 뿐 아니라, 사람들 간에 서로 다른 목표로 인해 갈등이 발생할 수 있고 노력에 비해 성과가 작아 결국 역량을 낭비하는 결과를 가져온다. 그래서 비전은 어떤 형태의 조직이든 반드시 설정해야 한다. 많은 기업이 비교적 명확하게 세우는 1년 단위의 경영목표는 문제가 있다. 많은 기업이 매년 목표를 정하고 달성하지만 어느 순간 어려움에 처하는 경우가 많다. 세상의 변화 속도가 너무나 빠르기 때문이다. 지나온 5년, 10년 전을 돌아보면 세상은 너무나 많이 변했다. 4차 산업혁명을 앞둔 지금 세상은 더 빠르게 변할 것이다. 여기서 우리가 필요한 것은 기업이 스스로 큰 목표(비전)를 정하고 그것을 향해 나아가는 것이다.

데이브 오코넬 외 연구진(Dave O'Connell et al.)은 비전과 관련된 문헌들을 검토하여 4가지의 비전 설정 유형을 제시했다. 이들의 유형은 조직구성원들의 참여 정도로 구분했다. 그들은 ① 리더가 혼자 비전을 설정하고 팔로워들과 직접적으로 소통하는 유형, ② 리더와 최고경영층 집단에서 비전을 설정하고 팔로워들과 비전을 소통·공유하는 유형, ③ 리더가 비전을 제안하고 팔로워가 서로의 생각을 교환하여 반복 수정하면서 리더와 팔로워가 함께 협업을 통해 설정하는 유형, ④ 대단위 집단 협업 과정을 통해 전 구성원이 참여하여 설정하는 유형의 4가지로 분류했다.

비전 설정에 대한 절차나 참여 범위도 기업의 경영 시스템에 따라 가변적인 요소를 지니고 있다. 특히 창의적 발상이 중시되는 현대 경영에서는 규율과 통제보다는 자율과 유연성을 핵심 경쟁우위 요소로 강조할 뿐만 아니라 주어진 상황에서 뛰어난 결과를 창출하는 헌신과 그 헌신이 실현될 때까지 포기하지 않는 진실성도 추가되어야 한다고 보고 있다. 하지만 어떠한 비전 설정 접근 방식이 적용된디고 하더리도, 몇 가지 성공 조건이 만족되어야만 딕월한 비전 설정이 가능할 것이다. 선행 연구에 따르면 대표적인 비전 설정 성공 조건에는 다음과 같은 것들이 있다.

- 방향성: 기업의 모든 이해관계자들에게 조직이 나아가야 할 방향을 명확히 제시할 수 있어야 한다.
- 간결성: 모든 조직원들이 공감하고 따라갈 수 있도록 간결하고 쉽게 이해할 수 있어야 한다.
- 공유성: 최고경영진과 조직원들 간에 비전에 대한 공감대가 형성될 수 있는 내용이어야 한다.
- 접근성: 개인의 노력이 조직의 목표와 연결되고 목표 달성을 위해 적극적인 참여를 독려하고 의욕을 고취할 수 있어야 한다.
- 실현가능성: 막연한 꿈이나 희망이 아니라 도전적이면서 실현가능성이 있는 목표가 제시되어야 한다.
- 진정성: 리더는 스스로 진정성을 갖고 비전을 선언해야 하며 조직구성원들과 온전히 소통할 수 있는 자세가 필요하다.

기업에서 비전을 설정할 때 어떤 것들을 고려하고 있는지도 이해할 필요가 있다. ① 사업 영역 차원에서의 비전의 관점, ② 사업 구조와 기능 차원에서의 비전의 역할, ③ 경쟁 관계 차원에서의 비전의 역할, ④ 경영이념, ⑤ 경영자산 차원에서의 비전의 방향성과 같은 것들이 점검될 수 있다.

사업 영역	목표 고객의 선택과 공급하는 상품 서비스의 조합	▶	종합주의가 아니라 어떤 사업을 핵심으로 삼을 것인가?
사업 구조와 기능	사업을 구성하는 요소와 그들이 상호 연결되어 유기적으로 움직이게 하는 기능	▶	자사 또는 그룹에서 어디까지 할 것인가? 어떤 요소를 사전에 확정할 것인가?
경쟁 관계	현재 또는 잠재(이(異)업종 등)적 경쟁 기업과 그 질적 수준	▶	어떤 기업을 경쟁 상대로 삼을 것인가? 자사 또는 경쟁 기업은 무엇으로 격차를 두고 있는가?
경영이념	기업의 존재 증명과 사업 운영의 가치 기준	▶	해야 할 일, 해서는 안 되는 일을 분명히 한다.
경영자산	경영 노하우의 개발과 인력 조직의 능력 개발 수준	▶	전략에 근거해 얼마나 자기 혁신을 할 것인가? 사람과 조직의 활력을 얼마나 높일 것인가?

[그림 5-14] 비전 수립 시 고려사항

| Human | Human & Machine | Smart Technology |

CASE STUDY 🖉 한전 KDN 임수경 前 사장

☑ 임수경 사장: 직원들에게 자신감이라는 DNA를 공유시키다!

에너지 공기업 최초 여성 CEO인 임수경 사장. 그녀의 리더십의 원천은 부드러운 카리스마이다. 유연 근무제를 도입하여 부드러운 조직 문화를 조성하고 업무 환경을 혁신하여 일과 가정의 균형 시스템을 구축하였다.

"취임 당시 직원 사기가 떨어져 있었지만, 3년차인 지금은 자신감의 DNA가 정착됐습니다. 에너지 4차 산업혁명에서도 주도적인 역할을 하겠습니다."

LG CNS, 국세청, KT를 거치면서 ICT 기반 미래 사회에 필요한 플랫폼에 대한 지식과 기술을 학습 및 전파하였다. 한전KDN에 사장으로 부임한 이후, 연이어 경영평가 A 등급 성적을 거둔 것은 물론 'KDN 에너지 ICT 4.0'을 선포하며 시대를 선도할 수 있었던 이유는 바로 전문성에 근거한 비전 제시 능력 때문이다. 출처: [人사이트]임수경 한전KDN 사장, 전자신문, 2017.04.18

네트워크와 플랫폼 리더십에 필요한 전문성을 가지고 *Vision Korea*를 위해 도전하고 있다.

[그림 5-15] 한전KDN 임수경 사장
이미지 출처: 한국표준협회미디어

CASE STUDY 📎 페이스북의 인공지능 메신저 로봇 '챗봇'

☑ 마크 저커버그: 4차 산업혁명 시대의 비전 제시

글로벌 SNS(social network service) 대표 기업인 페이스북이 인공지능 메신저 로봇을 중심으로 하는 사업 비전을 밝혔다. CNBC에 따르면 마크 저커버그(Mark Elliot Zuckerberg) 페이스북 최고경영자(CEO) 글로벌 개발자 컨퍼런스 'F8 2016'에서 인공지능 메신저 '챗봇(chatbot)'과 VR(가상현실) 카메라 등 새로운 서비스를 공개했다.

저커버그는 "고객들은 업체에 직접 전화하는 것을 좋아하지 않는다. 친구들과 쉽게 메시지를 주고받는 방식으로 업체에 메시지를 보낼 수 있어야 한다"고 말했다. 페이스북은 꽃다발 배달을 원하거나 일기예보

페이스북으로 소통의 비전을 달성한 저커버그는 로봇을 통해 소통의 편안함을 탄생시키려고 노력하고 있다.

를 알고 싶은 사람이 '챗봇'에 메신저로 대화를 걸면 주문을 처리하고 정보를 받을 수 있어야 한다고 전했다.

상상해 보라. 페이스북이 사람보다 더 우수한 기능을 가지고 의사결정을 하는 상황이 올 수 있다. 더 잘 듣고, 이해하고, 느끼는 것은 물론 복잡한 상황에서도 신속하고 정확하게 의사결정을 하는 챗봇. 새로운 세상에 대한 기대와 더불어 막연한 두려움이 엄습한다. 그래서 저커버그 같은 최고경영자의 철학과 가치관이 중요하게 다가온다. 부의 축적이 아니라 밝은 미래 가치를 위해서 그들의 비전이 설계되어야 한다. 출처: 홍승우, 페이스북, 인공지능 '챗봇' 통해 비전 제시, 문화저널21, 2016.04.13

[그림 5-16] 페이스북 최고경영자 마크 저커버그 이미지 출처: Anthony Quintano, Flicker CC By

비전과 실행력의 중요성

    독일계 미국인으로 하버드대 출신이고 리처드 닉슨(Richard Nixon) 행정부 때부터 제럴드 포드(Gerald Ford) 행정부까지 백악관 국가안보보좌관과 국무장관을 지냈던 헨리 키신저(Henry Kissinger)는 리더십 콘퍼런스에서 "훌륭한 지도자에게는 자신만의 비전과 용기가 있어야 한다. 훌륭한 리더는 사회가 어디로 가야 하는가에 대한 그림을 가지고 있어야 한다. 그리고 비전을 실행할 수 있는 숙련된 기술과 리더십과 실행력을 갖춰야 한다"고 했다.

    미래학자 조엘 바커(Joel Barker)는 다음과 같이 설명했다. 비전은 있으나 실행력이 약한 사람은 몽상가(dreamer)라고 할 수 있다. 실행력은 있으나 비전이 없는 사람은 맹목적 실행자(doer)라고 할 수 있다. 비전도 없고 실행력도 없는 사람은 방관자(uninvolved)에 불과하다. 진정한 리더는 명확한 비전과 강력한 실행력을 동시에 갖추고 있다. 실행이 없는 비전은 꿈에 불과하며 비전이 없는 실행은 시간만 보내게 한다. 비전이 있는 행동은 세상을 바꿀 수 있다.

    질레트(Gillette)의 전 최고경영자(CEO)인 짐 킬츠(Jim Kilts)는 자기 확신에 대해 "종종 틀리지만 절대 흔들림은 없다"고 표현하기도 한다. 목표에 대한 뚜렷한 비전을 가지고 있고 그에 대한 과정을 수행한다면 진행하는 과정에 일부 수정이 필요하더라도 목표에 다다를 수 있다고 본다. 리더로서 구성원들에게 확신

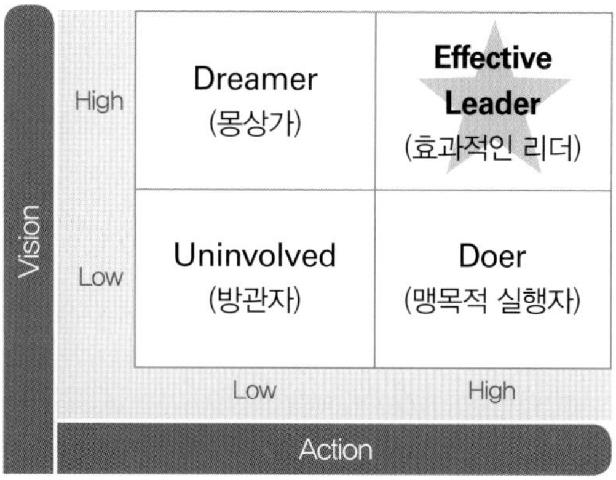

[그림 5-17]
전략적 비전과 전략적 실행력의 연관성
(Linking Strategic Vision and Strategic Action)

을 주는 역할을 하는 셈이다. 조직을 일관된 방향으로 나아가도록 이끌어갈 수 있는 원동력이 되는 것이다. 인생행로는 방향키에 따라 달라질 수 있고 환경에 대한 항해는 물 위에서 이루어지는 것과 같기 때문에 비전은 여러 경우에 따라 변화할 수 있다. 가정에 대한 비전, 직장에 대한 비전, 개인에 대한 비전, 인생에 대한 비전에 대해 실현가능성, 도전성, 용기를 가지고 실행력을 기본으로 움직여보자. 목표가 가까워 오는데 멈출 수는 없다고 되새겨 보자. 당신은 성취자가 될 것이다.

5. 테크노 리더의 비전 로드맵: 미래 청사진을 준비하라

비전의 정의, 중요성, 테크노 헤게모니, 그리고 비전 설정과 제시를 이해했다면 이제는 비전 실현에 대한 구체적 방법론에 관심을 가져야 한다. 앞서 2장에서 '비전형 리얼 옵션'에서도 언급했지만 분명한 비전으로 미래를 준비하면 그만큼 원하는 바를 성취할 가능성이 높다. 사실 모든 리더들은 자신이 이끄는 조직은 물론 본인 스스로에 대한 나름의 비전을 가지고 있다고 보아야 한다. 다만, 개인적 성향에 따라서 표면화 혹은 가시화의 차이가 있을 뿐이다.

비전은 대부분 장기적인 관점으로 공유되기 때문에 대부분의 조직은 전략을 중심으로 단계적으로 추진하게 된다. 경영학의 전공 분야에 전략 경영(strategic management)이 포함될 정도로 전략은 전문성이 요구되는 주제다. 따라서 여기서는 전략이라는 광의적 화두를 설명하기 보다는 비전 달성에 도움이 될 수 있는 로드맵(roadmap) 작성에 초점을 맞추고자 한다.

리더의 경력이 적을수록 공감할만한 비전 제시가 어렵다. 환경 변화에 대한 불확실성 탓이기도 하지만 리더 스스로 실행력에 대한 자신감도 부족하기 때문이다. 이러한 경우 가장 기본적으로 적용하고자 하는 구상의 비전 성취를 구간 개념으로 나누어서 각 구간의 추진 과정을 로드맵으로 작성하는 것이다. 궁극적 결과에 대한 종합적인 청사진을 제시하긴 힘들어도 보다 세부적인 관점에서 실

1. 로드맵 간격 설정	2. 로드맵 간격 브랜딩	3. 로드맵 목표 설정
경쟁력 강화의 전환점을 설정하여 로드맵 간격 결정	로드맵 간격에 적절한 브랜딩으로 상징성 및 구심점 확보	로드맵 간격에 대한 구체적인 목표 제시로 리더십 실행력 제고

[표 5-1] 로드맵 결정의 3가지 요소

행 단계를 구분하면 많은 요소들이 가시화될 수 있다. 로드맵은 바로 이러한 실행 과정의 특성을 반영하여 미래를 설계하는 개념이다.

로드맵 결정을 위한 접근 방식

로드맵 결정은 크게 3가지 요소(로드맵 간격, 로드맵 브랜드, 로드맵 목표)로 구성되어 있다. 이들 3가지 요소를 균형성, 실행성, 일관성을 등을 감안하여 순차적으로 결정하면 된다. 로드맵 간격 설정은 비전 달성 과정을 적정 구간으로 나누는 것이며 로드맵 간격 브랜딩은 각 구간을 가시화시키기 위한 명칭에 해당된다. 마지막 로드맵 목표 설정은 각 간격에서 달성하고자 하는 구체적인 목표를 의미한다. 예를 들어, 2017년부터 2020년까지 창업 준비에 몰두하려고 한다면 이 3년간의 로드맵 브랜드로 '창업 준비'를 정할 수 있다. 브랜드가 정해진 뒤 각 로드맵 간격 동안 이루고자 하는 목표를 설정하면 전체 비전 로드맵이 완성된다.

로드맵 간격

로드맵 간격은 일종의 '브레이커(전환점)'로 볼 수 있다. 전체 로드맵을 부분

구간으로 나누는 것을 의미하며 전환점은 조직이나 개인에 따라서 다양하다. 다음과 같은 요인들에 착안하여 전환점을 결정할 수 있을 것이다.

- 시간: 기간
- 학업: 대학교, 대학원, 박사, 유학, 어학 연수
- 직업: 직장, 직위, 보직, 미션/목표, 팀원, 경쟁자, 경쟁 환경
- 사업: 사업 계획 기간
- 신분: 학년, 가족 상황
- 동인: 주요 사건, 환경 변화, 변화 계기

우리나라는 1962년부터 '경제개발 5개년 계획'을 시작하여 1996년에 7차 계획을 마무리 지었다. 이 경우는 당연히 로드맵 간격은 5년이라는 시간적 요인으로 구분되며 많은 국가들이 3년, 5년, 혹은 7년 발전 계획을 세운다. 이들 시간적 간격은 정치 및 체제의 상황과 밀접한 관계가 있다. 산업도 마찬가지다. 농업 발전 계획처럼 실적을 기대할 시점에 대한 호흡이 긴 업종은 간격이 긴 반면 경제 혁신이나 지역 사업과 같은 부문에서는 3개년 계획이 주로 활용되고 있다. 개인의 경우에는 로드맵 간격은 신분상의 변화가 대표적이다. 학창 시절에는 초, 중 · 고등학교, 대학, 대학원이 자연스럽게 구분되며 직장에서도 사원, 대리, 과장, 차장, 부장, 임원 등 직책의 변화로 개인의 목표가 정해질 수 있다.

로드맵 브랜드

로드맵 브랜드는 각 로드맵의 상징성을 의미하는 것으로서 리더 자신과 조직에게 구심점을 제시하는 데 중요하다. 대부분의 기업이 중장기 전략을 수립하는 과정에서 단계별 성장을 위해서 점진적 비전 달성을 의미하는 브랜드를 사용하는 것은 일반화된 업무 관행이다. 그러한 보편적인 계획 수립 패턴을 리더십 로

드맵 작성에 반영한다고 보면 된다. 로드맵 브랜드 설정에는 다음과 같은 예시들을 참고할 수 있다.

- 사업 미션: 창업 단계(1기), 성장 단계(2기), 성숙 단계(3기), 정착 단계(4기)
- 혁신 이슈: 서비스 혁신, 프로세스 혁신, 클라우드 혁신, 비즈니스 혁신
- 혁신 수준: 도입기, 학습기, 성숙기, 정착기, 내재화
- 고객 중시: 고객우선, 고객만족, 고객가치, 고객감동, 고객열광
- 역량 강화: 기본 레벨, 전문 레벨, 창의 레벨, 혁신 레벨
- 척도 개발: 기본 척도, 운영 척도, 시장 척도, 전방위 척도, 전사 척도
- 조직 비전: 팀내 베스트, 본부 베스트, 사내 베스트, 국내 베스트, 국제 베스트

비전 로드맵은 리더십 차원에서 제시되는 것이므로 공감성이 중요하다. 따라서 로드맵 브랜드는 명확하면서도 쉽게 인지할 수 있도록 제시하는 것이 핵심이다. 한 가지 유념해야 할 것은 총체적이며 종합적인 로드맵 브랜드에 집착할 필요가 없다는 점이다. 아무리 멋진 로드맵 브랜드를 결정한다고 하더라도 시간이 지나면 새로운 변화가 필요하기 마련이다. 종합적인 브랜드를 주로 활용하면 유사한 브랜드를 반복적으로 사용해야 하는 상황이 발생할 수 있다. 모든 것을 포함시키는 브랜드 보다는 구성원에게 리더십 우선순위를 공유하는 관점에서의 브랜드가 효과적이다.

로드맵 목표

로드맵 목표는 각 간격에서 추진되어야 할 세부 과업을 의미한다. 목표를 제시하는 방식에 제한이 있을 수 없지만 이 또한 조직에게 구심점이 되어야 한다는 것을 생각하면 가시성과 공감성이 중요할 수밖에 없다. 정량지표 혹은 정성지표 둘 다 활용될 수 있지만 대표성, 정확성, 지속성 차원에서 성과목표 제시를

점검할 필요가 있다.

- 대표성: 달성하고자 하는 목표를 나타내는 성과지표가 해당 간격이 지향하는 바를 대표할 수 있는지 여부를 점검한다.
- 정확성: 제시한 성과지표가 정확하게 측정될 수 있는가를 점검한다. 정확하게 측정할 수 없다면 목표달성 여부에 대한 공감성이 낮을 수밖에 없다.
- 지속성: 해당 성과지표가 지속적으로 관리될 수 있는 지표인지를 확인해야 한다. 비전이 장기적인 관점에서 환류(피드백) 되어야 한다는 속성을 중시하기 때문에 반복적으로 관리하는 것이 필요하다.

구글 공동 창업자 래리 페이지의 로드맵

로드맵에 대한 구체적인 예를 들기 위해서『구글의 미래(What google really wants)』(토마스 슐츠 저)에 설명된 래리 페이지(Larry Page)의 경영 여정을 3단계 로드맵 간격으로 정리해 보았다. 단지 예시 목적으로 정리한 것이므로 래리 페이지 개인의 로드맵 설정과는 무관하다. 3개 영역으로 구분된 로드맵 간격과 '벤처 창업', '상장 기업', 그리고 '미래 선도'로 이어지는 로드맵 브랜딩의 설정에 초점을 맞춰 살펴보고자 한다.

① 로드맵 간격 #1: 1997년~2003년(6년간), '벤처 창업'

1997년은 래리 페이지와 세르게이 브린(Sergey Brin)이 '구글닷컴'을 인터넷 도메인으로 등록한 첫 해이다. 창업 초기 페이지와 브린은 수익 창출에 골몰하지 않았다. 1999년에는 총매출 22만 달러에 손실이 600만 달러나 되었고 2000년에는 손실이 1,500만 달러로 늘어났다. 다행스럽게도 2001년 에릭 슈미트(Eric Emerson Schmidt)가 구글의 새로운 CEO로 취임하면서 모든 것이 바뀌

로드맵 브랜드	벤처 창업	상장 기업	미래 선도
간격	1997년~2003년	2004년~2010년	2011년~2017년
로드맵 목표	· 닷컴회사 창업 · 착한기업 이미지 · 경영체계 구축	· 시장 점유 확대 · 주식 상장 · 셀프 리더 양성	· 지배구조 개편 · 미래기술 선점 · 사업영역 확장

[표 5-2] 래리 페이지의 로드맵

기 시작했다.

② 로드맵 간격 #2: 2004년~2010년(6년간), '상장 기업'

슈미트는 구글의 재정 문제를 해결해 주었으며 주식 상장으로 새로운 전환점을 만드는 데 성공했다. 2004년 주식을 공개한 이후부터 구글은 인터넷을 기반으로 한 무료 제품을 출시하여 시장을 빠르게 점유해나갔다.

③ 로드맵 간격 #3: 2011년~2017년(6년간), '미래 선도'

직원 수가 늘어나면서 조직 운영에 어려움을 겪었던 구글은 2001년 래리 페이지 1인 체제로 리더십을 일원화시켰다. 글로벌 1위 기업이라는 새로운 이미지를 부각시키는 것은 물론 딥 러닝(deep learnning) 등을 통해서 기술경영 시대에 글로벌 선도기업이 되겠다는 결단을 보여주었다.

Situation 　동시에 여러 가지 비전(혹은 꿈)을 추구하는 사람도 있다. 사법고시, 행정고시, 외무고시를 모두 통과할 정도로 모두 성공하는 사람도 있지만 한 가지를 제대로 성취하기에도 어려운 경우도 있다. 복수의 비전을 추구하는 상황을 비전 아이콘으로 그려보라.

비전은 시행착오를 거쳐 신념으로 굳어진다.

시작부터 신념이 생기지 않다

어린 시절, 뒷동산에 올랐다가 우연히 풀 속에 자리 잡고 있던 꿩 집을 밟았다. 삽시간에 수많은

꺼병이(꿩 새끼)가 숲 밖으로 나와 흩어졌다. 여러 마리를 잡으려고 이리 저리 꺼병이를 좇았는데,

갑자기 엄마 꿩이 나타나 나를 공격했다. 집중력을 잃은 나는 결국 한 마리도 잡지 못했다.

Date :   Name :

Situation   비전은 리더가 방향을 제시하는 역할을 상징하는 함축적인 용어다. 자칫 너무 크게 잡으면 실현하기 어렵고 작게 잡으면 가치 혹은 공감대가 낮아지게 마련이다. 10년 전의 비전과 지금의 비전을 아이콘으로 그리고 그 안에 자신의 발자국을 표시해보라.

다음의 아이콘을 이용해 상황에 맞는
자신만의 리더십을 표현해 보세요.

비전   커뮤니케이션   신뢰   인재   실행

"톨스토이는 '사람은 왜 사는가?' 설명하려고 애썼다.
왜 사는지 알게 되면 어떻게 살아야 되는지도 알게 된다고 믿었기 때문이다."

Draw Your Leadership

Situation 비전은 로드맵으로 설계하는 것이 중요하다. 로드맵 간격을 만들면 현실에 집중할 수 있기 때문이다. 자신의 로드맵 간격을 만들고 각 간격에 어울리는 비전 아이콘을 그려보라.

다음의 아이콘을 이용해 상황에 맞는
자신만의 리더십을 표현해 보세요.

비전   커뮤니케이션   신뢰   인재   실행

"우리들의 역량은 지수(Exponential) 함수로 성장한다.
마치 이자가 누적되는 것처럼 학습하는 리더의 비전 역시 지수 형태의 잠재력을 가지게 된다."

1 비전이란 현실성 있고 믿을 만하며 매력적인 조직의 미래상에 대한 공유된 꿈이라고 할 수 있다. 비전은 꿈의 목표이자 열정을 이끌어 내는 에너지가 되고 역경을 헤쳐 나가는 강한 의지가 된다.

2 명확한 비전 설정은 조직에 목표의식과 의미를 부여하고, 사업의 전략 방향과 조직 운영의 행동 기준을 제공하며, 조직구성원의 동기부여와 조직 활성화에 기여한다. 핵심 가치, 목적, 목표는 비전의 중심이고 비전을 만드는 힘이다.

3 테크노 리더는 세계적인 기술 패턴을 정확하게 이해하고 있어야 한다. 스스로의 강점이자, 경쟁의 필수요건이기 때문이다. 선진국에서는 이미 오래전부터 테크노 헤게모니의 실체를 꿰뚫어 보고 있다. 20세기 말, 세계화의 물결은 국가 간의 경계를 허물었고, 최근에는 산업 간의 벽마저 없어진 무한경쟁의 시대가 열렸다. 아날로그 시대에서 디지털 시대로 넘어가면서 기술퓨전시대가 열리고 승자독식(winner takes all)의 시대가 도래한 것이다.

4 비전 설정 유형에는 리더가 혼자 비전을 설정하고 팔로워들과 직접적으로 소통하는 유형, 리더와 최고경영층 집단에서 비전을 설정하고 팔로워들과 비전을 소통, 공유하는 유형, 리더가 비전을 제안하고 팔로워가 서로의 생각을 교환해 반복 수정하면서 리더와 팔로워가 함께 협업을 통해 설정하는 유형이 있다. 테크노 리더는 올바른 비전 제시로 기업이 설정한 기간의 그림을 그리고 성공으로 이끌어야 한다. 이를 위한 조건에는 방향성, 간결성, 공유성, 접근성, 실현가능성, 진실성 등이 있다. 올바른 비전을 설정한 후에는 이를 실행할 수 있는 능력이 필요하다.

5 리더가 로드맵을 가지고 있어야 균형있게 성장할 수 있다. 로드맵은 인생의 목표와 방향성 그리고 실행전략이 포함되어 있다. 우리는 앞에서 자신의 컬러 리더십을 진단했다. 진단결과 자신의 강점을 확인할 수 있었다. 자신의 강점을 극대화하여 로드맵을 작성하는 것이 중요하다.

REVIEW
QUESTIONS

1   비전의 기본 틀은 무엇으로 이루어져 있는가?

2   비전이 명확한 기업과 비전이 없는 기업의 차이점은 무엇인가?

3   경영에서 리더십을 정의할 때 강조하는 7가지 기능은 무엇인가?

4   세계 기술패권의 전이 과정은 어떠한가?

5   비전 설정 유형과 비전 수립 성공 조건에는 어떠한 것들이 있는가?

6   테크노 리더의 로드맵 결정을 위한 접근방식은 어떤 과정을 거치는가?

APPLICATION
EXERCISES

1   한국, 미국, 유럽을 대표하는 3개 기업의 비전을 찾아서 제시하고, 그들의 특성을 비교하라. 이들 기업의 비전이 시대에 따라서 어떻게 변화했는지도 비교 분석하라.

2   테크노 리더를 한 명 선정하여 그가 테크노 리더인 이유를 설명하고, 그의 유형과 비전 제시 방법은 무엇인지 설명하라. 또한 그가 미래를 어떻게 예측하고 있는지에 대해 소개하라.

3   중국의 기술개발에 대한 국가 목표를 조사하여 단계적으로 나타내 보아라. 중국의 기술개발 추세와 우리나라의 기술개발 추세가 어떤 유사점과 차이점이 있는지를 분석하라.

4   10년 후 자신의 비전을 만들어 보라. 6가지 관점(① 방향성, ② 간결성, ③ 공유성, ④ 접근성, ⑤ 실현가능성, ⑥ 진정성)에서 자신의 비전 수준을 점검하고 관리하라.

5   자신의 비전 설계를 위해서 비전 로드맵을 만들어 보라. 과거 5년과 향후 10년을 포함하여 총 15년에 걸쳐 로드맵 간격, 로드맵 브랜드, 로드맵 목표를 제시하고 그 타당성을 설명하라.

테크노 리더십의 커뮤니케이션

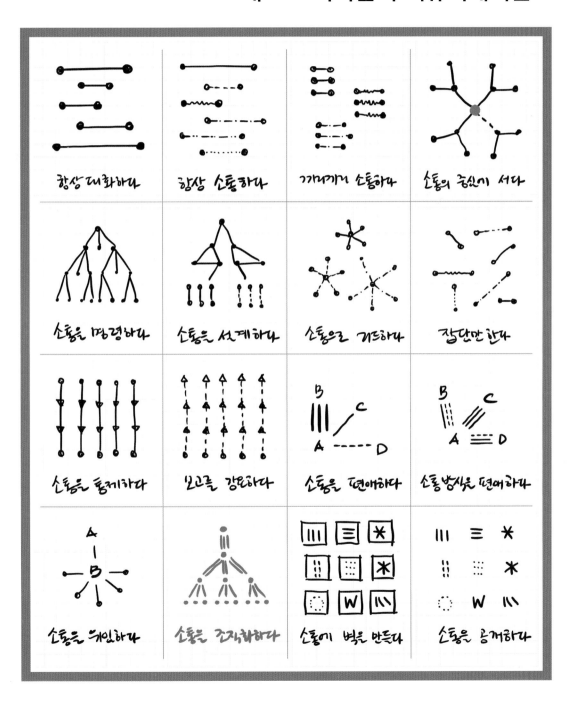

항상 대화하다	항상 소통하다	끼리끼리 소통하다	소통의 중심에 서다
소통을 명령하다	소통을 설계하다	소통으로 겨드하다	장단만 한다
소통을 통제하다	고리를 강요하다	소통을 편애하다	소통 방식을 편애하다
소통을 귀인하다	소통을 조직화하다	소통에 벽을 만들다	소통을 즐겨하다

제 6 장
테크노 리더십의 커뮤니케이션

1. 커뮤니케이션이란?
2. 시대에 맞는 리더의 유형과 그들의 커뮤니케이션 방법은 무엇인가?
3. 성공적으로 커뮤니케이션하기 위해 필요한 요소는 무엇인가?
4. 리더가 성공적인 커뮤니케이션을 이끄는 기술은 무엇인가?
5. 새로운 시대의 e - 커뮤니케이션 활용법은 무엇인가?

1. 커뮤니케이션의 의미와 적용

"커뮤니케이션(communication)은 인생을 사는 데 가장 중요한 기술이다."

스티븐 코비(Stephen Covey) 박사는 커뮤니케이션의 중요성을 인생의 최대 성공요인으로 꼽고 있다. 그만큼 결정적인 요인이라는 사실을 강조하고 있는 것이다. 리더에게 있어서도 커뮤니케이션 보다 더 중요한 자질은 없다. 자신이 마음에 두고 있는 비전과 목표를 구성원과 공유할 수 있는 유일한 수단이 커뮤니케이션이기 때문이다.

커뮤니케이션이란 두 명 이상의 당사자가 서로 간에 어떤 메시지를 주고받음으로써 서로 공통된 의미를 공유하는 것이며, 간단히 말해 대화 또는 의사소통이라 할 수 있다. 인간은 어떤 형태로든 조직의 구성원으로서 살아간다. 따라서 각 구성원들끼리 제대로 커뮤니케이션이 되지 않으면 조직의 활력이 떨어지고, 공통된 목표를 달성하기 어려워진다. 특히 리더는 하부 조직원들과 활발한 커뮤

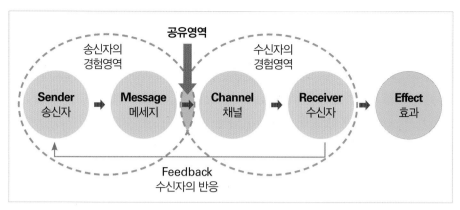

[그림 6-1] 효과적인 커뮤니케이션의 구성요소

니케이션을 실시함으로써 조직의 비전과 목표를 공유할 수 있고, 그들의 능력을 최대한으로 끌어낼 수 있다.

탁월한 커뮤니케이션 효과(effect)를 거두기 위해서는 메시지 전달자와 수신자 간의 공유영역을 극대화시키는 노력이 필요하다. 공유영역이란 두 당사자 각각의 경험영역(field of experience)이 겹치는 부분을 의미하는데, 경험영역은 커뮤니케이션 상황과 관련해 당사자들이 가지고 있는 지각, 체험, 가치, 태도 등을 말한다. 머리로 이해하는 것보다 가슴이 이해하는 것이 더 가까우며, 가슴으로 이해하는 것보다 처지가 같은 사람이 더 이해 폭이 넓다는 사실도 모두 이를 두고 하는 말이다. 경험영역에 근거한 공유영역이 크면 클수록 커뮤니케이션은 그만큼 효과적이다.

커뮤니케이션 사례: 팀을 만드는 힘의 근원

미국 텍사스 주에 있는 매요 클리닉(Mayo Clinic)은 세계적인 병원이며 구성원의 높은 충성심을 통해 고객을 만족시키는 것으로 유명하다. 매요 클리닉 사례를 분석하여 『매요 클리닉의 경영 교훈(Management Lessons from Mayo Clinic)』을 출간한 레오나르드 L. 베리(Leonard L. Berry)와 켄트 D 셀트만(Kent

D. Seltman)은 다음과 같은 직원의 경험담을 소개했다. "저는 이 병원의 지원 시스템 덕분에 전에 있던 병원에 비해 수백 배 더 잘하고 있습니다. 마치 생체 (organism)의 일부처럼 느껴집니다. 일하는 과정에서 하나의 개별 세포가 아님을 알게 된다." 유기적인 소통과 협조 덕분에 생체 기관의 일부처럼 느낀다는 고백이다. 소통의 궁극적인 목적은 도움이 필요한 상황과 도와줄 수 있는 역량을 교류시키는 접점이다. 소통 없이는 팀워크가 형성될 수 없는 이유를 알 수 있는 대목이다. 팀워크는 커뮤니케이션을 통해 발휘되는 역량이다.

미국 명문 스탠퍼드대학교의 수영팀을 31년 연속 우승으로 이끈 스킵 케니 (Skip Kenney) 감독의 지혜가 현실적인 대안을 가르쳐준다. "여기서는 매주 보고를 하게 만듭니다. 팀원을 위해 무엇을 도와주었는가에 대해서 말이죠." 조직 내에서 다른 사람에게 어떤 도움이 되었는가를 적어 내라는 것이다. 개인이 아니라 팀을 생각하라는 주문인 동시에 서로 소통하라는 요구다. 리더는 소통을 중시해야 한다. 자신만의 소통이 아니라 구성원들의 상호간 소통을 활성화 시키는 것 역시 리더의 임무다.

개별적 참여가 아니라 팀의 일원으로 느끼게 만드는 공식적인 장(場)이 미팅이다. 크고 작은 만남을 의미하는 미팅 시간의 가치를 보아야 한다. 많은 사람들이 미팅이나 회의를 쓸모없는 일로, 심지어 스트레스로 생각한다. 조직 내 공식적인 소통을 스트레스로 만드는 것은 리더십의 문제이지 미팅 자체가 문제는 아니다. 미팅을 추진할 수 있는 위치에 있는 사람은 기회를 손에 쥔 사람이다. '미팅 파워(meeting power)'를 활용하는 리더가 되어야 한다. 무심코 미팅을 관리하는 관리자의 마인드를 넘어 조직 활성화와 유기적 연대감을 유지하고 극대화 시키는 미팅으로 설계하고 만드는 데 관심을 가져야 한다. 2016년에 서울에 있는 구글코리아를 방문하게 되었다. 디자인 차원에서도 여러 가지 신선한 측면이 있었지만 가장 큰 차이는 회의실 공간에 있었다. 모든 사람이 쉽게 접근할 수 있는 가장 좋은 위치에 각종 크고 작은 룸이 있었다. 2명, 3~5명, 7~9명 등 미팅 규모를 반영하고 있을 뿐만 아니라 호칭이 재미있게 붙어있었다. 독도룸, 한라산룸, 금강산룸 등 우리나라의 유명하거나 흥미를 자아내는 장소를 지칭하여 '독도에서 만나자'와 같은 말로 미팅을 시작하도록 만들었다. 그들에게 미팅은 스트레스가 아니라 휴식이요 새로운 시작이 될 것처럼 느껴졌다. 다시 한 번 강조하지만 리더는 설계하는 사람이다. 커뮤니케이션은 가치가 큰 설계 대상 리더십 주제이다.

2. 시대 변천에 따른 커뮤니케이션 기능

2002년 미국에서 조사한 결과에 따르면, 엔지니어들의 하루 업무 시간을 100%로 볼 때 정보 검색, 커뮤니케이션에 사용하는 시간이 50%, 정보 가공과 문서 작성에 사용하는 시간이 20%, 고유의 엔지니어링 업무 수행에 사용하는 시간은 20% 정도인 것으로 나타나 있다. 10% 정도인 기타 시간은 대략 휴식, 식사 시간 등이고, 대부분의 시간에 동료들과의 커뮤니케이션이 이루어지는 것을 감안해볼 때, 실제로 커뮤니케이션 관련 활동에 사용하는 시간은 하루 일과의 70~80%라고 말할 수 있을 것이다.

이러한 사실에 착안하면 기업의 업무 효율화, 생산성 향상의 방법 중 하나는 커뮤니케이션에 소모되는 시간과 노력을 줄이는 것일 수 있다. 실제로 2002년 IBM사에서 실행해 본 사례에 의하면, 팀 안에서 팀원들이 수행하는 업무 내용을 모두가 잘 알 수 있도록 공유하고, 회의록, 참고 자료 등 필요한 자료들을 쉽게 얻을 수 있도록 하며, 전화나 면대면 회의보다는 인터넷을 활용한 음성 화상 채팅을 적용한 회의를 진행하고, 정보나 사람을 찾는 노력을 줄여주는 통합정보시스템을 갖추어 운용하는 등 기업 구성원들 간의 원활한 커뮤니케이션을 위한 노력을 기울인 결과 연간 약 80만 달러의 비용을 절약할 수 있었다고 한다.

현대 사회의 조직은 ① 수평적 조직, ② 유동적인 열린 조직, ③ 양방향 또는 방사형 피드백 조직이라는 세 가지 주요한 특징을 가지고 있으며, 이러한 특성 하에서는 조직의 상·하 구분이나 내·외부 구분 없이 모든 구성원들의 수평적이고 열린 커뮤니케이션이 필요하다. 예전에는 조직의 구성원들이 각각 자신의 업무를 수행하고, 그 결과들이 정해진 업무 절차에 따라 적당히 조정되는 방식이었다면, 오늘날에는 업무 수행의 과정에서 다른 분야의 전문가들이 모여 팀을 구성하고, 협동을 통해 공동의 목적을 달성하려고 노력하는 것이다. 즉, 수직적 조직에서 수평적 조직으로 변화되었고, 분야별로 네트워크화 된 팀이 구성되어 공동의 목적을 달성해 나간다. 예를 들어 어떤 기업이 제품 개발 체계를 10개월 내로 신제품 개발이 가능하도록 개선해야 한다면, 기업 내부에서 설계, 기계, 전자, 산입공학, 기능 인력 등으로 구성된 '설계혁신 팀'을 구성하고, 컨설팅 회사의 자문과 시스템 통합 업체의 시스템 구축, 운영 등 기업 외부와의 협력을 통해 그 목적을 달성할 수 있을 것이다.

오늘날 경영자들은 이처럼 다양한 환경에서 다수의 사람들과 협력체계를 확보하기 위한 여러 가지 방법을 강구하고 있다.

과거 조직 이론이 형성되던 초창기의 리더십은 의례히 카리스마 리더십으로 이해되곤 했다. 신의 재능을 의미하는 카리스마는 리더십의 선천성을 부각시킨 것으로서 강한 권력, 높은 자신감, 풍부한 경험이 카리스마 리더의 상징이었다. 특정 소수 그룹이 리더십을 유지하던 시기로서 이들은 항상 관계지향 관점에서 구성원을 관리하며, 타인에게 모범을 보이고 동일한 목표로 이끌기 위해 동기를 유발한다. 목표와 방향을 정하는 것은 리더의 몫이고 어떻게 하면 구성원을 동

[그림 6-2] 조직의 변화 패턴 사례
출처: 서범일, '[리더십4.0시대] 사장 결재 없애고...잡담 권장하고...'기업DNA 바꾸기' 잇따른다', 서울경제, 2017

성격적 특성	행동	팔로워에 대한 영향
지배적, 권위적	강력한 역할 모델로서 행동함.	리더가 가진 이상이나 이념 신뢰
영향력 행사에 대한 강한 욕구	능력을 과시하려 함.	리더와 조직구성원 간의 신념에 유사성 형성
높은 자신감	목표에 대한 확신 표현	리더가 제시한 목표나 주장 수용
도덕적 가치에 대한 확신	· 팔로워에 대한 높은 기대와 신뢰 표현 · 팔로워들의 동기 유발	· 리더에 대한 애정과 복종심 형성 · 리더와 일체감 형성 · 조직 또는 집단에 정서적 몰입 · 높은 목표 설정 및 자신감 함양

[표 6-1] 카리스마 리더십의 특성

참시킬 수 있는가가 관건이었다. 목표와 방향에 대한 불확실성이나 역동성이 높지 않기에 소통보다는 신뢰와 동기부여가 중요했다. 리더의 도덕적 가치를 중요하게 여겼던 팔로워들에게 신뢰를 확보하고 동기부여 하는 것에 유리했기 때문이다. 소통이 아니라 명분이 중요했던 시대다.

하지만 변화된 시대에서는 새로운 리더십이 필요하기 마련이다. 스탠리 매크리스털(Stanley A. McChrystal) 전 북대서양조약기구(North Atlantic Treaty Organization, NATO) 사령관은 그의 저서 『팀 오브 팀스(Team of Teams)』에서 "전쟁이든 사업이든 변화의 속도는 점점 빨라지고 있어서 세세한 규칙을 고수하고 리더가 모든 권한을 틀어잡는 '관리형 리더십'은 더 이상 적합하지 않다"고 단언했다. 기술경영 시대를 주도하는 테크노 리더는 조직 변화의 필요성을 선제적으로 파악하고 구성원들에게 새로운 비전을 제시하며 통솔한다. 그 과정

[그림 6-3] 시대 흐름에 따른 리더십 특징의 변화

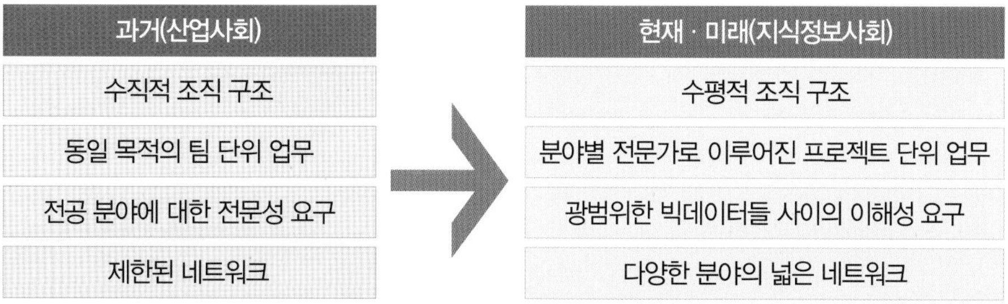

과거(산업사회)	현재 · 미래(지식정보사회)
수직적 조직 구조	수평적 조직 구조
동일 목적의 팀 단위 업무	분야별 전문가로 이루어진 프로젝트 단위 업무
전공 분야에 대한 전문성 요구	광범위한 빅데이터들 사이의 이해성 요구
제한된 네트워크	다양한 분야의 넓은 네트워크

에서 명확한 비전을 모두에게 공유함으로서 구성원들의 이해와 신뢰를 얻어 낸다. 구성원들이 각자 해야 하는 업무에 대한 당위성을 확보하고, 성공에 대한 가치를 제공해준다. 또한 수직적 조직에서 수평적 조직이 된 현대 경영 환경에서는 윗사람의 지시를 받아 업무를 하는 것이 아니라, 구성원이 아이디어를 제공하고 언제든 그 아이디어를 이끄는 프로젝트 리더가 되어야 한다. 테크노 리더는 연구논문 발표, 도서 출간 등의 방법을 통해 자신의 아이디어를 구성원들에게 공유하는 것뿐만 이니리 e-book, SNS, 블로그 등 IT 기술을 통해 빠르게 세상과 소통하며 공감하고 다른 사람의 의견을 수렴하기도 한다.

CASE STUDY 🖉 최치준 전 삼성전기 사장의 리더십 철학

☑️ 최치준 전 삼성전기 사장: 소통을 통한 집단지성

최치준 사장은 과학적 방법(scientific method)이라는 리더십 철학을 가지고 있었다. 과학적 방법, 전문화와 상호작용 (interaction), 그리고 소통을 통한 집단지성이 조직에게 필요하다고 믿었고 틈만 나면 CEO 레터를 통해서 전사적으로 공유하려고 노력했다.

CEO가 전문 지식을 중시한 소통을 강조하고 있다.

산발적인 메시지 전달로 충분하지 못하다고 생각한 최 사장은 아예 과학적 방법에 대한 책을 만들기로 했다. 필자에게 사람을 보내어 '리더십에 대한 전문성이 부족하므로 자신이 작성하는 저서의 방향을 자문해

주고 결과물을 감수해 달라'는 요청을 해왔다. 자문을 위해서 방문한 최 사장의 집무실은 색다른 풍경이었다. 사장실이 온통 연구개발보고서로 가득했다. "기술에 대해 제가 잘 몰라서요. 기술의 원천을 알아야 뭔가 소통을 할 수 있지 않겠습니까?" 보고서를 읽어야 하는 이유를 겸손하게 표현한 것이겠지만 기술경영 시대에 테크노 리더의 소통의 핵심을 보여주는 좋은 사례였다.

전문성을 파악하고 그에 관련된 상호작용을 이해한다. 그러고 나서 소통을 기반으로 집단지성을 강화하여 문제해결 및 새로운 가치 창출을 도모한다. 최치준 사장은 테크노 리더의 커뮤니케이션 자체를 과학적 방법에 접목시키려고 노력하고 있었다. 출처: '과학적 방법: 전문성, 상호작용, 그리고 집단지성', 강연 中, 최치준, 삼성전기 (2013)

[그림 6-4] 삼성전기 사장 최치준
이미지 출처: 이투데이, 20년 한 우물
삼성전기 최치준 사장, 위기 극복 어떤
해법 내놓을까, 김지영 기자, 2014.07.16

CASE STUDY 🖉 잭 웰치의 커뮤니케이션

☑ 부서 간의 장벽을 허물다: 하향식, 수평적, 상향식 커뮤니케이션

이 시대 최고의 경영 리더로 꼽히는 잭
웰치(Jack Welch). 그도 물론 테크노 리더
였다. 화공학을 전공했으며 박사학위를 취
득한 후에 GE에 입사했다.

웰치의 커뮤니케이션은 크게 3가지 분야
로 구분해 그 특징을 분석할 수 있다. 비전
공유를 위한 하향식 커뮤니케이션, 조직 구
조 개선을 통한 수평적 커뮤니케이션, 그리
고 조직 문화 활성화를 통한 상향식 커뮤니
케이션이 그것이다.

하향식 커뮤니케이션을 위해서 웰치는
크로톤빌(Crotonville) 연수원을 적극 활용
했다. 21년의 재임기간 동안 한 달에 한두

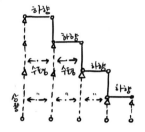

폭포수 모형의 소통을 중시하면서도
수평과 상향 소통의 벽을 없애려고
노력했다.

번씩 직접 이곳 강단에 서서 임직원들과 개방적인 토의를 즐겼으며 조직의 방향 제시를 공
유했다. 조직 구조 차원에서는 벽 없는 조직을 표방하며 부서 간의 장벽을 허물고 핵심적인
아이디어가 공유될 수 있는 채널을 확보했다.

상향식 커뮤니케이션으로는 타운미팅(town meeting)을 이용했다. 속된 표현으로 '계급장
떼고 얘기하기' 정도로 말할 수 있는 비공식적 모임을 갖고 기탄없이 토론하는 것을 강조했
다. 조직 내 커뮤니케이션이 모든 방향으로 원활하게 흐를 수 있도록 노력한 것이다.

"어떤 중요한 아이디어가 있을 때, 그것이 조직 내에 완전히 스며들어 사람들의 생각을 완
전히 바꿀 때까지 전파하고, 또 전파해야 한다"는 웰치의 주장을 마음에 둘 필요가 있다.

[그림 6-5] GE 前 회장 잭 웰치
이미지 출처: prometeous72/shutterstock.com

3. 탁월한 리더에게 필요한 커뮤니케이션 능력

"세상에서 가장 어려운 일이 뭔지 아니?"

"흠, 글쎄요. 돈 버는 일? 밥 먹는 일?"

"세상에서 가장 어려운 일은 사람이 사람의 마음을 얻는 일이란다. 각각의 얼굴만큼 다양한 각양각색의 마음은 순간에도 수만 가지 생각이 떠오르는데… 그 바람같은 마음을 머물게 한다는 건…정말 어려운 거란다."

생텍쥐페리(Antoine Marie Roger De Saint Exupery)는 『어린 왕자(The Little Prince)』를 통해서 삶의 의미와 지혜를 신선한 시각으로 제시했다. 바람 같은 사람의 마음을 머물게 하는 것이 가장 어렵다는 표현은 참으로 공감이 가는 이야기가 아닐 수 없다.

아마 모든 리더는 생텍쥐페리가 무엇을 말하고자 하는지 이해할 것이다. 도저히 헤아릴 수 없는 생각을 지닌 사람들의 마음을 회사를 위해 머물도록 만들어야 하는 힘겨운 짐을 지고 있기 때문이다. 머무는 정도가 아니라, 시시각각 변하는 경쟁 환경에 전향적으로 대응하며 리더가 가슴에 품고 있는 방향대로 도전해주는 사람이 필요하므로 더욱 그러하다. 이 모든 과정에서 요구되는 결정적인 자질이 바로 커뮤니케이션이다.

구성원을 자기가 뜻하는 방향으로 이끌어 가기 위해서는 크게 4가지 커뮤니케이션 성공요소를 갖추어야 한다. 첫째, 리더의 공신력과 매력을 높여야 한다. 둘째, 조직원에 대한 이해심과 관심을 지녀야 한다. 셋째, 비전과 전략을 공유해야한다. 마지막으로 네 번째는 열린 커뮤니케이션을 중시해야 한다.

첫째, 자신의 공신력, 매력을 높여라

리더가 조직원들과 커뮤니케이션을 통해 긍정적인 효과를 얻기 위해서는 리더의 공신력이 높다는 인식을 심어주어야 한다. 또한 신체적, 심리적 매력이 있다는 인식도 커뮤니케이션 효과에 중요한 영향을 미친다.

정보원의 공신력(source credibility)이라는 종합적 개념을 발전시킨 호블랜드(Hovland) 등에 의하면, 공신력이란 커뮤니케이션 효과에 영향을 미치는 정보원의 특성으로서 수용자가 지각한 정보원의 전문성(expertness)의 신뢰성(trustworthiness)을 지칭한다. 여기서 정보원의 전문성이란 어디까지나 수용자 자신의 판단에 의해 정보원이 건전한 결론을 낼 수 있는 지식이나 능력을 가지고 있다고 생각히는 것을 말한다. 다음으로 정보원의 신뢰성이나 정보원이 수용자에게 선의를 가지고 말하고 있다고 수용자 자신이 판단한 바를 말한다. 따라서 공신력이란 엄밀히 말해 정보원 또는 송신자가 가지고 있는 것이 아니라 수용자의 마음속에 존재하는 것이다.

즉 정보원의 공신력이 전문성과 신뢰성에 있다고 지각하는 수용자의 판단을 말한다. 이를 리더십에 적용시켜보면, 조직원들이 조직의 리더를 전문적이고 신뢰할 수 있다고 판단할 때 더 긍정적으로 메시지를 수용할 수 있을 것이다. 따라서 한 조직의 리더는 우선 자신이 공신력이 높다는 인식을 조직원들에게 심어주어야 한다.

둘째, 조직원들을 잘 이해하라

의사소통, 즉 커뮤니케이션을 잘하기 위해서는 무엇보다 수신자를 잘 이해해야 한다. 그들이 좋아하는 관심사나 화제는 무엇인지, 그들이 자주 접하는 매체는 무엇인지 알아야 대화를 더 잘 이끌어 나갈 수 있다.

커뮤니케이션의 효과는 정보원의 메시지를 통해서만 발생하는 것이 아니라 또 다른 당사자인 수신자와의 활발한 피드백을 통해 발생한다. 따라서 조직의 리더는 자신의 공신력과 매력을 높이는 노력 외에 조직원들을 잘 이해하며 그들 방식에 맞춰 커뮤니케이션을 해야 한다. 예를 들어 광고 커뮤니케이션에서 메시지 전달의 대상(수신자)인 소비자는 단순한 타겟 이상의 중요한 의미를 갖는다. 광고주가 아무리 뛰어난 광고 메시지를 고안하고, 이를 창의력이 넘치는 아이디어로 포장한다고 해도 그 메시지를 받아야 하는 표적 소비자가 이해하지 못한다면 효과를 발생시킬 수 없다. 예를 들어 6~9세의 아이들에게 판매하는 탄산음료의 광고가 아름다운 멜로 영화의 한 장면처럼 제작된다면 효과가 없을 것이다. 또한 70세 이상의 노년층 소비자에게 제품을 판매하려는 광고주가 새로운 영상 기술을 도입한 빠른 화면의 TV 광고를 제작, 방영한다면 제품 판매에 아무런 도움을 받지 못할 수도 있다.

리더 역시 자기 방식대로 본인이 자주 접하는 매체를 이용해 조직원들과 커뮤니케이션을 하려고 해서는 안 된다. 리더가 나이가 많은데 조직원들이 젊다면, 이해의 폭을 넓히기 위해 조직원들이 자주 접하는 TV 프로그램이나 신문, 잡지, 인터넷 사이트 등을 챙겨보는 것이 필요하다. 다시 한 번 명심할 것은 커뮤니케이션 효과는 일방적으로 리더가 메시지를 보낸다고 결정되는 것이 아니라는 점이다. 자신보다 항상 먼저 조직원의 입장에서 다가가야 한다.

최근 들어 모든 조직에서 리더의 역할 및 중요성이 부각되고 있다. 훌륭한 리더는 분명 조직을 성공으로 이끌 수도 있다. 따라서 리더가 되려는 사람은 다른 사람보다 뛰어난 자질을 지녀야하고 그것을 효과적으로 조직원에게 전달할 수 있는 커뮤니케이션 능력을 갖추어야 한다. 일부 리더의 경우 뛰어난 자질은 갖추고 있으나 커뮤니케이션 능력이 부족해서 조직의 구성원들과 목표를 공유하지 못하기도 한다.

물론 뛰어난 자질을 갖추는 것이 선행되어야 하지만, 조직원들과 대화를 통해 그들의 마음을 공유하지 못한다면 훌륭한 리더가 될 수 없다. 따라서 훌륭한 리더가 되고 싶다면 조직원들의 지지를 받을 수 있도록 커뮤니케이션 능력을 배양해야 한다.

셋째, 비전과 전략을 공유하라

공유하는 비전이 없으면 사람들은 하나의 아이디어를 성공적인 기업으로 실현하는 데 필요한 일을 기꺼이 견뎌내려고 하지 않는다. 하지만, 서로 공유하는 비전이 있으면 사람들은 그 기업을 위해서 시간과 노력, 정열을 기꺼이 바칠 뿐아니라 그 이상으로 노력하게 될 것이다.

유발 히라리(Yuval Harari)는 『사피엔스(Sapiens)』에서 과학혁명은 지식혁명이 아니라 무지의 혁명이었다고 주장하고 있다. 우리가 모든 것을 알지 못한다며 무지를 기꺼이 인정하는 것에서 과학혁명을 향한 위대한 발견이 시작되었다. 공유와 공감의 엄청난 잠재력을 지닌다. 동시다발적으로 같은 방향을 향해서 매진하는 관성의 힘은 무한 가치를 지니기 마련이다.

조직의 미래에 대한 올바른 비전은 그러한 맥락에서 해석되어야 한다. 비전은 사람을 움직여서 행동하게 만들며, 이에 따라서 조직은 발전하고 진보한다. 리더는 그룹에 비전을 제시한다. 지금의 현실과는 다소 다를지라도 실현가능한 꿈을 조직원들에게 전달한다. 그 비전은 모든 사람들이 계획대로 일을 실행하도록 만들고, 그룹의 사명과 목표를 판단하는 기준의 역할을 한다.

연봉제가 도입되면서 직장에 대한 시각이 크게 바뀌고 있다. 평생 직장 개념하에 형성되었던 '한 가족, 한 마음'의 공동체 의식이 점차 사라지고, 생존 개념과 경쟁 문화만이 부각되고 있다. 대부분의 사람들은 자신의 손익을 계산하기에 바빠졌고 회사 또한 연봉제를 앞세워 경쟁을 가속화시키고 있다. 최근에는 능력본위의 사회를 정착시켜 세계를 선도하는 기업들의 최고경영자들이 성공 열쇠로 '비전 리더십'을 꼽고 있다. 구성원에게 적합한 비전을 제시하지 못하고서는 지속적이고도 일관된 리더십의 발휘에는 한계가 있다는 지적이다.

리더와 구성원이 같은 방향으로 뛰는 조직을 '동일 벡터' 조직이라고 부른다. 자율적으로 따라오게 하거나 통제에 의해서 관리하는 등 그 접근 방식은 차이가 있을 수 있다. 하지만 리더는 근본적으로 자신이 희망하는 방향으로 구성원들이 따라오기를 기대하며 또한 그렇게 만들어야 한다. 1999년, 잭 웰치 회장이

CASE STUDY 📎 포스코 비주얼 플래닝

☑ POSCO VP(Visual Planning): 비전을 눈으로 보게 만들다

2010년대 초반 포스코는 '미래 위기에 대비해야 한다'는 경영진의 리더십 주문을 내재화시키기 위해서 다양한 혁신 활동을 추진하였다. 프로세스 혁신, 식스시그마, 시스템 혁신 등을 통해서 전방위적 가치 관리를 시도했으며 포스코 본사는 물론 모든 그룹사의 동참을 요구했다.

필자는 당시 본사에서 주도한 조찬 강연에 참여하여 혁신의 필요성과 핵심 성공요소를 강조했던 기억이 지금도 생생하다. 당시 경영진단을 위해서 10개의 그룹사를 방문했는데 가장 독특한 풍경은 VP 활동이었다.

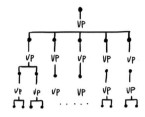

비주얼 플래닝을 통해서 구성원 서로의 목표와 관심사를 이해하게 도와주었다.

VP(Visual Planning)는 모든 구성원의 월간 계획과 문제점을 가시적으로 관리하고 공유하는 소통방식을 의미한다. 조직 단위로 칠판이나 게시판에 구성원 각자의 이름을 표시한 후에 업무 계획, 과제 계획, 개인 활동을 포스트 잇으로 붙여서 가시화시키고 있었다.

접착 메모지로 붙였으므로 수시 변경이 가능하였고 진행 및 완료에 대한 표시 역시 간편했다. 칠판 맨 위에 회사와 본부의 비전을 표시하여 구성원 각자의 활동이 회사의 비전과 전략에 어느 정도 부합하는지를 스스로 인지하게 만들었다.

한 때, 모든 부서에 VP 현황판이 있을 정도로 업무 가시화가 소통의 중심에 있었다. VP 활동은 나중에 컴퓨터 시스템으로 구축하여 진화시켰지만 정작 구성원의 관심은 오히려 줄어들기 시작했다. 역시 소통에서 가장 중요한 것은 간편하면서도 명확하게 공유하는 방식임을 깨닫게 하는 사례였다.

[그림 6-6] 서로의 목표를 공유하는 POSCO 직원들

한국을 방문했을 때 한 경영자가 그에게 물었다. "세계에서 가장 존경받는 기업의 가장 존경받는 경영자로 선정된 리더십 비결이 무엇입니까?" 잭 웰치 회장의 답변이 이색적이다. "딱 한가지입니다. 나는 내가 어디로 가는지 알고 있고 GE의 전 구성원은 내가 어디로 가는지를 알고 있습니다." 비전 있는 리더십과 리더의 비전을 공유하는 회사가 강한 회사인 것이다. 에드워드 데밍(W. Edwards Deming) 박사도 구성원이 자신을 위해서가 아니라 조직을 위해서 노력할 때, 최적화가 가능하다고 강조했다. 한 조직의 소속원이지만 그들이 과연 같은 방향으로 움직이느냐 아니냐 하는 것은 엄청난 차이를 가져오기 마련이다.

넷째, 수평적이고 개방적인 문화에 맞춘 열린 커뮤니케이션을 중시하라

변화되는 시대 흐름에 맞게 앞에서 말한 3가지 성공요소 외에 추가된 사항이 있다면 단연 수평적 커뮤니케이션의 중요성일 것이다. 아무리 훌륭한 리더라 하더라도 급변하는 시대를 혼자서 모두 감당해 내기는 어려운 일이다. 이 때문에 수직적인 조직이 수평적으로 변하면서 리더가 구성원이 되고 구성원도 리더 만큼이나 책임감을 가지고 일하게 되었고, 여러 전문가들이 뭉친 프로젝트 그룹 업무도 많이 생겨나게 되었다. 이에 리더는 여러 방면을 두루 살필 수 있는 넓은 시야를 가져야 하고 열린 커뮤니케이션을 해야만 한다. 이들은 전문 지식을 가지고 있는 건 필수 조건이며 스마트 팩토리(smart factory)에서 사용될 여러 분야의 기계들, 용어들에 대해 이해하고 판단할 줄 알아야 하며, 예술적 지식 외에 여러 방면의 지식도 두루 이해할 수 있어야 한다. 여기에 더 나아가 리더 혼자서 폐쇄적으로 정보를 가지고 있는 것이 아니라 모든 구성원들에게 빠르고 정확하게 정보를 공유해야 하고 구성원들의 피드백 또한 유연히 수렴함으로서 좋은 방향으로 나아가야 한다. 새로운 시대의 리더는 구성원들과의 끝임 없는 소통을 통해 변화의 고리를 찾아내고 정확한 비전을 찾아 제시하는 커뮤니케이션을 반복해야 한다.

CASE STUDY 📎 수평적 · 개방적 문화

☑ 혁신의 토대로서의 수평적 · 개방적 문화 – 샤오미, 화웨이, 레노버

『참여감』이라는 책에서 샤오미(Xiaomi)의 창업주 레이쥔은 "직원을 더욱 신뢰하고 충분한 권한을 줄수록 그들은 업무에 성실하게 임한다"라고 말하며 사람과 신뢰를 강조했다고 밝히고 있다.

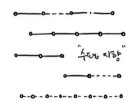

수직적 소통은 최소화하고
수평적 소통 문화를 활성화 시킨다.

실제 샤오미는 고객 서비스 부문 직원들에게 업계 평균보다 20~30% 더 높은 임금을 제공했다. 고객을 직접 만나는 분야인 만큼 주인의식을 갖게 하기 위해서다. 그 결과 샤오미 고객서비스 부문 이직률은 업계 최저 수준인 5% 이하를 기록했다.

샤오미는 회의를 열지 않는 것으로도 유명하다. 임원 회의, 부장 회의 등 일반 회사처럼 계급별로 나뉘는 딱딱한 방식의 회의가 아닌 자유롭게 소통하는 분위기를 조성하고 있다.

화웨이(huawei)도 마찬가지다. '사람' 중심의 수평적 기업 문화가 발달했다. 화웨이는 종업원 지주제도(Employee Stock Ownership Program, ESOP)로 직원들이 경영에 간접적으로 참여할 수 있게 했다. 이에 따라 자연스레 기업에 대한 직원들의 책임의식도 강화됐다. 참여 주주는 8만 2,471명이다. 모두 화웨이 임직원이며, 이 중 창업자 런정페이(任正非) CEO가 갖고 있는 주식은 총 주식의 1.18%의 지분과 퇴직연금인 주식 총액의 0.21%에 불과하다.

[그림 6-7]
샤오미 캐릭터와 레이쥔
이미지 출처: chaimaga

레노버(Lenovo) 직원들은 사내에서 직급이 아닌 서로의 이름을 부른다. 양위안칭(楊元慶) 회장 겸 CEO도 사내에서 '사장님'이 아닌 'YY'라는 별칭으로 불리고 있다. 이런 문화는 창업주인 류촨즈(柳傳志) 전 회장부터 이어져 내려온 것이다. 레노버는 직급이나 나이가 아닌 철저히 개인의 능력으로만 직원을 판단했으며, 이는 레노버(Lenovo)가 글로벌 기업으로 도약하는 성장 동력이 됐다.

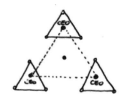

소통의 중심에 CEO언 두고
6개월씩 순환하여 리더라.

혁신적인 리더가 탄생하고
인정받는 소통 문화를 유지한다.

레노버와 화웨이에서는 가족에게 기업을 대물림 해주는 '세습 경영'을 찾아볼 수 없다. 창업주인 류촨즈 전 회장은 초창기부터 '가족이라는 이유만으로 자식에게 회사를 물려주는 일은 절대 없을 것'이라며 세습 경영에 선을 그었다.

실제로 '더 잘하는 사람이 경영을 해야 한다'는 이유로 레노버 직원이었던 양위안칭을 후계자로 지명했다. 사원에서부터 입사 3년 만에 사업부장으로 초고속 승진한 양위안칭 회장의 영업 수완을 높이 평가한 것이다. 당시 양 회장의 나이는 불과 37세였다.

화웨이(Huawei) 역시 'CEO 순환제'를 실시하는 등 세습 경영과는 거리가 멀다. 화웨이는 현재 3명의 부회장이 6개월씩 돌아가며 순환 CEO를 맡아, 자신의 임기 동안 대표로 기업 운영과 위기관리를 책임지고 있다. 출처: 강태호, '〈심층 기획〉 수퍼 차이나의 인더스트리 4.0', 한겨레, 2016.05.18

[그림 6-8] 레노버 양위안칭 회장
이미지 출처: International CES, Flickr CC BY-SA

4. 효율적인 커뮤니케이션 기술

리더는 언어를 통해서든 혹은 다른 방식으로든, 모든 대화를 통해서 자신을 따르는 사람들의 마음속에 비전과 조직의 방향을 설정해 주어야 한다. 리더는 친구나 막역한 사이로서가 아니라 리더로서 이야기할 때는, 비전과 전략 공유, 다방향 의사소통, 사실에 근거한 대화, 사적인 교류, 구체적인 업무 대화를 통해 사람들에게 왜 그들이 비전을 현실로 바꿔야 하는지를 부연설명 없이 간단명료하고 직설적인 방식으로 알려줘야 한다.

리더십의 책임은 비전을 분명하게 전달해 그것을 수행해야 하는 사람들에게 의문의 여지를 남기지 않는 것이다. 구약성서의 출애굽기에서 하느님은 유대신전을 짓는 데 대한 상세한 지시를 남겼는데, 열 세 살짜리 여호수아(Joshua)라는 소년에게 그 일을 맡겼다. 왜 그렇게 어린 사람이었을까? 왜냐하면 하느님의 지시는 너무도 분명해서 어린 아이조차도 그것을 이해하고 실행할 수 있었기 때문이다.

커뮤니케이션의 기본요소는 누가(Who), 무엇을(What), 언제(When), 어디서(Where), 왜(Why) 이렇게 5W로 말할 수 있으며, 효율적인 커뮤니케이션을 위해서는 경청하기, 말하기, 질문하기, 설득하기에 대한 분명한 기술적 요인이 필요하다. 리더를 영입하면서 면접 과정에서 보는 것이 바로 커뮤니케이션 능력이

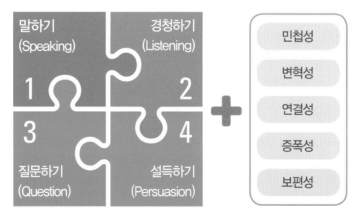

[그림 6-9]
새로운 시대의 성공적인
커뮤니케이션 프로세스

다. 그런데 이러한 커뮤니케이션 능력을 단순히 기본적인 역량에 의해 판단하지 않고 '대인관계 기술(interpersonal skill)'로 구체적으로 설명하고 있다. 선천적 역량이 아니라 후천적 기술로 판단하고 있다는 사실에 주목해야 한다. 보이지 않는 역량을 올바르게 전달하는 기술적 요인을 평가하겠다는 의미이기도 하다.

이에 더하여, 컨설팅 그룹 맥킨지(McKinsey)에서는 새로운 시대를 대비하기 위해 가져야 하는 커뮤니케이션 기술로 민첩성, 변혁성, 연결성, 증폭성 그리고 보편성을 들었다.

- 민첩성: 민첩한 의사결정을 위한 커뮤니케이션
- 변혁성: 혁신에 맞는 유연한 커뮤니케이션
- 연결성: 분야의 경계가 없는 네트워크
- 증폭성: 구성원들의 능력 극대화
- 보편성: 세대 차이마저 아우르는 커뮤니케이션

즉, 성공적인 커뮤니케이션을 이끄는 리더는 말하기, 경청하기, 질문하기, 설득하기가 잘 훈련되어 있으며 여기에 빠른 시대의 흐름을 읽는 민첩성, 변혁성, 연결성, 증폭성, 보편성까지 갖춘 리더가 변화하는 시대에 성공적인 커뮤니케이션을 이끌 수 있다는 뜻이다.

첫째, 경청하기

테크노 리더의 커뮤니케이션 첫 단추는 '경청하기'이다. 정보 수집과 분석력이 탁월한 그들은 듣는 것을 소중하게 생각한다. 말하기는 쉽지만, 올바르게 말하기 위해서 경청하는 일에 먼저 인내력을 갖는다. 사람에게 귀는 두 개고 입은 하나인 이유는 말하기보다 많이 들으라는 뜻으로 만들어졌다는 비유를 하기도 한다. 그만큼 듣기가 중요하다는 뜻이다.

상대가 하는 말을 열심히 잘 들으라는 의미로 '듣지 말고 경청하라'고 강조한다. 그래서 경청의 의미는 상대가 무슨 말을 하는지 열심히 듣는 것으로 이해한다. 그러나 열심히 듣는 것은 경청(listening)이 아니고 그냥 듣기(hearing)에 해당된다. 진정한 의미의 경청은 상대가 하는 말에서 사실과 감정 또는 의견, 가정, 추측 등을 구분하여 듣는 것이다.

톰 피터스(Tom Peters)는 기업 경영에서 정말 중요한 22가지 중 한 가지로 1 Mouth(한 개의 입)와 2 Ears(2개의 귀)를 이야기했다. 예를 들면, 의사들은 18초 동안 환자를 방해하지 않고 먼저 의견을 들어야 한다고 한다. 18초의 룰. 간단하지만 경청이 얼마나 중요한지 분명하게 보여주고 있다.

효과적으로 경청하기 위한 몇 가지 기술을 말하면,
• 상대가 하는 말이 '사실'인지 '감정 또는 의견, 가정, 추측'인지 구분하며 듣는다.
• 상대가 하는 말은 물론 표정도 함께 읽는다(귀로만 듣지 말고, 눈으로 들어라).
• 상대의 말을 충분히 이해한 후에 자신의 의견을 말한다.

스티븐 코비(Stephen Covey)는 경청에는 5가지 단계가 있다고 말했다. 첫 번째는, 공감적 경청, 두 번째는, 주의 깊은 경청, 세 번째는, 선택적 경청, 네 번째는, 경청 가정하기, 마지막인 무시하기로 구분했다. 이 중에서 첫 번째 단계인 공감적 경청은 '상대방'의 패러다임이고, 나머지는 '나'의 패러다임으로 설명하고 있다. 말하는 사람의 내용을 건성으로 듣거나, 듣고 싶은 부분만 골라듣거나, 자

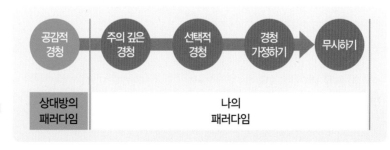

[그림 6-10]
스티븐 코비의
경청하는
5가지 단계

기 멋대로 해석하고, 중간에 말을 끊고, 말하는 사람을 무시하는 행동은 경청할 때 해서는 안 되는 행동들이다.

둘째, 말하기

보통 커뮤니케이션을 논할 때 가장 먼저 떠올리는 단어가 바로 '말하기'이다. 그만큼 비중이 크다는 의미이다. 흔히 말을 잘 하는 사람들을 보고 그 사람이 왜 말을 잘하냐고 물으면, '말을 더듬거리거나 끊이지 않고 유창하다'라고 대답한다. 과연 이렇게 말하는 것이 말을 잘하는 것일까? 이것은 우리 모두가 신중하고 냉철하게 짚어보아야 한다. 위와 같은 기준으로 말을 잘한다는 사람들을 살펴보면 발음이 명확하지도 않고 말의 속도와 강약의 변화도 없다. 잠시 멈추어야 할 중요한 곳에서도 멈추지 않고 일사천리로 말한다. 듣고 나면 무엇이 중요하고 무엇을 강조하고 전하려 한 것인지 불명확할 때가 대부분이다.

그래서 말하기에도 연습이 필요하다. 예를 들면 또박또박 큰소리로 말하기, 자신의 목소리를 녹음해서 들어보기, 거울 보고 말해보기, 이런 방식으로 자신감을 갖고 끊임없이 연습을 하면 언제든 사람들 앞에서 당당하게 말할 수 있다. 하지만 생각해보면 어떻게 말하는 것이 잘하는 것인지 정확한 기준도 없는 것처럼 보인다. 말하는 방법이나 기술을 중요하게 생각하는 사람들은 그리 많지 않다. 그러나 상대를 설득할 때에 필요한 말하기는 일상의 대화와 전혀 다르다. 그래서 말하기에 관한 기술을 익혀야 한다. 앨버트 메라비언(Albert Mehrabian)은 다음과 같이 구두 의사 전달에 대한 언어, 목소리, 몸짓 언어 측면의 상대적 영향력을 분할했다.

- 사용된 단어들: 7%
- 목소리 (가락, 강세, 음정, 길이, 구절 끊기의 빈도): 38%
- 몸짓 언어 (표정, 주시): 55%

효과적 경영자는 전문 기술적 활동가들이 그렇게 하는 것처럼 표현하는 방법이 가장 중요하다는 점을 명백하게 습득해야 한다. 이병철 회장은 사람을 면담하는 자리에서 두 가지를 눈여겨보았다고 한다. 눈동자가 얼마나 산만하게 흔들리는가, 그리고 손발을 지나치게 많이 흔드는가이다. 커뮤니케이션 하는 과정에서 면접 대상의 인성적 안정성과 침착성을 살폈던 것이다. 말은 신뢰를 전달하는 과정이다. 신뢰는 마음과 마음으로 이어지는 공감대에서 형성된다. 말하기의 근본이 무엇인가는 당신도 이미 깨닫고 있을 것이다.

한걸음 더! * 말하기   🔗 30초 엘리베이터 스피치

☑ 말하기 자가진단

Q. 당신은 신입사원 채용을 위해 면접심사에 대응해야 합니다. 입사 동기에 대해 짧게 자신을 소개해야 됩니다. 무엇을 어떻게 설명하겠습니까?

이런 상황이 주어졌다고 가정했을 때 짧은 시간 안에 상대방에게 나를 확실히 알릴 수 있는 방법은 세 가지로 나눠서 생각해 볼 수 있다. 첫째, 짧은 시간에 무엇에 대해 이야기할지 콘셉트(concept)를 생각한다. 둘째, 어떤 메시지(message)를 주고 싶은지 서론, 본론, 결론으로 나누어 생각해본다. 셋째, 마지막으로 이러한 것들을 함축적으로 전달할 수 있도록 전체적인 프레젠테이션(presentation)을 구상한다.

예시답안   화학공학과 K군

1. 콘셉트(concept)

요즘에는 한 가지만 잘하거나 안다고 해서 세상을 살아가기 힘들기 때문에 다양한 지식들을 습득하기 위해 노력하고 있습니다.

➡ 평소에 어떤 노력을 하는지 설명한다.

2. 메시지(message)

서론: 예전처럼 한 우물만 파서는 성공하기 어렵고 폭 넓게 다양한 지식들을 하나로 잘 융합하는 사람이 살아남을 수 있는 시대가 왔습니다. 그래서 저는 이러한 시대에 회사의 기대에 부응하기 위해서 다양한 노력을 하고 있습니다.

본론: 우선 저의 전공 과목인 화학공학을 배우다 보니, 화학만 중요한 것이 아니라 화학공학 엔지니어로서 물리, 영어, 경제, 특허 등 알아야 할 게 매우 많다는 것을 알았습니다. 화학도 중요하지만 물리 공부도 게을리 하지 않았으며, 영어는 단기간에 실력을 늘릴 수 없고 습관이 중요한 영역이라 매일 매일 꾸준하게 공부를 하고 있습니다. 또한 엔지니어 출신으로서 기술만 중시하다보면 시장성을 놓치기 쉽고, 이 기술이 이윤을 얼마나 창출할 수 있는지에 대에 간과하기 쉽기 때문에, 꾸준히 경제에 관련된 서적을 읽고 있습니다. 또 하나의 중요한 부분인 특허에 관해서도 아주 관심 있게 공부하고 있습니다.

결론: 앞으로 급변하는 세상에 적응하고 다양한 것들을 잘 융합해서 저의 미래를 설계하고 있습니다. 오늘도 즐거운 하루 되세요. 감사합니다.

셋째, 질문하기

질문이 무엇이냐고 물어보면, 보통 사람들은 쉽게 '자신이 모르는 것을 알기 위해 상대에게 물어보는 것'이라 말한다. 이것은 질문의 기본적인 역할만 언급한 것이다. 그렇다면 우리는 자신이 모르는 것이 있는 경우에만 이것을 알기 위하여 질문을 하고 있을까? 결코 그렇지 않다. 때로는 이미 알고 있지만 상대가 알고 있는지 확인하기 위해 질문을 사용하기도 한다. 커뮤니케이션에서의 질문은 내가 모르는 것을 물어보는 것만이 아니고 상대가 어떻게 얼마나 알고 있는지 확인하기 위해서도 사용된다.

질문을 효과적으로 하려면 질문의 목적과 종류, 각 질문의 기능에 대해 파악하고 효과적으로 질문하기 위한 준비와 연습을 해야 한다. 명확한 목적을 항상 염두에 두고 있어야 설득을 하면서도 질문을 목적지향적으로 구성할 수 있으며 대화의 주도권을 가질 수 있다. 각 종류별 질문의 역할과 기능을 충분히 숙지하고 있어야 필요한 시기에 적절한 질문을 할 수 있다. 그래야 상대의 대답을 듣고, 그것과 관련해서 다음 질문을 효과적으로 만드는 것도 가능하다. 이를 위해

철저히 준비하고 준비된 것을 연습해 자연스럽게 몸에 익혀야 한다.

지혜로운 질문은 크게 세 가지로 구성되어 있다. 독특한 관점, 정확한 정보, 그리고 희망적인 해법이다. [그림 6-11]에 제시되어 있는 스마트 질의응답(SQA: Smart Question & Answer) 접근방식도 눈여겨 볼 필요가 있다. 의문 제기와 더불어 해법을 제시하는 방식의 질문 태도가 지혜롭다고 말한다. 관련성, 목표성, 미래형, 실행형으로 이어지는 일련의 연결고리는 테크노 리더가 활용해볼 수 있는 질문 습관이다.

[그림 6-11] SQA(Smart Question & Answer) 흐름도

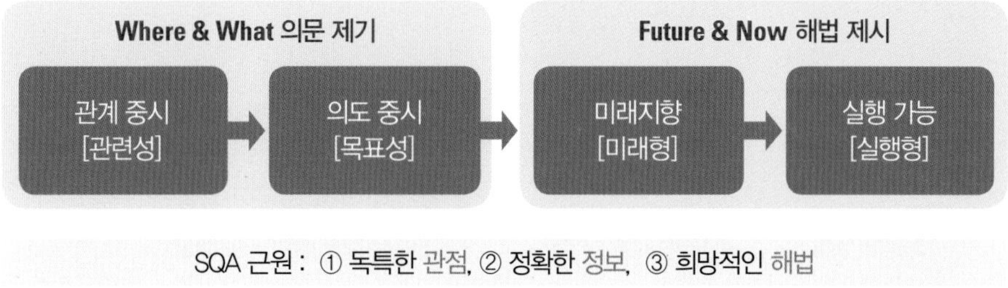

Where & What 의문 제기

| 관계 중시 [관련성] | → | 의도 중시 [목표성] |

Future & Now 해법 제시

| 미래지향 [미래형] | → | 실행 가능 [실행형] |

SQA 근원 : ① 독특한 관점, ② 정확한 정보, ③ 희망적인 해법

한걸음 더! * 질문하기 🔗 1분 동안 상대방을 알아보는 올바른 질문하기

☑ **말하기 자가진단**

Q. 당신은 대기업에서 직원을 고용하는 담당자입니다. 오늘은 신입사원 채용을 위한 면접을 진행해야 합니다. 입사 지원자에게 올바른 질문을 하여 우리 회사에 맞는 사원을 채용해 보세요.

- -

예시답안 면접 A부장이 준비한 질문

1. **콘셉트(concept): 어떤 기준의 직원을 채용할 것입니까?**
   (회사의 인재상, 개인적 비전)
   - 우리 회사의 인재상: 창의적이고, 도전적인 정신을 가짐
   - 신입사원이지만, 리더십 경험이 있는 친구면 가산점 부여
   - 어플리케이션 회사인 만큼 프로그래밍 언어 중심의 프로젝트 경험이 있으면 Best

2. 어떤 프로세스(process)로 질문을 던지고 정보를 얻을 수 있을까요?

– 면접으로 인해 얼어있는 분위기를 깰 수 있는 가벼운 대화(small talk)로 질문을 시작하자.

– 면접의 기준에 대해 간략히 얘기해주자.

– 콘셉트에 맞는 답을 얻을 수 있도록 질문하자.

– 질문에 따른 답변에 대해 감사하고, 면접 결과 발표 일정을 알려주자.

3. 질문 List

– 말문 열기: 오전 일찍 부터 면접 보러 오느라 고생하셨습니다. 차는 안 막혔는지요?

– 준비: 오늘 면접은 우리 회사에 필요한 인재인지를 확인하고자 함에 있습니다.

– 질문하기

　· 우리 회사에 대해 어떻게 생각하고 있습니까?

　· 당신의 전공분야가 우리 회사에 어느 정도의 기여도가 있을 것이라고 생각합니까?

　· 전공 관련하여 인턴이나 프로젝트에 참여한 경험에 대해 간략히 설명해 주세요.

– 마음의 말도 듣는 귀: 답변 잘 들었습니다. 면접 준비를 많이 해 왔네요.

– 후속조치: 금일 인터뷰 결과는 면접관들의 점수 합산으로 발표일에 인터넷에 공고될 예정입니다. 수고하셨습니다.

넷째, 설득하기

우리는 일상생활은 물론 비즈니스를 하면서 상대를 설득한다. 자신의 생각이나 의견을 상대에게 설명하고 이해시켜 상대에게 나와 같은 생각이나 의견을 갖도록 만든다. 반대로 상대가 나를 설득하는 경우도 마찬가지다.

국어사전에 의하면 설득이란 '잘 설명하거나 타일러서 상대를 납득시킴'이라고 정의되어 있다. 만일 자신과 비슷하거나 같은 생각이나 의견을 가지고 있는 상대를 설득하는 것은 어떤가? 굳이 이런 사람을 설득할 필요가 있겠는가? 상대가 나와 비슷한 생각을 가지고 있으면 나에게 설득 당해야만 행동하는 것이 아니다. 스스로 알아서 동조한다. 이와 같은 경우에는 설득할 필요도 없으며 이해시키는 것은 어려운 것이 아니다.

설득이란 나와는 의견이나 생각이 서로 다른 상대를 나와 생각이 같도록 만들어 내가 원하는 대로 나를 지지하거나 지원하게 하는 것이다. 이처럼 설득은 자신과는 서로 다른 의견이나 생각을 가지고 있는 상대를 나의 것과 같게 만드는 것이기에 어려움이 있고, 설득을 잘 하기 위해서는 관련된 특별한 기술이나 방법을 필요로 한다.

성공적으로 설득하기 위해서는 두 가지 조건이 필요한데 명확성과 구체성이다. 명확성은 전달하는 내용을 상대가 제대로 이해하게 만들고, 구체성은 전달된 내용을 머릿속으로 그려볼 수 있게 만든다. 상대가 내용을 제대로 이해하고 구체적으로 머릿속에 그릴 수 있어야 확신을 갖게 되고 동기부여가 되어 설득된다. 이와 같이 효과적이고 성공적인 설득과 비즈니스를 위해 갖추어야 할 요건들이 있으며 이것들을 제대로 갖추어서 활용해야 한다. 성공적인 설득을 위한 방법을 살펴보면 다음과 같다.

- 상대에게 초점을 맞추라.
- 상대의 정보와 니즈(needs)를 확인하라.
- 상대의 니즈를 충족하는 솔루션을 준비하라.
- 상대의 두려움을 해소하고 감동시켜라.
- 철저하게 준비하고 연습하라.
- 상대에게 최고의 열정을 보여라.

그리고 이 외에 스마트 테크놀로지(smart technology)시대를 위해 갖추어야 할 조건에 대해 맥킨지는 다음과 같은 다섯 가지 키워드를 언급했다.

새로운 시대의 소통 키워드

① 민첩성: 민첩한 의사결정을 위한 커뮤니케이션

이전 리더상과는 다르게 미래 리더상에 있어서 가장 큰 키워드는 민첩성일 것이다. 예전에는 리더가 경험에 의한 강력한 비전 제시로 추진력 있는 대화를 이끌었다면 새로운 시대의 리더는 수많은 정보와 빠른 변화 속에서 타이밍을 놓치지 않는 정확한 의사결정을 해야 하고 기회를 잡는 민첩싱을 내세워야 한다.

② 변혁성: 혁신에 맞서는 유연한 커뮤니케이션

이전 리더들은 효율성을 극대화시키기 위한 커뮤니케이션 스킬을 사용했다면, 미래 리더들은 새로운 시대에 맞춘 혁신적 의사결정을 위해, 리더의 강압적인 비전 제시가 아닌 구성원들과의 유연한 커뮤니케이션으로 새로운 목표를 만들고 실현해 나아가야 한다.

③ 연결성: 분야의 경계가 없는 네트워크

이전 리더들은 한 분야에 대해 깊은 지식으로 전문성을 가지고 대화를 이끌었다면 미래 리더들은 전문 분야뿐만 아니라 과학 정보, 정치, 예술 분야에 이르기까지 광범위한 빅데이터들을 이해하고 분석할 수 있도록 경계가 없이 여러 방면을 아우르는 지식으로 대화를 이끌어 나가야 한다. 리더의 인적 · 지적 네트워크만으로는 소통할 수 없으며 필요하다면 구성원의 네트워크, 더 나아가 경쟁자와의 네트워크도 구축할 수 있어야 한다.

④ 증폭성: 구성원들의 능력 극대화

새로운 시대에는 리더 한 사람의 힘만으로 빠른 변화에 맞서 앞으로 나아가기 힘들다. 리더의 민첩성, 변혁성, 연결성이 구성원들에게도 반영될 수 있도록 구성원들을 지원하고 독려하고 조율해야 한다.

⑤ 보편성: 세대차이마저 아우르는 커뮤니케이션

어른들의 얘기는 하나도 틀린 말 없다는 것은 이제 옛말이다. 빠른 시대의 흐름은 젊은 세대가 누구보다 더 잘 따라가고 있다. 그들의 말이 오히려 정확할 수도 있다는 얘기다. 따라서 새로운 시대의 리더는 세대 간의 벽을 무너뜨리고 젊은 세대의 말에도 귀 기울이며 그들과 같이 소통해야 혁신적인 비전을 이끌 수 있다.

5. 효과적인 커뮤니케이션을 위한 e-커뮤니케이션 활용법

e-커뮤니케이션이란 전자 매체를 이용해 상대방과 커뮤니케이션을 한다는 의미이다. 그렇다면 여기서 'e'가 가지는 의미는 무엇일까?

기본적으로 전자(electronic)라는 의미 외에도 쉽고(easy), 효율적이고 (efficient), 신속한(expedited) 것을 의미한다. 또한 사용한다는 조건 하에 효과적(effective)이라고 할 수 있다. 명심해야 할 것은 조직 내의 법적 책임(ethical)에 관련한 문제에 노출(exposure)된다는 것을 의미하기도 한다.

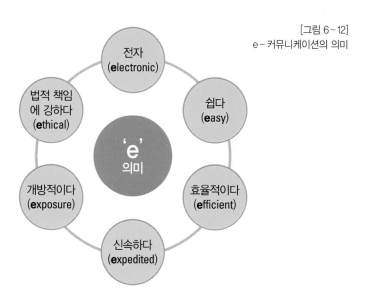

[그림 6-12]
e-커뮤니케이션의 의미

기술의 발달로 인해 언제, 어디서든 누구와도 쉽게 커뮤니케이션 할 수 있게 되었다. 정보통신과 컴퓨터의 발달은 커뮤니케이션에 속도와 용이성을 더해주게 되었다. 온라인 체계를 경영회의체에 사용하는 방식이 오늘날 우리나라 행정부에도 도입되고 있다. 서울에 있는 행정자치부 장관이 지방자치단체의 과장을 화상으로 불러내 자료에 대해 질문을 하다가 다른 도시의 실무자와도 대화를 한다. 장관이 지방의 실무 과장을 직접 만나는 의사소통 구조가 가능해진 것이다. 이전엔 장관이 국장을 불러 물어보고 국장은 과장에게 물은 뒤 공문을 보내고 전화로 물어보는 사이에 공중에 날아간 시간과 비용이 많아졌다. 그런데 실시간 화상회의 시스템이 갖춰지자 의사결정의 단계(layer)가 상당히 줄어든 것이다. 그러나 문제는 장관의 질문에 과장이 컴퓨터가 아닌 서류철을 준비해서 뒤적이고 있다는 점이다. 디지털로 만나자는데 상대방은 아날로그 방식으로 준비하고 있는 것이다. 이래서는 아무리 좋은 시스템이 있어도 효과를 기대하기 어렵다.

우리나라에 진출한 글로벌 기업의 대표적인 문제점은 무엇을 물어보면 다시 본사에 물어보겠다고 한다. 본사에 문제점이 보고되고 그 문제점이 본사 경영진에게까지 전달되는 동안 소비자는 지치기 마련이다. 하지만 실시간으로 의견을 조율할 수 있는 시스템이 갖춰진다면 의사결정에 소요되는 시간과 비용을 획기적으로 개선할 수 있을 뿐만 아니라 훨씬 더 많은 수의 인력이 정보를 공유함으로써 보다 가치 있고 정확한 의사결정을 이끌어 낼 수 있다. 위대하고 정확한 의사결정을 하기 위해서 수시로 의견조율을 할 수 있는 커뮤니케이션 시스템을 갖추어야 한다.

시대의 변화에 따라 기업 및 각 분야 리더들의 커뮤니케이션 방법 또한 다양해졌다. 이전에는 e-mail 혹은 전단지, 문자 등을 이용한 단일 방향 e-커뮤니케이션 방식이었다면 지난 5년간을 돌이켜 보면 e-book, 트위터, 페이스북 등의 일명 소셜 네트워크를 이용한 e-커뮤니케이션이 붐을 이루었다. 이의 특징을 살펴보면 장소, 시간, 날씨, 분야에 구애 받지 않고 자유롭게 누구와도 소통할 수 있는 장점이 있어 일반인뿐만 아니라 기업 리더들도 꾸준히 참여하는 수가 늘어나고 있다는 것을 알 수 있다. 우리나라의 리더들 중에서도 박용만 두산 인프라코어 대표이사 회장, 정태영 현대카드 대표이사 부회장, 표현명 KT 롯데렌탈 대표이사 사장, 이찬진 포티스 대표이사 등 많은 대표들이 SNS를 이용하고 있다.

편리한 SNS 소통법에서 장점이 있으면 단점도 있는 법이다. 개인의 생각을 알리기 쉽지만 그에 따른 이미지 타격 또한 클 수 있다. 이에 리더들이 사용할 새로운 시대의 소통법인 SNS 대화법에 대해 알아보자.

① 다른 사람들의 공감을 이끌어 낼 수 있는 주제인가?

SNS를 통해 리더들은 자신의 생각, 느낌, 의견을 구성원 이외에 일반인들과도 공유하고 나눌 수 있다. 이 뜻은 TV, 라디오, 신문 등의 미디어를 통해 전달되는 기사 속의 편집된 리더들의 모습이 아닌 꾸미지 않은 모습의 리더 얘기가 대중에게 공개된다는 것이다. 다시 말해 그들이 하는 얘기가 공감을 이끌어 내지 못하면 오히려 이미지 손실 등의 나쁜 결과를 초래할 수 있다는 의미다. 따라서 공감을 이끌어내는 주제인지 한 번 더 생각하고 소통해야 한다.

② 다른 사람의 이야기를 듣고 있는가?

SNS는 자신의 의견을 자유로이 표현할 수 있는 매개체이다. 여기에 리더라면 사람들의 의견을 경청하고 있음을 실제로 보여주어야 한다. 리더는 비즈니스적, 사회적, 정치적으로 본인의 의견을 여러 사람과 공유해 공감을 얻을 수 있고, 그에 반대되는 의견을 얻을 수도 있다. 긍정적인 공감을 많이 얻기 위해서는 사람들이 이해하기 쉬운 메시지로 소통해야 한다. 긍정적인 의견뿐만 아니라 부정적인 의견이라도 그를 유연히 받아들이고 열린 마음으로 소통해야 한다. 그래야 사람들의 신뢰를 얻으며 더 좋은 리더로 나아갈 수 있다.

③ 네트워크를 넓힐 수 있는 주제인가?

스마트 테크놀로지(smart technology) 시대에 넓은 네트워크와 정보를 소유하고 있는 것은 리더로서 굉장히 중요한 자질 중 하나이다. 이를 가지기 위해서 이용할 수 있는 것이 SNS이다. 리더는 어디서든 자신의 의견을 다른 사람과 소통할 수 있다. 다만 주제가 자신의 전문 분야에만 국한되어 있다면 리더를 따르는 팔로워 분야 또한 동일 분야에만 국한되어 있어 제한된 네트워크만 재형성될 뿐이다. 따라서 의미 있는 여러 분야의 최신 정보, 트렌드를 담아 공유하고, 누구라도 이해하기 쉽게 설명해야 많은 사람들의 신뢰를 얻을 수 있다. 이를 통해 리더는 넓은 네트워크를 구축하여 기업의 마케팅에 활용할 수도 있고 역으로 그들을 이용헤 새로운 비전을 얻을 수 있는 기회를 발견할 수도 있다.

CASE STUDY 신세계그룹 정용진 부회장의 소통법

☑ 솔직 · 당당 'SNS 스타' 신세계 정용진 부회장

SNS(Social Network Service)는 많은 CEO에게 소통의 방식이자 기업 브랜드를 홍보하는 수단이 되고 있다. 신세계그룹 정용진 부회장은 트위터가 주목받던 초기 시절부터, 페이스북, 인스타그램 등 활발한 SNS 활동으로 소비자와의 직접적인 소통 라인을 확보했다. 독특한 점은 정 부회장이 개인적인 일상과 취미생활을 공유하는 데 인색하지 않다는 점이다. 정 부회장의 인스타그램 중에는 스노우콜라 제로를 소개한 페이지가 흥미롭다.

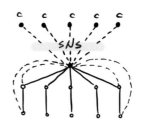

SNS를 통해서 고객은 물론 구성원 모두와의 일상의 공감을 시도한다.

yi_○○○ 매일 자기 전에 술 대신 마시는 #피코크 #스노우콜라 제로 #0칼로리 #다이어트중
jisun_○○○ 아 ~~궁금해지는..
ksy○○○ 와~ 내가 좋아하는 막걸리인줄 알았다.ᄊᄊ 완전 막걸리 병하고 똑같네 ᄊᄊ
iruda○○○ 부회장님 광팬으로서 앞으로 술 대신 요것을 먹겠습니다.
jeong○○○ 정용진. 부회장님~ 신세계 아이엔씨 무증을 해서라도 시장에서 거래가
　　　　활발하게 주식수 좀 늘려주세요.

일상의 대화는 물론 뜬금없는 주식 이야기까지 소비자의 피드백이 다채롭다. 기업을 리드하는 대표로서 소비자에게 어떤 얘기도 들을 수 있는 창구를 열어놓은 것이므로 사내에서의 열린 소통은 당연하다고 추측해 볼 수 있다. SNS 소통 채널을 성공적으로 이용하는 대표적인 리더다. 그렇다고 함부로 따라할 일만도 아니다. 어떤 리더는 원하는 만큼의 팔로워가 생기지 않아 보이지 않게 자사 혹은 거래하는 계열사 말단 직원들만 곤혹스럽게 만든다고 한다. 자기에게 어울리는 소통의 채널을 갖추는 것이 중요하다.

[그림 6 - 13] 신세계 정용진 부회장
이미지 출처: 신세계 제공

CASE STUDY 이호수 – SK(주) C&C사업 DT총괄

☑ 속도: 빠른 고기가 느린 고기를 잡아먹는 시대

SNS를 단순한 소통의 수단을 넘어 사업의 타당성을 확인하는 데 활용하는 리더도 있다.

이호수 SK주식회사 C&C사업 디지털트랜스포메이션(DT) 총괄은 지난 (2017년 1월) 12일 서울경제신문과의 인터뷰에서 "빠른 물고기가 느린 고기를 잡아먹는 시대가 시작됐다"고 선언하며 SNS 활용법을 소개하였다. 4차 산업혁명의 특징이 바로 '속도'이므로 제품과 서비스 출시와 피드백을 가속화 시키는 데 SNS를 이용해 즉각적인 반응을 봐야 한다는 것이다.

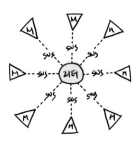

SNS로 사업 미션을 챙긴다.
스피드를 중시한 비즈니스 관리에
초점을 맞추고 있다.

"실패하지 않게 완벽한 계획을 세우려고 하면 이미 늦다. 좋은 아이디어가 있다면 무조건 착수부터 하라. 계획은 짧게, 실행은 빨리 (short planning, execution fast) 정신이 중요하다. 당연히 실패할 수 있다. 경쟁자보다 먼저, 효과적으로 실패하는 것이 중요하다."

그는 '먼저 실패하는(fail fast)' 자세를 중요시한다. 새로운 제품을 만든다고 하면서 6개월간 컨설팅 받고 3개월간 경쟁사 벤치마킹 하면서 시간을 소비하여 정작 신제품이 시장에 나올 즈음에는 퇴물이 되기 십상이란다. "우리나라에 '빨리빨리' 문화가 있다고 하지만 본격적인 추진 단계에서만 힘을 발휘하고 시작점에서는 부족하다"는 이 총괄의 분석이 신랄하다. 그의 주장처럼 '빠른 고기가 느린 고기를 잡아먹는 시대'가 된 것이다. 출처: 이태규, [리더십 4.0시대] 이호수 "큰 덩치 아닌 빠른 물고기가 생존… 좋은 아이디어는 즉각 실행을", 서울경제, 2017.01.16

[그림 6 – 14] 이호수 SK(주) C&C 사업 DT 총괄
이미지 출처: SK텔레콤 제공

Situation   변화관리(Change Management)는 소통에서 시작해서 소통으로 마무리된다. 변화를 공유하고 더불어 공감하는 것이 중요하다. 주변에서 가장 중요한 파트너 3명의 이름을 적고 그들과의 커뮤니케이션 방식과 수준을 다양한 선으로 그려라.

다음의 아이콘을 이용해 상황에 맞는
자신만의 리더십을 표현해 보세요.

△ 비전   ●—● 커뮤니케이션   ○ 신뢰   ☰ 인재   ◇ 실행

"고저장단 새들의 아름다운 소통에는 리듬이 있다. 소통의 수신자 역시 아름다운 리듬을 기대할 것이다."

Date :   Name :

Situation 오프라인보다 온라인 소통이 더욱 많이 활용되고 있다. 자신의 소통방식을 온라인과 오프라인으로 구분하여 그림으로 표시하고 커뮤니케이션 빈도를 연결선의 굵기로 표현하라.

다음의 아이콘을 이용해 상황에 맞는
자신만의 리더십을 표현해 보세요.

비전   커뮤니케이션   신뢰   인재   실행

"통화가 편한가 아니면 문자가 편한가? 소통 역시 선택에 의해 가치가 결정된다."

1 커뮤니케이션(communication)이란 두 명 이상의 당사자가 서로 간에 비전과 목표를 공유하기 위해 어떤 메시지를 주고받는 의사 소통이다. 그를 효과적으로 거두기 위해서는 전달자와 수신자 간의 공유영역이 극대화되어야 한다.

2 이전에는 강한 권력으로 자신의 경험에 의해 강력한 비전을 제시하며 구성원을 이끈 카리스마형 리더가 대표적인 리더십 브랜드였다면, 빠른 변화에 맞추어 유연히 대응하며 많은 정보 속에 새로운 비전을 정확히 제시해주는 변혁적 리더, 그리고 새로운 아이디어를 지속적으로 일으키는 창조적 리더가 필요하다.

3 커뮤니케이션을 성공적으로 이끌기 위해서는 자신의 매력을 높이고, 조직원들을 이해하며, 비전과 전략을 공유해야 한다. 뿐만 아니라 수평적, 개방적 문화에 맞춘 열린 커뮤니케이션을 중시해야 새로운 시대에 걸맞은 성공적인 커뮤니케이션을 할 수 있다.

4 리더들이 성공하는 효율적인 커뮤니케이션 기술을 살펴보면, 경청하기, 말하기, 질문하기, 설득하기가 있다. 여기에 새로운 시대를 이끌기 위해서는 민첩성, 변혁성, 연결성, 증폭성, 보편성을 가진 커뮤니케이션도 가져야 한다.

5 새로운 시대에 맞추어 e-커뮤니케이션을 효과적으로 활용하기 위해서는 한 방향 소통이 아닌 실시간 양방향 소통, SNS를 이용하는 것이 좋다. SNS를 사용할 때에는 다른 사람의 공감을 이끌어 낼 수 있는 주제인지, 다른 사람의 이야기를 잘 듣고 있는지, 네트워크를 넓힐 수 있는 주제인지 고려하여 활용하도록 한다.

1 커뮤니케이션이란?

2 각 시대에서 요구되었던 리더의 유형은 무엇인가? 그들의 커뮤니케이션 방법은 무엇이었는가?

3 커뮤니케이션을 성공적으로 이끌기 위한 요소는 무엇인가?

4 성공적인 커뮤니케이션을 이끄는 리더가 공통적으로 사용하는 기술에는 어떤 것이 있는가?

5 e-커뮤니케이션 활용 시 고려해야 할 사항은 무엇인가?

**APPLICATION
EXERCISES**

1 자신이 존경하는 테크노 리더를 1명 선정하여, 그 사람의 커뮤니케이션 방법의 특징을 분석하고, 그가 제시하는 비전에 대하여 4가지 관점(말하기, 경청하기, 설득하기, 질문하기)에서 커뮤니케이션의 우수성을 설명하라.

2 자신과 커뮤니케이션이 가장 잘 되는 사람과, 가장 안되는 사람 각 1명을 제시하고, 그들의 커뮤니케이션 영역은 어떠한지 살펴보고 차이점을 설명하라. 본문([그림 6-1] 효과적인 커뮤니케이션의 구성요소 참조)

3 커뮤니케이션에서 가장 돋보이는 테크노 리더를 한 명 결정하고, 그의 커뮤니케이션이 '말하기', '경청하기', '설득하기', '질문하기'의 4가지 관점에서 어떤 부분이 우수한지 분석하라.

4 자신이 최근 활용한 e-커뮤니케이션에는 어떠한 종류들이 있었는지 조사하고, e-커뮤니케이션을 100%로 보았을 때 e-커뮤니케이션 수단 각각의 비율을 계산한 뒤, 결과에 대한 원인을 분석하라.
    ex) 카카오톡: 30%, 이메일: 50%, 문자: 20%

5 커뮤니케이션이 탁월한 기업을 한 곳 선정하고, 기업에서 4가지 관점(말하기, 경청하기, 설득하기, 질문하기)이 어떻게 이루어지고 있는지 간략히 분석 후 성공요소를 제시하고, 해당 기업이 이러한 소통 문화를 구축하는 데 리더가 어떤 역할을 했는지 설명하라.

6 엘리베이터 공간에서 우연히 중요한 사람을 만나게 되었다. "요즘 어떻게 지내세요?" 하는 질문을 던졌다고 했을 때, 30초 동안 자기 자신을 확실하게 알릴 수 있는 방법을 생각해보라. (본문 '한 걸음 더 - 말하기' 참조)

7 당신이 대기업에서 사람을 고용하는 인사담당자라고 가정하자. 오늘은 신입사원 채용을 위한 면접날이다. 우리 회사에 적합한 사원을 채용하기 위해서 1분 동안 면접자에게 어떠한 질문을 하면 좋을지 생각해보라. (본문 '한 걸음 더 - 질문하기' 참조)

신뢰: 마음을 머물게 하라

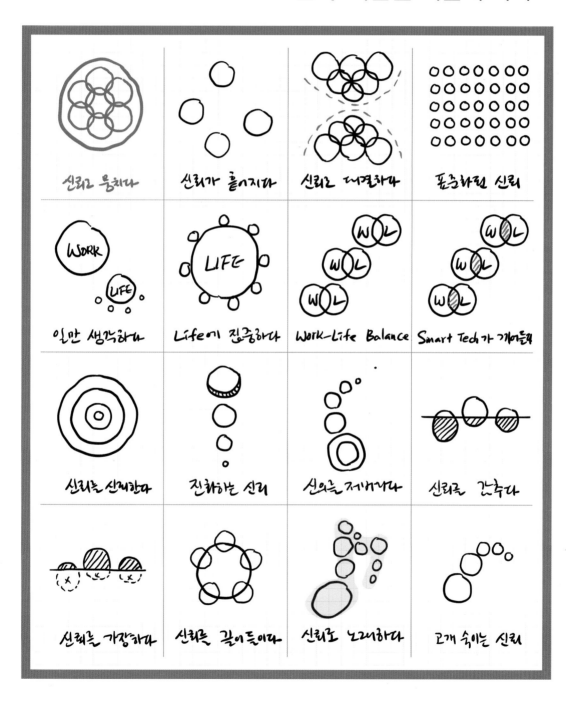

신뢰로 뭉치다

신뢰가 흩어지다

신뢰로 대결하다

포용하는 신뢰

인만 생각하다

Life에 집중하다

WORK-Life Balance

Smart Tech가 개어들다

신뢰는 신제한다

진화하는 신뢰

신의를 저버리다

신뢰를 간추다

신뢰를 가장하다

신뢰를 길이들이다

신뢰로 노래하다

고개 숙이는 신뢰

제 7 장

신뢰: 마음을 머물게 하라

1. 신뢰란 무엇인가?
2. 정보화 사회가 신뢰에 미치는 영향은 무엇인가?
3. 신뢰 받는 리더를 위한 구성요소에는 어떤 것이 있는가?
4. 조직 신뢰 확보를 위한 5가지 조건은 무엇인가?
5. 4차 산업혁명 시대의 신뢰와 사회적 책임은 무엇인가?

1. 신뢰의 정의

신뢰에 대한 시각은 각 연구자들이 근거하고 있는 학문적 입장에 따라 다양하게 나타난다. 경제학자들을 비롯하여 인간의 합리성을 가정하는 연구자들은 신뢰를 계산적인 것으로 간주한다. 사회학자들은 '신뢰'를 사회에 내포된 사람들 간의 관계의 속성 또는 사람들이 당연시 받아들이고 있는 규범이나 제도에서 찾으려 하며, 심리학적 관점에서는 개인 내부의 지각과 인지 과정 및 정서에 초점을 둔다(임성만, 김명언, 2000).

신뢰는 연구자들의 입장에 따라서 특정인, 특정 그룹 또는 특정 조직이 다른 사람, 그룹, 조직에 의존하는 것(Hosmer, 1995)으로 정의되거나 교환 관계에서 관련된 모든 사람들이 공유하고 있는 일련의 기대(Doney, Cannon& Mullen, 1998), 개인 내부의 지각 과정이나 감정 및 인지에 초점을 두고 타인에 대한 긍정적인 기대(Hagen & Choe, 1998;Elangovan & Shapiro, 1998), 타인을 믿고 기꺼이 의존하는 것(Mayer 등, 1995) 등으로 정의된다.

리더십의 기본은 신뢰이다. 믿고 따르게 만들기 위해서는 대인 간의 신뢰성을 확보해야 한다. 리더십에 관련된 모든 활동들은 신뢰를 얻기 위한 것으로 해석되어도 무방할 정도로 신뢰는 리더십의 시작이요 끝이다. 방향에 대한 신뢰를 확보하기 위해서 비전 수립에 초점을 맞추며, 추구하는 방향에 대한 인정을 받기 위해서는 커뮤니케이션을 활용한다. 모두 신뢰를 확보하는 과정이다. 솔선수범에 근거한 통솔력도 추진력에 대한 신뢰를 얻는 과정이며 성과에 대한 보상도 신뢰 수준을 확인하는 것으로 해석될 수 있다.

2. SNS 시대의 신뢰

테크노 리더에게 있어서 신뢰는 절대적인 리더십 자질이며 강점이기도 하다. 과학과 기술에는 거짓이 없기에 신뢰라는 덕목에서 더욱 강한 면모를 보일지도 모른다. 일시적인 임기응변이 올바른 해결책이 아니라는 것을 알기 때문에 사실에 입각한 자료와 객관적인 수준 평가를 인정하게 된다. 객관적 판단을 깨우치기가 얼마나 어려운가는 세계적인 투자 전문가인 워런 버핏(Warren Buffett)의 학창 시절 이야기를 통해서 배울 수 있다.

워런 버핏은 대학 시절에 상당히 주도적인 학생이었다고 한다. 수업시간에 항상 맨 앞줄 가운데 앉아서 적극적으로 질문하고 대답했다. 성적이 우수한 것은 당연하고 평소 교수와도 친밀한 관계를 유지했음은 물론이다. 대학 공부를 마친 그는 아버지의 친구이자 유명 법인의 이사로 활동하고 있는 교수를 찾아가 취업을 부탁하게 된다.

"교수님, 허락해주시면 교수님과 관련된 법인에 가서 일하고 싶습니다."

"워런, 고마운 일이야. 하지만 아직 때가 아닌 것 같군. 다른 곳에도 기회가 많이 있을 테니 너무 상심하지 말게."

뜻밖의 거절을 당한 워런 버핏은 의아했다. 자기처럼 우수한 학생을 거절한 것도 이해가 되지 않았지만 그 상대가 아버지의 친구라는 사실에 더욱 충격을 받았다. 이번에는 아버지를 찾아가 아버지 회사에서 일하고 싶다고 요청했다. 학창시절을 성실하게 보냈기 때문에 의당 환영받을 것이라는 기대를 갖고 말이다.

"열심히 공부한 것을 알고 있다. 하지만 아직은 준비가 부족하다고 생각한단다. 다음 기회를 보자." 이번에도 퇴짜를 맞은 그는 믿을 수가 없었다. '혹시 개인적인 관계 때문인가?'라고 생각하니 더욱 혼란스러웠다. 하지만 워런 버핏은 그들을 탓하지 않았다. 스스로 판단하는 경쟁력이 아니라, 객관적으로 인정받는 능력이 중요하다는 것을 깨닫고 새롭게 경쟁 환경에 도전하게 되었다. '내가 아니라 남이 인정하는 나를 찾는 것'에 초점을 맞추게 된 것이다. 워런 버핏이라는 세계적인 투자전문가도 주관적인 아집을 버리고 객관적으로 자신을 받아들이는 데 제법 시간이 걸린 셈이다.

과학과 기술은 결과로 증명한다. 아무리 그럴듯한 논리와 근거를 제시해도 흔들리지 않는 객관성을 확보하지 않고서는 타인을 설득하려고 시도조차 하지 않는다. 눈으로 확인할 수 있는 근거가 다수의 이해관계자를 설득할 수 있는 최대 무기인 동시에 유일한 대안임을 잘 알기 때문이다. 과학은 그런 속성을 지니고 있다. 이와 같은 속성의 과학을 다루며 커리어를 쌓아가는 테크노 리더들은 이미 업무 속성상 객관화가 가능하다. 윤리와 신뢰경영은 객관적 사고방식이 시발점이다.

4차 산업혁명 시대에는 스마트 기기의 발달로 인해서 신뢰를 확인하는 시대가 되었다. 신뢰의 의미에서 질적인 내용 평가는 물론 양적인 관계 평가도 변하고 있다. 정보화 사회 이전 시기의 신뢰는 공동체나 직·간접적인 관계의 지속성에 기반을 둔 질적인 내용 평가인 반면, 최근 SNS를 기반으로 한 신뢰는 일시적인 관계라 하더라도 얼마나 많은 이들과 교류하는가를 의미하는 양적인 관계 평가로 변화했다.

예를 들어, 동일한 상품을 판매하는 여러 판매자가 있을 때, 사람들은 해당 상품을 구매한 사람들에 의한 긍정적인 상품 평가가 얼마나 많은가와 같은 양적인 측면을 보고 어떤 판매자의 상품을 구매할 것인지 결정하는 데 활용한다. 즉, 실제로 해당 상품 판매자와 관계를 맺은 적은 없지만 타인들과 관계를 맺는 것이

웹상에 기록으로 남아 신뢰나 평판으로 연결되는 일이 잦아지고 있다는 것이다. 정보화 사회 이전이라면 해당 판매자를 아는 사람을 찾거나 실제로 구매한 사람을 만나 이야기를 들어보는 등의 행위를 해야만 할 것이다. 그러나 정보화 사회에서 이러한 방식의 확인 작업은 비효율적이며 실제로 웹상에서 이루어지는 전자상거래가 증가하는 현실에서 전통적인 확인 작업은 불가능에 가깝기 때문에 대안적인 형태로 신뢰 또는 평판 시스템이 나타난 것이다. 그러나 정보화 사회의 양적인 관계 평가 기반 신뢰는 여전히 인위적인 '조작'과 같은 위험에 노출되어 있는데, 익명성에 기반을 두고 있기 때문에 지속적인 관계 맺음을 통한 확인 작업을 거치지 않을 경우 신뢰는 상당한 정도의 위험을 수반한다. 따라서 제도적으로 신뢰를 확보하는 방안을 만들거나 다른 방식으로 신뢰를 보충하는 도구들이 필요해진다. 바로 이 지점에서 SNS는 전통적인 관계의 지속성에 기반을 둔 질적인 평가를 대체할 수 있는 하나의 대안적인 '확인 도구'로서의 역할을 수행하는 동시에 신뢰의 수준을 확연히 높이는 기능을 수행하고 있다.

SNS를 활용한 신뢰는 두 가지 방향으로 진행되어 왔다. 첫 번째는 개인적 신뢰를 활용한 정보의 가치를 높이는 형태이며 두 번째는 SNS를 통해 개인에 대한 신뢰 자체를 확인하는 것이다. 첫 번째는 익히 알려져 있고 많이 활용되는 이른바 SNS를 이용한 '입소문 마케팅(viral marketing)'의 형태에서 볼 수 있듯이, 나와 관계를 맺고 있는 사람을 통해 정보를 전달해줌으로써 해당 정보의 가치를 높이는 것을 말한다. 그러나 이 방식은 오프라인의 전통적인 관계를 SNS상으로 옮긴 것에 불과하며 직 · 간접적으로 연결된 개인을 활용해 정보의 신뢰성을 높이는 것으로 볼 수 있다. 이와 달리 두 번째의 경우는 낯선 이에 대한 신뢰와 관계가 있다. 오프라인 개념에서는 전혀 만나지도 혹은 알지도 못한 상황에서도 SNS를 통해 연결망 대 연결망으로 맞추어본 후에 이를 개인 대 개인의 신뢰로 연결 짓는 것이다. 페이스북이나 인스타그램이라는 연결망에 접속한 것을 근거로 서로 신뢰를 바탕으로 개인 정보를 공유하는 것이 대표적인 예다. 과거에는 존재하지 않았던 새로운 신뢰 기반이 만들어져가고 있는 셈이다(조성은 & 한은영, 2013).

CASE STUDY 온라인 시대의 신뢰

☑ 이마트 "당일 배송 전 과정 공개"

고객의 신뢰를 향상시키는 최고 전략 중의 한 가지가 거리감을 좁히는 것이다. 고객에게 자신이 주문한 제품이 어떻게 생산되고 배송되는가를 눈으로 확인하게 만들어 안심하도록 돕는 것이 핵심이다.

과거 ICT가 발전하기 전에는 이런 방식으로 신뢰를 확보하는 것이 비용적인 측면에서 불가능했다. 먼 거리를 이동하여 생산현장을 볼 수도 없을 뿐 아니라 그러한 과정에 소요되는 비용을 감당할 방도가 없었다. 그러나 SNS 발전이 모든 것을 바꾸어 놓았다.

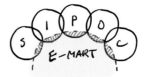

회사의 신뢰 형성 프로세스를 고객에게 오픈하여 접점에서의 신뢰를 향상 시켰다.

2017년 2월 할인점 이마트가 '이마트몰 당일 배송' 서비스인 일명 '쓱(SSG) 배송'의 전 과정을 공개하기 시작한 것이 대표적인 사례이다. 온라인 물류센터 직원들이 직접 물류센터를 소개하는 'NE.O인이 말하는 이마트 NE.O 이야기' 동영상 콘텐츠를 이마트몰과 유튜브, 페이스북 등 SNS 상에 공개한 것이다. 'NE.O'(네오)란 'Next generation Online Store(차세대 온라인 점포)'의 약자로 온라인 시장의 다음 세대를 이끌겠다는 의미를 담고 있으며 이마트몰 온라인 전용 물류센터를 일컫는다.

김예철 이마트몰 상무는 "고객에게 온라인에서 구매한 상품이 어떤 과정을 거쳐 집까지 배송되는지 공개함으로써 장보기몰의 강점을 갖고 있는 이마트몰의 차별화 포인트를 체험하고 신뢰할 수 있는 계기가 될 것으로 보인다"며 신뢰 확보 방식의 혁신을 강조하고 있다. 과정을 투명하게 공유하는 방식은 탄탄한 신뢰 형성을 위한 중요한 리더십 수단임에 틀림없다. 출처 : 이준문, 유통업계, 신뢰 마케팅으로 소비자 믿음 쌓기 '집중', 뉴스탭, 2017.04.28

[그림 7-1] 이마트의 온라인 전용 물류센터 'NE.O 002'
이미지 출처 : 이마트, 당일배송 '쓱 배송' 전 과정 공개, FS 뉴스룸, 2017.02.07

3. 리더 개인의 신뢰

데이비드 마이스터, 찰스 그린과 로브 갤포드는 대인관계에서 신뢰 수준을 결정하는 핵심요소를 설명하기 위해 '신뢰방정식'을 개발했다(David Maister 외, 2000). '신뢰를 고취시키는 성격과 능력은 무엇인가?'에 대한 대답으로 그들은 진실성, 확실성, 친밀감 그리고 자기중심성의 결여라고 얘기하고 있다.

① 진실성(credibility)이 있는 리더: 진실성은 대인관계에서 제공하는 정보의 정확성과 솔직함의 수준을 의미한다.

② 확실성(reliability)이 있는 리더: 확실성은 약속한 시간 내에 실행하는 수준을 의미한다.

③ 친밀감(intimacy)이 있는 리더: 친밀감은 인사, 예산, 해고, 합병 문제와 같이 대인 관계에 어려운 주제를 논의할 때 리더가 만들어내는 편안함의 수준을 의미한다.

④ 자기중심성(self-orientation)을 버리는 리더: 자기중심성은 리더의 개인적 동기, 흥미, 관심 주제와 다른 사람에 대해 가지고 있는 관심 및 초점과 상대방에 대한 관심, 배려 사이에서 어디에 더 무게 중심을 두고 있는지와 관련되어 있다. 만약 리더가 자신의 이익에만 관심을 가지고 있다면 사람들은 리더를 신뢰하지 않을 것이다. 자기 자신은 물론 조직을 위해서 노력하고 있음을 공감시키는 것이 중요한 리더십 자질이다.

데이비드 마이스터의 신뢰방정식

데이비드 마이스터의 신뢰방정식에서 가장 주목할만한 점은 자기중심성이 신뢰를 결정짓는 매우 중요한 변수이며 신뢰 수준을 높이려

데이비드 마이스터의 신뢰방정식

$$신뢰(T) = \frac{진실성(C) + 확실성(R) + 친밀감(I)}{자기중심성(S)}$$

면 방정식에 있는 세 가지 요소(진실성, 확실성, 친밀감)의 수준을 증대시키는 동시에 자기중심성을 낮추어야 한다는 것이다. 겸손하고 타인에 대한 배려가 높은 리더의 신뢰가 높게 평가되는 배경에는 바로 이러한 신뢰방정식 개념이 적용된다고 볼 수 있다.

코비의 신뢰지수

리더의 신뢰 수준을 진단하는 방식은 신뢰모형의 선택에 의해서 결정될 것이다. 이 책에서는 스티븐 M.R 코비(Stephen M.R Covey)의 책『신뢰의 속도(The speed of trust)』에서 소개하고 있는 신뢰 리더십 자가진단 모델을 이용하고자 한다. 이 모형은 리더의 신뢰를 성실, 의도, 능력, 성과로 구분하고 있으며 세부적인 내용은 다음과 같다.

① 성실: 가치관과 말, 행동이 일치하며 자신의 소신에 따라 행동할 용기가 있다.

② 의도: 의도는 동기, 의제에 따른 행동의 결과와 관계가 있다. 동기가 솔직하고 상호 이익에 기반을 둘 때, 신뢰가 형성된다.

③ 능력: 능력은 재능, 태도, 기술, 지식, 스타일 등으로 사람들에게 신뢰를

고취시키며 성과를 내기 위한 하나의 수단이다. 능력은 신뢰를 쌓고 키우고 보내고 회복하는 능력도 포함한다.

④ 성과: 성과는 실적이나 올바를 일을 해내는 것을 의미하며 목표를 달성하지 못하면 신뢰성이 떨어지는 반면, 목표를 달성하면 신뢰성이 높아진다.

리더의 솔선수범, 가치관, 역량과 실적을 중시하는 모형으로서 4차 산업혁명 시대와 같은 환경적 요인을 반영하지는 못하고 있다. 리더의 개인 신뢰는 기술의 발전에 종속적이지 않을 수 있음을 의미하며 필자 또한 그렇게 판단하고 있다.

이제 코비의 신뢰 모델에 근거하여 자신의 리더십 신뢰를 진단하고 성실, 의도, 능력, 성과 측면에서 각각의 점수를 합산해 보라. 90~100점은 개인적인 신뢰성이 매우 높으며 품성과 역량이 탁월한 리더를 의미한다. 리더에게 중요한 것이 무엇인지 알고, 그것을 생활 속에서 지켜낸다. 또한, 능력을 효과적으로 발휘하여 긍정적인 성과를 거두면서 구성원들에게 높은 신뢰를 얻고 있다. 70~90점은 신뢰성이 약간 부족한 리더이며 70점 이하는 신뢰성에 심각한 문제가 있다고 볼 수 있다. 부족한 부분을 개선할 수 있는 구체적인 방법을 찾아야 한다(스티븐 M.R 코비, 『신뢰의 속도』, 2009).

[그림 7-2] 신뢰 리더십 자가진단 문항

신뢰 리더십 진단 문항	신뢰 수준	신뢰 리더십 진단 문항
나는 '악의 없는 거짓말'을 합리화하거나 원하는 결과를 얻기 위해 진실을 왜곡하는 경우도 있다.	① ② ③ ④ ⑤	나는 어떤 경우든 사람들을 정직하게 대한다.
가끔 생각과 말 혹은 행동과 가치관이 일치하지 않을 때가 있다.	① ② ③ ④ ⑤	나는 생각과 느낌을 그대로 말하고 행한다. 나는 항상 말과 행동이 일치한다.
나는 내 가치관을 확실하게 알지 못한다. 그래서 다른 사람이 반대하는 사안은 옹호하기 어렵다.	① ② ③ ④ ⑤	나는 내 가치관을 분명하게 알고 있고 용감하게 사람들을 옹호한다.
다른 사람의 생각이 옳다는 것을 인정할 수 없다.	① ② ③ ④ ⑤	나는 문제를 다시 생각하게 하거나 가치관을 바꾸도록 해주는 새로운 아이디어에 늘 열린 자세를 보인다.
나는 개인적인 목표나 약속을 정하고 실행하는 것이 어려울 때가 있다.	① ② ③ ④ ⑤	나는 스스로 다짐한 것이나 다른 사람과 약속한 것을 항상 지킨다.
1부 총점	점	
나는 나와 가까운 사람들 외에는 별로 관심이 없다. 나는 내 문제 밖에 있는 관심사는 생각하지 않는다.	① ② ③ ④ ⑤	나는 진정으로 다른 사람에게 관심이 있으며 그들의 건강과 행복에 깊은 관심이 있다.
나는 내가 하는 일을 왜 하는지 생각하지 않는다. 내 동기를 개선하기 위한 내면의 성찰을 거의 하지 않는다.	① ② ③ ④ ⑤	나는 내가 하는 일의 동기를 알고 있으며 옳은 이유로 옳은 일을 하도록 동기를 수정한다.
나는 다른 사람을 대할 때, 대체로 내가 원하는 것에 초점을 맞춘다.	① ② ③ ④ ⑤	나는 나와 관련된 모든 사람에게 이익이 되는 해결방안을 적극적으로 찾는다.
대부분의 사람이 내 행동을 근거로 내가 그들의 이익을 마음에 두지 않는다고 생각하는 듯하다.	① ② ③ ④ ⑤	사람들은 내 행동을 보고 내가 그들의 이익을 마음에 두고 있다는 것을 분명히 알 수 있다.
나는 다른 사람이 어떤 것(자원, 기회, 공로)을 얻으면 그것은 곧 내가 얻지 못한다는 의미라고 생각한다.	① ② ③ ④ ⑤	나는 진심으로 세상에 존재하는 모든 것이 모두에게 돌아갈만큼 충분하다고 생각한다.
2부 총점	점	
나는 현재의 직장(생활)에서 내 재능을 활용하지 못하고 있다.	① ② ③ ④ ⑤	나는 현재의 직장(생활)에서 내 재능을 충분히 발휘하고 있다.
나는 미래를 위해 필요한 지식이나 기술을 습득 및 개발하지 않았다.	① ② ③ ④ ⑤	나는 미래를 위해 필요한 지식과 기술을 습득했다.
나는 직장이나 다른 삶의 영역에서 지식과 기술을 향상시키지 않고 있다.	① ② ③ ④ ⑤	나는 삶의 중요한 영역에서 지식과 기술을 열심히 향상시키고 있다.
나는 내 강점이 무엇인지 모른다. 내 약점을 개선하는 데 더욱 집중하고 있다.	① ② ③ ④ ⑤	나는 내 강점을 찾았고, 그 강점을 효과적으로 활용하는 데 집중하고 있다.
나는 신뢰를 어떻게 쌓아야 하는지 잘 모른다.	① ② ③ ④ ⑤	나는 효과적으로 신뢰를 쌓고, 키우고, 회복하는 방법을 알고 있으며, 그렇게 하려고 노력한다.
3부 총점	점	
나는 실적이 좋지 않다. 내 이력은 누구에게도 영향을 미치지 못할 것이다.	① ② ③ ④ ⑤	내 실적은 사람들에게 내가 원하는 결과를 얻을 것이라는 믿음을 준다.
나는 시키는대로 일을 하는 데 노력을 집중한다.	① ② ③ ④ ⑤	나는 활동이 아니라 성과를 내는 데 노력을 집중한다.
내 실적을 말할 때 너무 많이 말해서 사람들을 싫증나게 만든다.	① ② ③ ④ ⑤	나는 신뢰를 고취하면서 적절하게 실적을 말한다.
나는 시작한 일을 끝마치지 못하는 때가 많다.	① ② ③ ④ ⑤	나는 시작한 일은 거의 예외 없이 끝마친다.
나는 어떻게 성과를 얻을 것인지 고민하지 않고 그냥 성과를 얻는다.	① ② ③ ④ ⑤	나는 한결같이 신뢰를 고취하면서 성과를 얻는다.
4부 총점	점	

CASE STUDY 📎 리더의 일관성

☑ 신뢰받는 리더가 되기 위해 꼭 명심해야 할 것 중 하나, '일관성'

알리바바의 마윈 회장은 언행일치를 통해 직원들에게 신뢰를 주는 대표적인 리더이다. 그는 늘 '성실과 정직'이라는 가치를 강조해 왔다. 그런데 알리바바에 판매 사기 문제가 터졌고, 그 과정에 직원들이 개입되었다는 사실이 드러났다. 이는 '성실과 정직'이라는 마윈의 가치에 완전히 위배되는 행동이었다. 마윈 회장은 피해를 입은 소비자들에게 보상금을 지급하는 것은 물론, 책임을 묻기 위해 최고의 인재들까지도 과감히 해고했다. 그리고 전 직원에게 다음과 같은 메일을 보냈다.

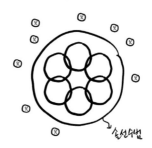

솔선수범이라는 신뢰 준수 원칙을
분명히 밝히고 준수했다.

"성실과 정직은 알리바바가 가장 중요하게 여기는 가치입니다.
성실하고 정직하며 안전한 온라인 거래,
이 가치에 반하는 행동을 하는 직원이 있다면 용인하지 않을 것입니다."

– 알리바바 마윈 회장 –

성실과 정직을 일관성 있게 요구하고 지키기 위해 솔선수범하는 경영자의 태도가 알리바바의 신뢰 자산이다. 신뢰는 말한 바를 그대로 성실하게 유지하려는 평소의 행동에 의해서 결정된다. 출처 : 조선일보 미래기획부, 『미래를 읽는 리더』, 알에이치코리아, 2015, 원문: GM 비스킷

[그림 7-3] 알리바바 마윈 회장
이미지 출처: UNclimatechange, Flicker CC By

4. 기업 경영의 신뢰

미국의 포천(Fortune)지는 매년 '일하기 가장 좋은 100대 기업(100 Best Companies to Work for in America)'을 선정해 발표하고 있다. 포춘 100대 기업에 선정된 기업들은 그렇지 않은 기업들보다 높은 재무성과를 내고 있으며, 조직의 효율성 및 고객만족도 등 여러 차원에서 뛰어난 조직 문화를 가지고 있었다. 포춘 100대 기업으로 일컬어지는 GWP(일하기 좋은 일터: Great Work Place)는 로버트 레버링(Robert Levering)이 발표했으며, 기업의 신뢰도를 측정하는 '레버링 신뢰 지수(Levering Trust Index)'도 개발했다.

로버트 레버링은 수십 년 동안 높은 경쟁력을 유지하고 있는 수많은 기업들에 대한 현장 조사를 실시한 결과 이들 기업이 공통적으로 높은 내부 신뢰 수준을 보이고 있다는 사실을 발견했는데 이를 GWP 모델이라 한다. 신뢰경영의 핵심 단어인 신뢰(trust), 자부심(pride), 재미(fun)는 각각 구성원과 경영진 간의 관계, 구성원과 업무 간의 관계, 구성원 사이의 관계를 통해 나타낸다. [그림 7-4]에 나타나 있듯이 위로는 상사 및 경영진과 구성원 간의 신뢰, 수평적으로는 구성원들의 일에 대한 자부심과 구성원들 간의 즐거운 관계가 조직의 신뢰를 결정한다.

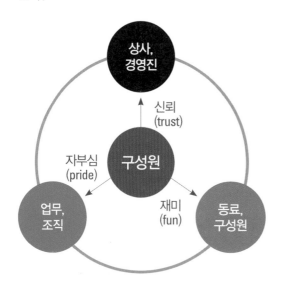

[그림 7-4]
GWP 모델 (Great Work Place Model)
출처: 한국일터혁신컨설팅그룹, 2014,
GWP 조직문화 조사 · 진단 제안서 인용

믿음 Credibility	Communication(커뮤니케이션 역량) Competence(사업 추진 역량) Integrity(윤리경영)	· 경영진과 구성원과의 열린 소통 및 정보 공유 · 명확하고 일관된 비전을 제시하는 사업 추진 역량 · 경영진의 일관성 있고 책임감 있는 리더십
존중 Respect	Support(지원) Collaboration(참여) Caring(보살핌)	· 성장의 기회 제공 및 지원 · 의사결정시 참여 보장 및 협력적 파트너십 추구 · 구성원에 대한 인간적인 배려와 존중
공정성 Fairness	Equity(형평성) Impartiality(중립성) Justice(정당성)	· 성과에 대한 공평한 보상 및 복리후생 제도 · 차별 없는 고용 및 승진의 기회 제공 · 모든 인사 제도의 공정성 및 업무 절차의 투명성
자부심 Pride	Personal Job(개인 자부심) Team(팀 자부심) Organization(조직에 대한 자부심)	· 자신의 일과 성과에 대한 자부심 · 팀의 업적에 기여하는 긍지 · 회사의 대외 이미지 및 사회 공헌에 대한 자부심
재미 Fun	Intimacy(동료 간의 친밀감) Hospitality(동료 간의 배려) Community(공동체 의식)	· 다양성 인정 및 상대방에 대한 배려 · 우호적이며 개방적인 직장 분위기 · '가족, 하나의 팀'이라는 공동체 의식

[그림 7-5] 신뢰경영지수(Trust Index)

GWP 조직 문화 진단 도구인 신뢰경영지수(Trust Index)는 5개 범주를 바탕으로 조직 문화의 15가지 측면을 진단하는 문항으로 구성되어 있다. 이들 지수를 근거로 기업 스스로 자가진단을 수행하면 신뢰경영의 강점과 개선점을 파악할 수 있다. 또한 지속적으로 적용하면 피드백에 근거한 신뢰경영 수준을 향상시킬 수 있다.

CASE STUDY 🖉 기업 경영의 신뢰

☑️ "세계에서 가장 일하고 싶은 회사 15위, 자포스(2010)"

신뢰가 신뢰를 낳는 세계적인 온라인 신발 회사 자포스(Zappos)가 있다. 자포스의 CEO 토니 셰(Tony Hsieh)는 그의 저서 『딜리버링 해피니스(Delivering Happiness)』에 이렇게 말했다. "우리 회사에는 고객 서비스 담당자용 대본이 없다. 우리는 직원들이 고객을 대할 때 최선의 판단력을 발휘할 것이라고 믿기 때문이다."

이런 경영자의 믿음이 직원의 신뢰로 이어져 자포스 비즈니스 모델의 핵심이 되고 있다. 고객들 역시 매장에서 신발을 주문해서 신어보고 무료로 반품할 수 있었다.

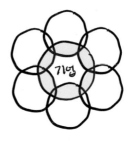

경영자의 리더십 과정을 공유하여 조직에 대한 공감영역을 넓혀나갔다.

직원과 고객을 모두 신뢰의 대상으로 섬기는 자포스의 리더십이 2007년 금융위기로 세계 경제가 침체된 때에도 자포스를 빛나게 만들었다. 결국 자포스는 2009년 아마존이 12억 달러에 인수하여, 사람들이 일하고 싶어 하는 최고의 기업으로 발돋움하였다. 출처 : 라후 라즈나탄, 『왜 똑똑한 사람들은 행복하지 않을까?』, 더퀘스트, 2017

[그림 7-6] 자포스의 고객 서비스 및 관리 문화
이미지 출처 : ZAPPOS의 조직문화(회의/인사/소통/채용 등), B&F Partners

[그림 7-7] 자포스 토니셰
이미지 출처 : Tech.Co, Flickr CC BY

신뢰도 높은 조직문화 구축

신뢰는 리더와 구성원들의 관계에 의해 생겨나며 다양한 조직 성과에 영향을 미치는 중요한 요인이다. 캐슬린 라이언과 대니얼 오스트리치(Kathleen D. Ryan & Daniel K. Oestreich, 1988)에 의하면 신뢰가 높은 일터는 그렇지 못한 일터에 비해 다음과 같은 특징이 있다.

〈신뢰도가 높은 조직문화 구축을 위한 리더들의 행동조치〉

① **솔직성(Tell the Truth):** 조직의 리더가 솔선수범하여, 항상 어떤 자리에서든 누구에게든 일관적인 진실을 말할 수 있도록 하라.

② **솔직한 소통(Encourage People to Speak Truth to Power):** 조직구성원들이 윗사람이나 그 외의 힘을 가진 사람들에게 진실을 말할 수 있도록 독려하라.

③ **어려운 소통 보상(Reward Contrairans):** 위험을 무릅쓰고 반대의 의견을 던진 사람에게 그만큼의 보상이 돌아갈 수 있도록 조직 차원에서 보상 시스템을 구축하라.

④ **불편한 대화 포용(Practice having Unpleasant Conversation):** 최고의 리더는 사람의 마음에 상처를 입히지 않으면서 나쁜 소식을 전할 수 있는 방법을 배워야 한다.

⑤ **정보의 다각화(Diversify your Sources of Information):** 누군가 편견에 사로잡혀 있다는 전제 하에, 될 수 있으면 많은 정보의 출처를 확보하도록 노력하라.

⑥ **실수 용인(Admire your Mistake):** 당신이 먼저 진실된 자세로 실수를 인정하면, 당신 주위의 사람들도 자신의 실수를 인정하게 된다.

⑦ **투명한 조직 운영(Build Organizational Support for Transparency):** 내부고발자를 보호하는 시스템을 먼저 구축하고, 나아가 회사 내에 투명한 조직문화를 촉진할 수 있는 마인드를 지닌 사람들을 모아라.

⑧ **정보 공개(Set Information Free):** 대부분의 조직은 모든 정보에 대해 보안을 강조하는 경향이 있다. 만약 특정 보안 사유가 없다면 기본적으로 모든 정보가 투명하게 공유될 수 있도록 내부 규정을 수립하라.

출처: 신유근, 『전통과 사람관리』, 서울대학교 출판부, 2006

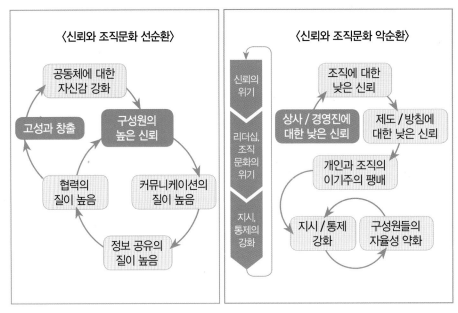

[그림 7-8] 신뢰와 조직문화 선순환과 악순환
출처: 한국일터혁신컨설팅그룹, 'GWP 조직문화 조사·진단 제안서', 2014

기업 문화는 기업 조직 내에 거의 모든 기능에 영향을 준다. 구성원 간의 높은 신뢰는 커뮤니케이션을 활발하게 하고 이러한 활동은 나아가 정보와 협력의 질을 높임으로써 높은 성과를 창출하는 데에 바탕이 되는 선순환을 이룬다. 반대로 상사 혹은 경영진에 대한 신뢰가 낮아지면 리더십과 조직문화에 위기가 오고 이는 지시와 통제의 강화로 이어져 점점 더 신뢰가 낮아지는 악순환 구조가 형성된다.

조직 신뢰의 5가지 조건

새로운 시대의 테크노 리더에게 신뢰는 조직을 이끌어 나가는 데 기본이 될 요소임이 틀림없다. 이에 조직 신뢰 관점에서 테크노 리더가 가져야 할 5가지 신뢰에 대해 알아보고자 한다.

① 비전에 대한 신뢰

조직구성원들은 회사를 다니면서 '회사의 발전이 곧 나의 발전이다'라고 생각하며, 회사의 비전이 나의 비전이 되고 그에 대해 공유 받고 신뢰하고 싶어 한다. 따라서 리더는 조직원들에게 납득할 수 있는 비전을 제시해야 하며 일치성을 확인시켜줘야 한다.

② 소통에 대한 신뢰

조직구성원들은 조직 사회에서 소외되는 것을 원하지 않는다. 따라서 리더는 조직원들과의 충분한 소통으로 투명경영 및 윤리경영을 확보해야 한다.

③ 기회에 대한 신뢰

조직구성원들은 역량이 부족한 리더때문에 자신의 분야에서 좌절하는 경우를 꺼린다. 따라서 리더는 조직의 팀워크를 지속시키면서 조직 간 협력 체계를 중시해야 하고 모든 조직원들에게 평등한 기회를 주는 모습을 보여줘야 한다.

④ 평가에 대한 신뢰

조직구성원들은 조직 사회에서 자신이 일한 것에 대해 올바른 평가를 받기를 원한다. 따라서 리더라면 누구나 인정할 수 있는 공정한 성과 관리 체계를 구축

[그림 7-9] 조직 신뢰의 5가지 조건 ①

비전 ← 신뢰 **비전에 대한 신뢰**: 회사의 발전이 나의 발전이다.

커뮤니케이션 ← 신뢰 **소통에 대한 신뢰**: 소외되고 싶지 않다.

승진 체계 ← 신뢰 **기회에 대한 신뢰**: 줄서기 때문에 좌절할 수 없다.

평가 체계 ← 신뢰 **평가에 대한 신뢰**: 올바르게 평가 받고 싶다.

조직 문화 ← 신뢰 **문화에 대한 신뢰**: 실패하더라도 시도할 수 있다.

해 조직원들을 평가해야 하고, 또한 공정성 논란이 없도록 평가를 투명하게 공개하여 신뢰를 얻어야 한다.

⑤ 문화에 대한 신뢰

한 번의 실패로 일부 조직구성원 혹은 조직 전체에 좌절이나 패배감 등이 퍼질 수 있다. 따라서 리더는 조직원들이 실패하더라도 빠르게 분위기를 전환해 새로운 도전정신을 일으킬 수 있이야 한다.

[그림 7-10] 조직 신뢰의 5가지 조건 ②

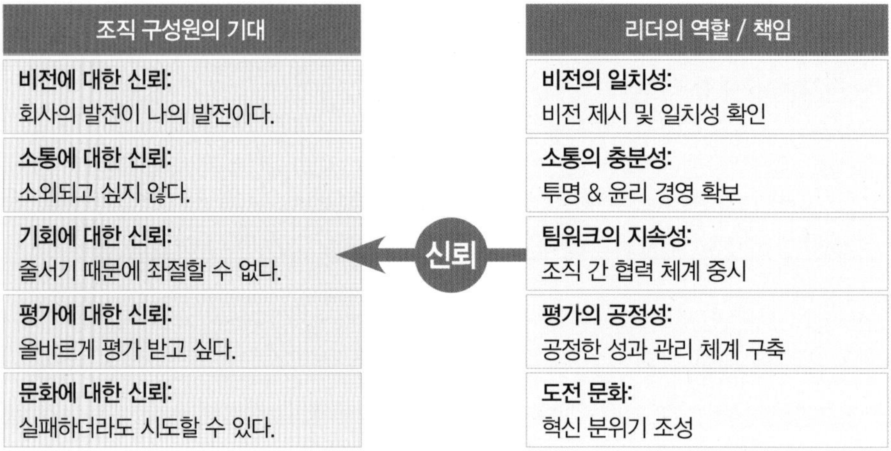

조직 구성원의 기대	리더의 역할 / 책임
비전에 대한 신뢰: 회사의 발전이 나의 발전이다.	비전의 일치성: 비전 제시 및 일치성 확인
소통에 대한 신뢰: 소외되고 싶지 않다.	소통의 충분성: 투명 & 윤리 경영 확보
기회에 대한 신뢰: 줄서기 때문에 좌절할 수 없다.	팀워크의 지속성: 조직 간 협력 체계 중시
평가에 대한 신뢰: 올바르게 평가 받고 싶다.	평가의 공정성: 공정한 성과 관리 체계 구축
문화에 대한 신뢰: 실패하더라도 시도할 수 있다.	도전 문화: 혁신 분위기 조성

신뢰

CASE STUDY 🖉 신뢰경영

☑ 나가모리 회장의 태도에 대한 신뢰

모터 전문 제조기업인 일본전산(日本電産)은 독특한 채용시험을 통해 신입사원을 선발하는 것으로 유명하다. 초창기인 1973년 당시, 일본은 급속한 경제 성장으로 인해서 인력이 부족했다. 기업들이 좋은 조건을 제시하며 인력채용에 나선 탓에 일본전산과 같은 소기업은 구인난이 이만저만이 아니었다. 대기업과 모터 시장을 놓고 경쟁해야 한다는 철학을 갖고 있었던 나가모리 시게노부(永守重信) 대표는 '독특한 채용시험을 통해 신입사원들에게 자신감을 심어주자'고 결심했다.

온바른 태도를 갖춘 인재를 확보해
조직 신뢰를 갖추다.

그의 아이디어는 태도가 훌륭한 인재를 뽑는 것에 초점을 맞추는 것이었다. 밥을 빨리 먹거나 목소리가 크면 입사 자격이 주어졌다. 밥을 빠르게 먹는 사람은 일처리 또한 빠를 것이라는 발상이었다. 목소리가 큰 사람은 자신감이 있으므로 남다른 열정이 있을 것으로 기대하였다.

- 채용 시험 내용 -

1. 자신감을 확인하는 '큰 소리로 말하기' 시험
2. 긍정적 태도를 점검하는 '밥 빨리 먹기' 시험
3. 프로세스를 엿보는 '화장실 청소' 시험
4. 투지를 테스트하는 '오래달리기' 시험

주변의 우려에도 불구하고, '기본적인 성향만 충족된다면 회사를 위해서 일을 하고 능력을 발휘할 것'이라는 믿음 덕분에 일본전산은 오늘날 140여 개의 계열사와 13만 명의 직원을 거느린 대기업으로 성장할 수 있었다. 출처: 김성호, 『일본전산이야기』 37p - 58p, 쌤앤파커스, 2009

[그림 7-11]
일본전산 나가모리 시게노부 회장 겸 사장

5. 4차 산업혁명 시대의 신뢰와 사회적 책임

　윤리가 곧 경쟁력이라는 것은 이제 새로운 패러다임이 아니다. 톰 피터스(Tom Peters)는 기업 경영에서 정말 중요한 것으로 도덕적 책임, 윤리적 책임을 꼽았다. 리더가 중장기적 관점에서 최고의 수익을 내는 방법은 모든 사람에게 동일한 도덕적 기준을 적용하고 자신의 능력을 최대한 발휘할 수 있도록 이끄는 것이라고 말했다. 요약하면 도덕적 책임을 갖고 핵심 인프라와 소비자의 측면에서 기업을 끌고 가는 것이 '이윤 극대화 전략(profit maximization strategy)'이라는 것이다.

　다양한 분야에서 탁월한 업적을 세운 최고경영자에게 수여되는 '포브스(Forbes) 경영품질대상'의 경우를 보면 이해가 쉽다. 윤리경영 분야에 대한 신청 기업이 단연 많기 때문이다. 이미 최고경영자 사회에서 윤리성이 얼마나 중요한 브랜드로 자리 잡아 가는지를 간접적으로 확인할 수 있다. 국제사회의 연구 결과에서 우리나라의 부패지수가 매우 높게 나타났다는 것은 이미 여러 차례 보도된 바 있다. 뿐만 아니라, 전국경제인연합회에서 기업의 윤리경영과 주가변동률, 매출액, 영업이익률 등 기업 가치 및 성과 간의 관계를 분석한 결과를 보면

[그림 7-12] 기업의 윤리경영(CSR)과 수익성 출처: 곽은경, 2016

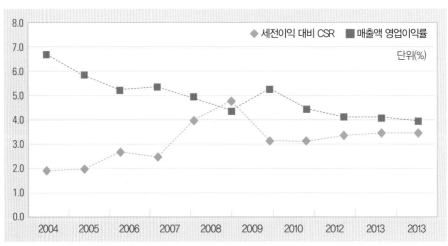

적극적으로 윤리경영을 실천하는 기업이 그렇지 않은 기업에 비해 시장가치가 훨씬 높은 것으로 나타났다.

2016년 2월 자유경제원에서 발표한 바에 의하면 한국 기업의 매출액 대비 영업이익률은 2004년 6.8%를 기록한 이후 계속해서 감소 추세에 있으며 2014년에는 4.0%를 기록했다. 반면 세전이익 대비 윤리경영 지출 비율은 2004년 1.9%를 기록한 이후 2009년 4.8% 수준까지 꾸준히 증가했다. 한국 기업의 수익성은 계속 떨어지고 있지만 세전이익 대비 윤리경영 비중은 줄지 않고 있다. 그러나 기업의 수익률이 떨어지면 윤리경영에 대한 실제 지출 규모도 감소할 수밖에 없으며, 따라서 윤리경영이 기업의 경영성과와 무관할 수 없다.

윤리, 신뢰, 자율 및 창의가 4차 산업혁명의 성공 열쇠

앨빈 토플러 박사의 예언처럼 지금 세계 각국은 4차 산업혁명의 한 가운데서 뜨거운 각축을 벌이고 있다. 리더는 그 경쟁의 한복판에서 미래사회를 이끌어 갈 동력, 즉 인류 행복을 위한 기술을 개발해 시장을 만들고, 새로운 제품이나 서비스를 창출해 세상을 이끌어 갈 수 있어야 한다.

새로운 기술 개발을 위해서는 수많은 연구자들의 창의적인 아이디어와 축적된 경험, 지식들이 필요하다. 그러나 그보다 선결적으로 필요한 것은 그런 인재들을 키워내는 학교 현장, 그리고 사회에 진출한 그들이 몸담을 연구소나 기업들의 자율적인 조직문화이다. 정해진 틀에서 벗어날 수 없는 일사불란함, 일방적인 지시와 보고가 반복되는 상명하복(上命下服)의 문화에서는 새로운 아이디어와 창의적 산물이 탄생하기 어렵다는 것이 이미 여러 연구에서 증명되었다.

국가윤리, 직업윤리, 개인윤리가 확고하게 자리하고 있을 때 국가와 국민, 조직과 개인, 개인과 개인 간의 신뢰가 쌓인다. 그 신뢰를 바탕으로 탄생한 자율적인 조직문화 속에서 끊임없는 토론과 소통으로 탄생된 창작물들은 문명사(史)의 변혁을 이끌면서 인류에게 행복을 가져다준다. 세계 인류 문명사의 변곡점에는 항상 자율이 동반된 창의적인 기술 트렌드가 자리 잡고 있었고, 윤리, 신뢰, 자율, 창의의 네 바퀴가 서로에게 동력을 전달하며 페달을 밟을 때 끊임없이 변화가 일어났고 인류를 발전시켜 왔다.

교과서에서 배웠던 고전 문학과 명곡, 명화들도 윤리와 신뢰를 바탕으로 자율과 창의성이 더해져 탄생된 창작물들이며, 구글, 유튜브, 페이스북 역시 윤리, 신뢰, 자율, 창의라는 네 기둥이 있었기에 세계적인 기업으로 성장하는 것이 가능했다. 역대 노벨상을 수상했던 과학자들 역시 그러했다. 문화는 외부로부터 가해지는 규제나 관리 때문에 생기는 것이 아니기 때문에, 조직 내부 구성원 스스로 문화를 만들어 그 불씨가 외부로 번지도록 해야 한다.

4차 산업혁명이라는 새로운 파도를 직면한 오늘, 우리는 냉철하게 과거를 돌아보고 윤리, 신뢰, 자율, 창의의 조직문화 토대를 만들어 미래의 파도에 휩쓸려 가는 우(愚)를 범하지 않도록 대비해야 한다. 초지능, 초연결, 초실감의 시대에 자율과 창의 문화가 동반된다면 대한민국의 발전은 물론 국민 개인의 미래도 밝아질 것이다(Reference 7-11 참조).

CASE STUDY 🖉 윤리경영

☑ 소비자의 마음을 움직인 '갓뚜기(오뚜기)'의 윤리경영

요즘 식품 대기업인 오뚜기가 '갓(God)뚜기'로 불리고 있다. 오뚜기의 진실된 윤리경영에 감탄한 소비자들이 보내주는 감사의 찬사. 창업자인 함태호 명예회장이 살아있던 시절에는 잘 알려지지 않았다. 2016년 그가 타계하면서 지난 시절의 선행이 뒤늦게 알려지기 시작했다. 직원 3,099명 중 36명이 기간제 근로자로 근무하고 있어서 비정규직 비율이 불과 1.16% 수준이다. 마트에 파견하는 시식 사원까지 정규직으로 조용히 고용하고 이를 회사 차원에서 적극적으로 알리지 않은 점 등이 마땅히 '착한

투명하고 윤리적인 경영으로
회사의 신뢰 수준을 진화시켰다.

기업' 소리를 들을 만하다. 1992년부터 한국심장재단을 통해 4,242명의 선천성 심장병 어린이들에게 새로운 생명도 선물했다. 도움을 받은 아이들이 명예회장의 사후 그를 기리는 모습이 조명되면서 오뚜기의 소리 없는 선행이 크게 회자되고 있다.

오뚜기는 2016년 사상 처음으로 매출액 2조 원에 진입하면서 소비자들의 기대에 걸맞은 성과를 거두었다. 진정한 윤리경영과 사회적 책임을 다하는 경영 리더십이 기업 이미지 제고는 물론 성과로 이어진 대표적인 사례라고 볼 수 있다. 출처 : 백상경, '착한' 오뚜기에 반한 소비자들 "갓뚜기 최고", 매일경제MBN, 2017.06.30

[그림 7 - 13] 수천 명에게 새 삶과 희망을 준 오뚜기 할아버지 고(故) 함태호(가운데) 명예회장 이미지 출처: 조선닷컴, 24년간 4,242명에 새 생명 선물한 '오뚜기 할아버지', 김민정 기자, 2016.09.18

신완선의 Visual 기술 리더십 예시

Situation   신뢰방정식은 같은 사람이라고 하더라도 리더십 상황에 따라서 다른 모습으로 나타나기 십상이다. 매우 헌신적인 상황(종교 혹은 봉사 단체에서 리더십을 발휘하는 경우)과 매우 경쟁적인 상황(서로 자신의 실적만 높이려는 경우)에 대한 신뢰방정식 모습을 아이콘으로 비교하라.

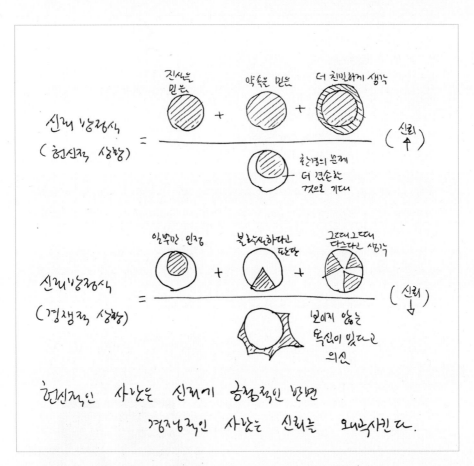

"겨울이 되어 날씨가 추워진 연후에라야 비로소 소나무와 전나무가 얼마나 푸른가를 알 수 있다.

사람도 큰 일을 당한 때에라야 그 진가를 나타내는 것이다." (논어)

Date :   Name :

Situation   직원들이 어려운 일을 만났을 때 누구와 먼저 상의하는가는 인간관계 신뢰의 본질을 생각하게 만든다. 경영진을 찾는가 아니면 노동조합을 찾는가? 자신이 속한 조직에서 경영진과 노동조합 각각의 신뢰와 상호간의 신뢰를 아이콘을 이용하여 표현하라.

다음의 아이콘을 이용해 상황에 맞는
자신만의 리더십을 표현해 보세요.

△ 비전   ●—● 커뮤니케이션   ○ 신뢰   ▤ 인재   ◇ 실행

"운명의 기복은 친구의 신뢰를 시험한다." (키케로)

Date :   Name :

Situation   신뢰는 리더십의 기본이다. 흥미로운 사실은 신뢰 역시 시간이 흐르면서 변한다는 점이다. 자신이 파트너십을 추구하는 3명에 대한 신뢰가 어떤 형태로 변해 왔는지를 그려보라.

다음의 아이콘을 이용해 상황에 맞는
자신만의 리더십을 표현해 보세요.

비전   커뮤니케이션   신뢰   인재   실행

"자신을 믿어라. 자신의 능력을 신뢰하라. 겸손하지만 합리적인 자신감 없이는 성공할 수도 행복할 수도 없다."
(노먼 빈센트 필)

**CHAPTER
SUMMARY**

1 신뢰란 사회적 관계를 전제로 한 조직문화 안에 존재하는 것이며 이것은 커뮤니케이션을 통해 확보할 수 있고 조직을 긍정적으로 이끌어 나갈 수 있는 리더십의 기본요소이다.

2 정보화 시대가 신뢰의 의미를 변화시키면서 질적인 내용 평가에서 양적인 관계 평가로 변화하고 있다. 요즘의 신뢰는 관계가 지속된 기간보다는 일시적인 관계라 하더라도 소통 정보의 축적을 의미하는 양적인 관계 평가로 변화했다. 따라서 제도적으로 신뢰를 확보하는 방안을 만들거나 보충하기 위한 도구들이 필요하다. SNS가 하나의 대안적인 확인 도구의 역할을 수행하면서 신뢰의 수준을 높이는 기능을 수행한다.

3 신뢰 받는 리더가 되기 위해 가져야 할 구성요소는 진실성, 확실성, 친밀감, 자기중심성이 있으며 여기서 자기중심성은 신뢰를 결정짓는 매우 중요한 변수이다. 신뢰 수준을 높이려면 데이비드 마이스터의 신뢰방정식에 있는 세 가지 요소(진실성, 확실성, 친밀감)의 수준을 증대시키고, 자기중심성을 낮출 필요가 있다.

4 세계적 경제지인 미국의 포천지가 선정한 100대 기업으로 일컬어지는 GWP는 로버트 레버링이 발표했으며 기업의 신뢰도를 측정하는 레버링 신뢰지수도 개발했다. GWP는 신뢰경영의 핵심 단어인 신뢰(trust), 자부심(pride), 재미(fun)는 각각 구성원과 경영진 간의 관계, 구성원과 업무 간의 관계, 구성원 사이의 관계를 통해 나타나며 GWP 조직문화 진단 도구는 신뢰경영지수를 바탕으로 조직의 신뢰수준을 확인한다.

5 신뢰 확보 접근방식엔 비전, 소통, 기회, 평가, 문화에 대한 신뢰가 있으며 이러한 조건은 기업 조직 내에 거의 모든 기능에 영향을 준다. 높은 신뢰는 커뮤니케이션을 활발하게 하고 정보와 협력의 질을 높임으로써 높은 성과를 창출하게 된다. 반대로 낮은 신뢰는 리더십과 조직 문화의 위기를 불러오고 동시에 지시와 통제의 강화로 이어져 점점 더 신뢰가 낮아지는 악순환이 반복된다.

6 기업의 수익률이 떨어지면 윤리경영 지출 규모도 감소할 수 밖에 없으며 윤리경영이 곧 기업의 성과다. 지금 세계 각국은 4차 산업혁명의 한 가운데서 뜨거운 경쟁을 벌이고 있다. 그 속에서 국가윤리, 직업윤리, 개인윤리가 확고하게 자리하고 있을 때 국가와 국

민, 조직과 개인, 개인과 개인 간의 신뢰가 이루어진다. 그 신뢰를 바탕으로 탄생한 자율적인 조직문화 속에서 발생한 창의의 창작물들은 문명사의 변혁을 이끌면서 인류에게 행복을 가져다준다.

REVIEW
QUESTIONS

1   신뢰가 무엇인지 정의하라.

2   정보화 사회가 신뢰에 미치는 영향은 무엇인지 설명하라.

3   신뢰받는 리더가 가져야할 구성요소는 무엇인가?

4   신뢰와 조직문화가 서로 어떤 영향을 주는지 설명하라.

5   신뢰 확보 접근 방식을 설명하라.

6   윤리경영과 사회적 책임과의 관계에 대해 설명하고 4차 산업혁명과 신뢰가 어떤 연계성이 있는지 설명하라.

APPLICATION
EXERCISES

1   자신의 신뢰형 리더십 지수를 자가진단 하라.

2   앞에서(1번 문제) 자가진단한 신뢰형 리더십 지수에 근거해서 자신의 신뢰형 리더십의 강점과 개선점에 대해서 간략하게 정리하라. 또한 그러한 강점을 활용하는 방법과 개선점을 향상시키는 방안을 제시해보라.

3   우리나라에서 가장 신뢰받는 기업은 어디라고 생각하는가? 그 기업이 조직 신뢰의 5가지 조건(비전, 커뮤니케이션, 기회, 평가, 문화)에서 어떤 특징을 가지고 있는지 조사하고 설명하시오.

4   조직 신뢰를 주기 위한 5가지 조건(비전, 커뮤니케이션, 기회, 평가, 문화)을 학습했다. 만일 당신이 30명 규모의 벤처기업 사장이 된다면, 리더로서 조직원들에게 신뢰감을 주기 위해 5가지 조건 중 어떤 리더십을 보여줄 것인가?

5   4차 산업혁명을 선도하는 기업 중에서 우수한 신뢰 리더십을 보여주는 사례를 조사하고, 그 사례에서 어떠한 부분을 벤치마크 할 수 있는지 설명하라.

인재: 통합형 인재와 4차 산업혁명 시대의 인재경영

지식으로 전문가가 되다	전문가 + Generalist	상식 + Generalist	블록형 Specialist
상사으로 살자	함께하게 두뇌를 맞대다	T자 인재 + 컴퓨터	생각하는 컴퓨터를 만나다
컴퓨터만 믿고 산다	T자가 보인다	A자에 도전하다	더불어 O자를 만들자
혼자 그은 것이 복선이다	상상만으로 T자 만들기	빌려서 T자 만들기	경험에 지혜를 더하라

제8장

인재: 통합형 인재와 4차 산업혁명 시대의 인재경영

1. 리더들이 원하는 인재상은 어떻게 변화하고 있는가?
2. 인재의 핵심 유형은 무엇인가?
3. 혁신형 인재의 특징은 무엇인가?
4. 미래형 인재의 유형은 무엇인가?
5. 테크노 리더에게 MB 모델의 이해가 필요한 이유는 무엇인가?

1. 인재: 핵심 역량에 집중하라

테크노 리더는 필요한 기술기반에 역점을 두기 때문에 개발 관련 인적자원을 확보하는 것이 곧 경쟁력이다. 특히 독창적인 기술 개발 능력을 지닌 사람들이 절실하다. 기업들이 능력 있는 사람을 채용하기 위해서 많은 자원을 투입하는 이유가 바로 여기에 있다.

최근 괄목할만한 성과를 내고 있는 기업의 CEO로 페이스북의 저커버그, 알리바바의 마윈, 카카오의 김범수 등이 눈에 띈다. 테크노 리더들의 활약이 커지고 있다는 것을 알 수 있다. 기술과 시대의 변천에 따라서 역량을 발휘하는 인재상과 핵심 역량 또한 변화하기 마련이다.

기업의 생존 부등식

조직에서 인적자원의 가치를 이해하기 위해서는 기업의 생존 부등식을 이해해야 한다. [그림 8-1]에 제시된 생존 부등식은 원가, 가격, 그리고 가치의 상호 간 관계를 잘 보여준다. 제품의 관점에서 볼 때, 원가(Cost)보다는 가격(Price)이 높아야 기업이 생존할 수 있기 때문에 가격이 원가보다는 큰 것이 일반적이다. 제품은 시장에서 고객을 만나게 되는데 고객은 제품의 가치(Value)를 보고 구입한다. 따라서 가치는 가격보다 크고 가격은 원가보다 커야만 선순환 사이클을 유지하면서 제품 생산과 판매가 이루어질 수 있다. 인적자원의 역량도 마찬가지다. 기업은 인재를 확보하기 위해서 자원을 투입한다. 연봉, 인센티브 및 복지, 근무조건 등에서 인재가 요구하는 수준을 맞추려고 노력한다. 그러한 처우에 대응하는 인재의 역할은 기업에게 더 큰 가치를 창출하는 것이다. 생존 부등식을 대비시키면 제품 원가, 제품 가격, 제품 가치가 투입 자원, 연봉 수준, 역량 가치의 순서로 비교될 수 있다. 결론적으로 조직 내에서 가치를 창출하고 확장시키는 것이 인재상의 근원이라는 것을 강조하고자 한다. 프로페셔널 스포츠 선수들을 보라. 그 어떤 분야보다 선수 개개인의 가치 평가에 민감한 분야이다. 연봉이 수백억 원을 넘는 선수가 있는 반면 연봉을 받지 않아도 뛰겠다는 미래의 스타들도 줄을 서서 기다린다. 스포츠계에서는 의당 고액 연봉자가 스타이고 인재다. 그들이 있기 때문에 고객들이 구단의 가치는 물론 해당 종목의 가치를 인정하며 박

[그림 8-1] 기업의 생존 부등식

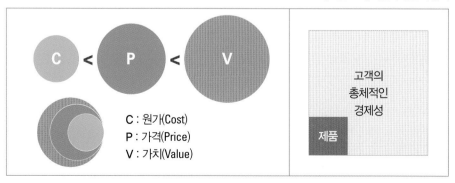

수를 보내는 것이다.

핵심 인재의 가치

핵심 인재가 얼마나 소중한지는 군대를 생각해보면 쉽다. 전쟁에서 장군이나 장교가 죽거나 다치면 위기가 온다. 그러니 필드에서 직접 전쟁을 주도하는 상사나 중사들이 전멸한다면 그 전쟁은 파국으로 치닫게 된다. 전쟁을 치를 전문가가 없는 마당에 더 이상 무엇이 가능하겠는가? 일반 기업도 마찬가지다. 경영진과 간부도 중요하다. 하지만 업무를 직접 처리하는 전문 인력이 빠져나가면 비즈니스는 끝장이다. 그만큼 핵심 인재의 가치는 경영 리더십에서 중요하다.

데이브 휠러(Dave Wheeler)는 "People leave managers not companies."라고 말했다. 사람은 기업을 떠나는 것이 아니라 경영자를 떠난다는 의미다. 리더가 어떻게 하느냐에 따라서 인재는 모이기도 하고 흩어지기도 한다. 여기서 우리는 인재에 대한 두 가지 관점을 짚고 넘어가야 한다. 한 가지는 테크노 리더로서 어떤 인재를 확보하는 것이 중요한가 하는 점이다. 4차 산업혁명 시대를 대비하는 이 시점에서의 인재상을 살펴보아야 한다. 다른 한 가지는 핵심인재가 되기 위해서 어떤 역량을 갖추는 것이 필요한가다. 이 책에서는 전자에 대해서 인재상을 소개하고 후자에 대해서는 시대가 요구하는 인재상 외에도 혁신 역량과 초일류 경영시스템을 이해할 것을 제안하고자 한다.

인재상의 시대적 변화

시대를 거치면서 인재상도 변하고 있다. 분야나 업종별로 차이는 크지만 인적자원의 역량에 대한 대강의 흐름을 이해할 필요가 있다. [그림 8-2]에 인재상의 시대적 변천을 보여주고 있다. 지식인이 부족한 시대에는 다재다능한 제

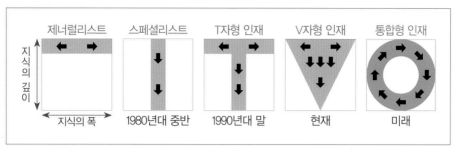

[그림 8-2] 인재상의 시대적 변천

너럴리스트가 대세를 이루었다. 당시 입사 시험에 '상식 과목'이 포함될 정도로 합리성은 물론 기본적인 사고방식과 성실한 태도가 검증 대상이었다. 1980년 대 중반에는 산업화가 급진적으로 이루어지면서 전문성에 근거한 스페셜리스트 (specialist)가 주목을 받았다. 연구개발이 중요해지기 시작하였으며 해외 유학 은 물론 대학원 과정이 폭발적으로 늘어나기 시작했다. 1990년대 말에는 T자형 인재가 등장했는데 이는 제너럴리스트(generalist)와 스페셜리스트를 통합한 개 념으로서 전문성은 물론 경영관리 역량을 지닌 사람이다. 현재는 V자형 인재 개 념이 등장했는데 이는 가치창출(value creation)에 기여하는 사람이라는 의미로 서 가치와 실적 중심의 사회로 전환되는 중이다. 게다가 융복합 시대가 도래하 면서 전천후 역량을 의미한 O자로 표현된 통합형이 미래의 인재상으로 소개되 기 시작했다. 결론적으로 말하면, 필자는 그 누구도 O자형 인재가 될 수 없다고 생각한다. 그러나 리더십 관점에서 볼 때, 조직 차원에서의 O자형 인재상을 시 스템으로 구축할 수는 있을 것이다. 리더는 혼자가 아니다. 더불어 팀으로서 통 합형 인재 시대에 대응해야 한다.

삼성반도체에서 최고경영자를 거쳐 정보통신부 장관을 역임한 진대제 전 장 관은 한국에서 족적을 남긴 대표적인 전문 테크노 리더라고 할 수 있다. 그는 약 15년 전에 테크노 경영자로서의 다섯 가지 리더십 자질을 책으로 출간한 적이 있 다. 과연 그 당시 주목했던 인재상은 현재와 어떻게 다를까. 그가 강조한 리더십 자질은 ① 미래를 여는 비전 리더십, ② 변화관리를 향한 혁신 리더십, ③ 창의 적 발상, ④ 주도적 실사구시, 그리고 ⑤ 커뮤니케이션 능력이다. 다소간의 차이는 있지만 크게 보면 V자형에 해당되는 인재상을 의미한다고 말할 수 있다. 비전, 혁신, 창의, 실사구시(가치), 그리고 커뮤니케이션이라는 키워드가 현재는 물론 미래에도 중요한 역량임에 틀림없다.

한국 기업의 인재상 변화

대한상공회의소가 2013년에 발표한 보고서에 따르면 우리나라 매출액 순위 100대 기업을 대상으로 조사한 2008년도 인재상의 주요 키워드는 창의성, 전문성, 도전정신 등이 상위권에 있었다. 5년 뒤인 2013년도에는 [표 8-1]에 나타나 있듯이 도전정신과 주인의식이 예전에 비해 높은 순위에 올랐고 팀워크나 글로벌 역량 등은 상대적으로 순위가 낮아졌다. 2000년대 후반에는 기업들이 신기술 개발과 신사업 진출에 기여할 수 있는 창의적인 인재를 원했다면 2010년대 중반부터 저성장과 내수침체 장기화를 겪으면서 강한 도전정신과 주인의식으로 신시장 개척을 주도할 인재를 더 선호하기 때문인 것으로 분석되고 있다.(대한상공회의소, 2013, Reference 8-2 참조)

최근의 인재상 역시 2013년의 인재상과 같은 맥락이다. 2015년 조사한 국내 30대 기업의 인재상 키워드 분석 결과 도전, 전문성, 도덕성, 창의성 순으로 분석되었다. 저성장, 저출산, 고령화라는 시대적 화두가 함께 하는 한 새로운 가치

주요 키워드	세부요소
도전정신	개척, 모험, 도전, 과감한 시도, 위험 감수, 변화 선도 등
주인의식	책임의식, 주인의식, 자율, 성실성, 사명감 등
전문성	최고, 전문, IT 활용 능력, 자기개발, 프로, 실력, 탁월 등
창의성	상상, 창의, 인식 전환, 독창, 가치창출 등
도덕성	도덕성, 인간미, 정직, 신뢰, 무결점, 원칙 준수 등
열정	열정, 승부근성, 체력, 건강, 자신감 등
팀워크	협력, 동료애, 팀워크, 공동체 의식, 배려 등
글로벌 역량	글로벌 마인드, 열린 사고, 국제적 소양, 어학 능력 등
실행력	신속한 의사결정, 리더십, 추진력, 실천 등

[표 8-1]
기업의 인재상

를 창출할 주도적인 인재가 필요할 것이다(Reference 8-3 참조).

테크노 리더십이 추구하는 인재상은 복합적일 수 밖에 없다. 융복합 시대에 필요한 기술적 역량과 저성장 시대를 돌파할 사업적 역량이 동시에 필요하기 때문이다. 다만, 여기서 설명되는 인재상은 기술 융복합 시대에 초점을 맞추고자 한다. 사업적 관점은 가치 창출 개념이 부분적으로나마 대응할 수 있기를 기대한다.

4차 산업혁명 시대의 인재상

4차 산업혁명 시대가 도래하고 창조와 융합이 중요한 가치로 떠오르면서 창조형 인재, 글로벌 인재, 독창성과 전문성을 가지고 여러 분야에 대한 풍부한 지식과 경험을 가진 사람이 핵심 인재로 평가받고 있다. 과거의 인재상이 포괄적이라면 4차 산업혁명 시대의 인재상은 훨씬 더 목표지향적이고 구체적이라고 볼 수 있다. 다른 사람이 못 본 것으로 보고 새로운 것을 만들어낼 수 있는 사람, 말이 아니라 솔루션을 제공할 수 있는 인재가 필요한 것이다. [그림 8-3]에 나타나 있듯이 이러한 새로운 인재상이 부각되고 있는 이유로는 경영 환경 변화, 노동 환경 변화, 고객 욕구 증가, 정보 기술 변화, 인재 가치 증대가 꼽혔다. 사람의 역량 자체가 변하는 것이 아니라 바로 그 역량이 활용되는 방식이 기술 발전과 더불어 진화하고 있는 셈이다.

[그림 8-3] 4차 산업혁명 시대의 인재상

과거의 인재상 (상업화 시대)		4차 산업혁명 시대의 인재상 (창조와 융합의 시대)
• 범용적 인재 • 지역적 인재 • 성실, 근면성 • 빠른 일처리 속도 • 강한 충성심	경영 환경 변화 → 노동 환경 변화 → 고객 욕구 증가 → 정보 기술 변화 → 인재 가치 증대 →	• 창조형 인재 • 글로벌 인재 • 독창, 전문성 • 여러 분야에 대한 풍부한 지식과 경험 • 콘텐츠 제작 능력

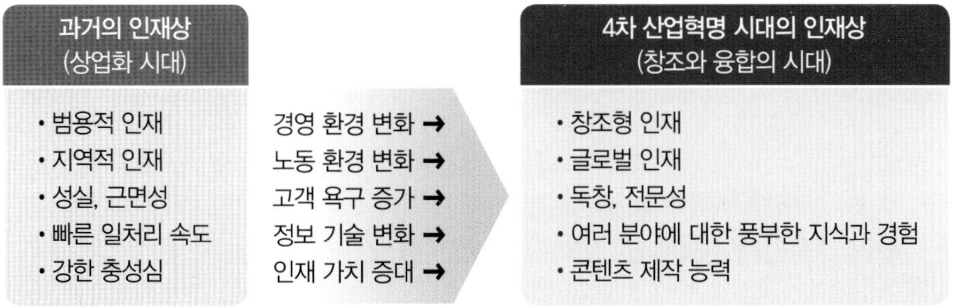

CASE STUDY 🖉 마이크로소프트의 인재 조건

☑️ 마이크로소프트: 인재전쟁 전략

마이크로소프트의 빌 게이츠 회장이 선호하는 미래의 인재상은 밝고 창의적인 사람이다. "우리의 전략은 항상 활기가 넘치고, 창의력을 가진 최고의 인재를 선발하는 것이다. 그 후에 권리, 책임, 자원을 그들에게 건네주고 뛰어난 실력으로 임무를 완수하도록 한다"는 그의 인재등용 철학은 긍정적인 사고를 가지고 새로운 가치를 찾아내는 능력이 핵심이라는 것을 가르쳐 준다.

마이크로소프트사가 선호하는
T자형 인재의 핵심은 신속한 대응력과
수준 높은 전문성이다.

마이크로소프트의 인재 선발 기준은
다음과 같다.

① 반응이 민첩하고, 새로운 사물을 신속하게 받아들이는 사람
② 신속하게 새로운 영역을 흡수할 수 있는 사람
③ 급소를 찌르는 질문을 하는 사람
④ 지식이 풍부하고 기억력이 좋은 사람
⑤ 창의력이 뛰어나고 팀워크에 기여하는 사람
⑥ 서로 관련이 없어 보이는 요소들을 연계시키고 문제를 해결할 줄 아는 사람

출처: 송홍차오 지음, 한혜성 옮김, 『(세계 500대 기업이 원하는 인재 능력) 인재전쟁』, 158p~159p,
스타북스, 2010

[그림 8-4]
마이크로소프트 본사
이미지 출처:
Peteri/shutterstock.com

CASE STUDY 🔗 한국 100대 기업의 인재상

☑ 기업이 찾는 인재상: 도전정신, 창의성, 열정, 전문성, 주인의식

국내 100대 기업의 5대 인재상을 한국고용정보원에서 발표했다. 도전정신, 창의성, 열정, 전문성, 그리고 주인의식 순서로 나타났다. 도전정신은 세부적으로 개척, 모험, 도전, 시도, 위험 감수, 변화 선도를 포함한다고 한다. 창의성과 열정도 세부 내용을 살펴보면 상당히 폭넓은 부문에서의 바른 자세를 요구하고 있음을 알 수 있다. 특별히 관심을 가질 것은 전문성에 대한 내용이다. 최고 실력, 전문지식, IT 역량, 자기계발, 프로정신, 실력과 탁월성 등 관련 분야에서 선도적인 역할을 할 수 있는 사람을 찾고 있다. 현재 이러한 인재상에 도달했는지 여부가 중요한 것이 아니다. 이러한 인재 조건에 근접하려고 끊임없이 배우고 노력하는 겸허한 자세가 본질이다.

[그림 8-5]
국내 100대 기업의
5대 인재상

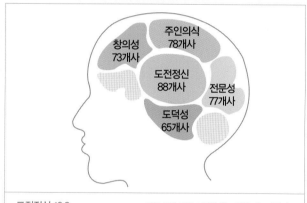

[그림 8-6]
기업 선호 인재상

인재상	수치	세부 내용
도전정신	16.3	개척, 모험, 도전, 과감한 시도, 위험 감수, 변화 선도
창의성	14.9	상상, 창의, 인식 전환, 독창, 가치 창출
열정	12.2	열정, 승부근성, 체력, 건강, 자신감
전문성	11.7	최고, 전문, IT 활용능력, 자기계발, 프로, 실력, 탁월
주인의식	10.1	책임의식, 주인의식, 자율, 성실성, 사명감
팀워크	10.1	협력, 동료애, 팀워크, 공동체 의식, 배려
글로벌 역량	9.1	글로벌 마인드, 열린 사고, 국제적 소양, 어학능력
도덕성	8.7	도덕성, 인간미, 정직, 신뢰, 무결점, 원칙준수
실행력	6.8	신속한 의사결정, 리더십, 추진력, 실천

출처: 한국고용정보원, '채용 경향 변화 분석 및 이를 활용한 취업진로지도 방안연구', 2015

2. 가치 창출형 인재가 돼라

인재의 본질적 역할을 설명하면서 기업이나 조직의 가치 창출에 기여해야 한다는 것을 강조했다. 4차 산업혁명 시대의 인재로 창조성과 글로벌 활동이 중시되고 우리나라에서 도전정신과 주인의식이 강한 사람을 찾은 이유도 본질은 가치 창출에 있다고 볼 수 있다. 여기서 얘기하는 가치(value)는 조직의 미션에 따라서 다양하게 의미를 갖고 있다. 예컨대, 일반적인 기업은 매출이나 수익과 같은 경제적 가치, 고객 확보나 고객만족 같은 고객가치, 지역사회 공헌과 같은 사회가치 등이 주요 관심사가 된다. 벤처기업처럼 사업을 새로 시작하는 경우라면 시제품 개발, 기술 개발, 고객 확보, 기업 홍보, 자금 확보 등 다양한 영역에서의 가치 창출이 가능하다. 어떤 임무가 주어지든지 조직이 원하는 수준의 가치를 창출할 수 있는가 여부가 관건인 셈이다.

"회사가 연봉을 3배 올려준다면 무엇을 다르게 할 수 있겠습니까?" 이 질문은 필자가 기업을 자문하는 경우 면담하는 사람에게 즐겨 물어보는 것이다. 보상에 맞는 가치 창출이 가능한가를 묻는 동시에 얼마나 창의적이고 혁신적으로 조직의 현재 상황을 판단하고 있는가를 듣기 위해서다. 유사한 질문이 얼마든지 가능하다. '투자를 3배 더 해주면 무엇을 하시겠습니까?', '인력을 3배로 늘려주면 어디에 활용하겠습니까?', '공장을 3배로 확장하면 어떻게 활용하시겠습니까?' 이들 질문에 대한 답변 준비 여부가 자신의 핵심 역량에 대한 하나의 척도가 된다. 남들이 못한 변화를 주도하고 선도하는 리더의 역할을 할 수 있는가를 묻는 것이다.

하버드대학교 경영대학원의 존 코터(John Kotter) 교수가 변화를 성공으로 이끄는 8단계 과정을 제안했다. 리더가 기업이 원하는 변화를 일으키려면 어떤 특징을 가져야 하는지 정리했다. 그 과정을 살펴보면 1단계는 위기의식을 가지고, 2단계는 개인들을 조직화하고, 3단계는 비전을 새롭게 정립한다. 4단계는 의사소통을 전개한다. 5단계로 권한을 부여하고, 6단계는 단기적 성과에 보상을 주며 7단계는 변화 속도를 늦추지 않고, 8단계에 변화를 정착시킨다. 8단계 전

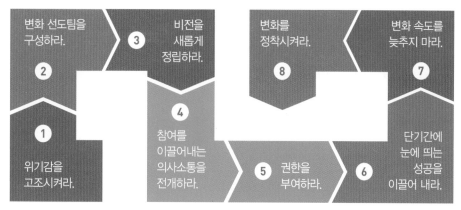

변화 선도팀을 구성하라. ③ 비전을 새롭게 정립하라. 변화를 정착시켜라. 변화 속도를 늦추지 마라.

② ⑧ ⑦

④

① 참여를 이끌어내는 의사소통을 전개하라. ⑤ 권한을 부여하라. ⑥ 단기간에 눈에 띄는 성공을 이끌어 내라.

위기감을 고조시켜라.

[그림 8-7] 변화를 성공으로 이끄는 8단계 과정

체를 살펴보면 일련의 리더십 과정이 전개됨을 알 수 있다. 새로운 가치 창출을 위해서 변화를 선도하는 매 과정마다 리더십의 과정 역시 결국 변화와 혁신에 대해서 선순환 사이클을 만들어 낼 수 있는 사람이 필요한 셈이다.

창의성에 대한 편견

창의성이 리더의 가치 창출에 가장 중요한 요소 중 하나로 포함되는 이유는 새로운 대안을 만드는 역할 때문이다. 리더는 실행 과정에서 종종 대안 부재에 부딪히곤 한다. 목표는 분명한데 돌파구가 보이지 않아서 전진할 수 없는 것이다. 바로 이러한 상황에서 필요한 것이 창의적 발상이다. 경영학자인 짐 콜린스 (Jim Collins)는 취미가 암벽 등반이다. 그가 포춘 잡지와의 인터뷰에서 새로운 등반 코스에 도전할 경우, 경험이 많은 등반가보다 오히려 창의성 있는 새로운 사람을 데려간다고 한다. 창의성이 높은 사람일수록 불확실한 상황에서 새로운 대안을 찾을 확률이 높기 때문이다. 경험이 많은 등반가들은 대개 어떠한 위기 상황이 닥쳤을 때 대응하는 방법에 대한 고정관념이 있기 때문에 답을 찾지 못 하는 경우가 많다는 것이다.

가치 창출도 마찬가지다. 남다르게 차별화된 시각으로 고객이나 이해관계자에 새로운 대안을 제시하는 과정에서도 창의력은 큰 영향력을 발휘하게 된다. 따라서 테크노 리더는 창의성에 대해서 바르게 이해하고 창의적인 조직을 만들어야 한다. 우선 창의성에 대해서 잘못된 편견을 생각해 보자.

① 똑똑할수록 창의성이 높다?

똑똑하다는 것의 정의는 여러 가지가 있지만 의사결정의 측면에서 본다면 정확한 의사결징을 하는 사람일 것이다. 그러나 정확하게 의사결정을 하는 사람이 반드시 창의성도 좋다고 할 수는 없다. 많은 것을 알고 있으면 판단은 잘할 수 있지만 새로운 것을 만들어내는 능력은 떨어질 수도 있다.

② 신세대가 구세대보다 창의력이 높다?

많은 사람들이 신세대가 기성세대보다 창의적일 것이라고 생각한다. 기성세대가 주입식 교육을 받은 것에 비해 요즘 세대가 창의성 중심의 교육을 받은 것에 근거한 발상이다. 또한 나이가 들면 판단체계가 유연하지 못하여 그만큼 새로운 것을 받아들이는 능력이 저하된다는 생각에서 기인한 것이기도 하다. 하지만 이러한 것은 전혀 과학적 근거가 없는 주장에 불과하다. 에디슨이 나이가 들어 발명력이 떨어졌다는 얘기를 들어본 적이 있는가. 제안과 발명은 언제든지 누적의 개념으로 나타나기 마련이어서 창의적 활동을 거듭할수록 결실 또한 커진다. 나이가 아니라 새로운 일을 즐기는 마음이 창의력을 결정한다.

③ 위험을 선호하는 극소수의 사람들만 창의성을 가지고 있다?

창의적 행동은 종종 기존의 방식과는 달라서 공유 속도가 느린 경우가 많다. 다른 사람이 받아들이는 시점까지는 실패한 듯이 보이기도 한다. 그래서 창의적 시도는 실패를 감수해야 하는 것으로 여겨지기도 한다. 그러나 시도하지 않는다고 해서 창의성이 없는 것이 아니다. 다만 표면으로 드러내지 않을 뿐이다. 요즘은 시뮬레이션을 통해서 얼마든지 위험부담 없이 결과를 시험할 수 있다. 누구든지 창의성을 발휘할 시대가 된 것이다.

④ 창의성을 발휘하는 것은 외로운 일이다?

남다르게 행동하는 것은 때로 외로운 도전이기도 하다. 창의성을 외로운 행동으로 보는 이유가 바로 여기에 있다. 공감하는 사람이 그만큼 적을 수 있으며 적기 때문에 창의적이라는 표현이 어울린다. 과거에는 그렇게 비쳐질 수도 있었다. 그러나 요즘 같은 글로벌 공유시대에는 문제가 될 일이 아니다. 우리들의 상상을 뛰어넘는 수많은 창의적 발상들이 사이버 공간을 누비고 있다. 외로운 것이 아니라 외로울수록 잠재 가치가 크다는 것을 의미한다.

⑤ 창의성은 관리가 불가능하다?

뭔가 튄다는 의미에서 창의성과 관리 및 통제는 종종 반대에 위치하는 것으로 분류된다. 관리와 통제가 표준화에 근거한 일관성을 중시하는 반면 창의성은 불규칙성에서 가치를 보기 때문이다. 그래서 연구개발 분야의 경영관리가 어렵다는 말들이 많다. 4차 산업혁명 시대에 가장 주목받는 인재 그룹이 바로 연구개발 인력이다. 경쟁력의 원천을 결정하는 역할을 담당하고 있기 때문이다. 경영시스템의 기능이 진화하면서 이제 관리와 경영의 예외는 사라졌다. 창의성도 예외인 시대를 넘어섰다.

창의성에 필요한 능력

창의성에 대한 잘못된 편견을 없애는 자체만으로도 창의성 높은 조직을 만드는 준비를 마쳤다고 볼 수 있다. 환경의 제약은 있을 수 없다. 리더의 철학과 의지에 의해서 얼마든지 창의성이 경쟁력의 일부로 내재될 수 있다. 다만, 한 가지 언급하고자 하는 것은 시간과 창의성과의 관계다. 시간이라는 자원의 압박이 과연 창의성을 저해하는 요인인가에 대해 명확한 이해가 필요하다. 많은 조직의 구성원들이 시간이 없어 창의적일 수 없다는 핑계를 대기 때문이다.

시간 압박이 강한 경우와 약한 경우에 어떤 쪽에서 창의성이 더 높게 나타날

까? 흥미롭게도 시간 압박이 강한 경우에 오히려 창의적 사고를 발휘하는 경우가 많다는 연구결과가 발표되었다. [그림 8-8]에 나타나있듯이 시간 압박이 큰 경우에 구성원들은 자신이 특수한 임무를 수행한다고 느끼면서 도전의식과 더불어 새로운 아이디어를 낼 가능성을 높인다고 한다. 창의성이 경영 환경의 종속 요인이 아니라 조직 문화에 의해 결정된다는 것을 깨닫게 된다.

스스로 사고하고 창조하는 능력에는 어떤 요인이 있을까? 도쿄대학교 교수인 우에다 마사히토(上田正人)는 창조력을 높이기 위한 3가지의 요인이 있다고 정

[그림 8-8] 시간의 압박이 창의적 사고에 미치는 영향

시간 압박

	낮음	높음
창의적 사고 발휘 가능성 — 높음	시간 압박감이 낮은 환경에서 창의적 사고가 나타나는 것은 구성원들이 다음과 같이 탐구적일 때다. · 문제점을 파악하는 것보다 새로운 아이디어를 생각해내거나 그것을 탐구하는 방향에서 창의적 사고를 한다. · 집단적으로 협업을 하지 않고 한 사람과 협동한다.	시간 압박감이 극심한 환경에서 창의적 사고가 나타나는 것은 구성원들이 다음과 같이 자신이 특수한 임무를 수행한다고 느낄 때다. · 다른 일로 방해받지 않고 보호를 받으며 하루 중 중요한 시간을 한 가지 일에 쏟을 수 있다. · 스스로 중요한 일을 한다고 믿으며, 무엇인가 해볼만하다는 도전의식이 생기고 업무에 대해 연관성을 느낀다. · 문제를 파악하면서 새로운 아이디어를 내고, 그것을 탐구하는 방향에서 창의적으로 사고한다.
창의적 사고 발휘 가능성 — 낮음	시간 압박감이 낮은 환경에서 창의적 사고가 발현되지 않는 것은 구성원들이 다음과 같이 아무 생각 없이 저절로 흘러가는 태도를 보일 때다. · 상사에게서 '창의적인 사람이 되라'는 격려를 거의 받지 못한다. · 개인 간 회의 및 토론을 하지 않고 단체 회의와 단체 토론을 한다. · 전체적으로 협업해야 하는 경우가 적은 일에 종사한다.	시간 압박감이 높은 환경에서 창의적 사고가 발현되지 않는 것은 구성원들이 단순하고 피곤한 업무에 종사한다는 생각을 가질 때다. · 집중력을 잃는다. · 여러 가지 활동으로 하루가 조각나는 경험을 한다. · 자기가 하는 일이 중요하다는 생각을 하지 않는다. · 임무를 맡으면 업무 시간이 같아도 시간적으로 더 큰 압박을 받는다고 느낀다. · 마지막 순간에 업무 일정과 계획이 갑자기 바뀌는 일을 많이 겪는다.

의했다. 첫 번째, 문제 발견 능력이다. 사고력이라고 하면 문제 푸는 실력만을 연상하는 사람들이 많을 것이다. 하지만 사회에서는 문제 해결 능력 보다 문제 발견 능력이 중요하다. 두 번째, 문제 해결 능력이다. 창조적인 문제에는 해답이 있을 수도 있고, 없을 수도 있다. 정해진 답이 존재하지 않는다. 따라서 직접 해결 방법을 고안해 내야 한다. 마지막으로, 포기하지 않는 인내력을 기르는 것이다. 스스로 어려운 문제를 해결하면, 다음에도 어려운 문제가 발생했을 때 해결할 수 있다는 용기가 생긴다. 하지만 아무리 훈련해도 해답에 도달하지 못하는 문제도 적지 않다. 따라서 장시간에 걸쳐 고민하게 만드는 문제야말로 시간을 들여 궁리할만한 가치가 있다(우에다 마사히토, 2014, Reference 8-4 참조).

[그림 8-9] 창조하는 능력을 키우는 방법

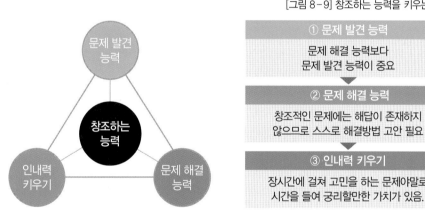

인재: 통합형 인재와 4차 산업혁명 시대의 인재경영 | 제 8 장   255

CASE STUDY 🔗 창조성

☑ 스타벅스 슐츠 회장 "한국선 스마트폰으로 주문? 판타스틱!!"

10년간 현장을 5,000번 방문하여 '현장 경영' 리더로 유명한 이석구 대표가 어느 날 스타벅스 무교동 지점에 들렀다. 점심시간 직후였다. 대기하는 사람들의 줄이 너무 길어 그냥 돌아가는 사람도 많았다. 조사를 시켜보니, 점심시간에만 평균 30~40명이 발길을 돌린다는 보고가 올라왔다.

그래서 해결책을 찾은 게 사이렌오더였다. 모바일 앱을 통해 주문·결제하면 대기 인원이 줄고, 줄 서기 싫어 다시 나가는 사람도 감소할 것이라는 발상이었다. 간단하지만 시대에 적합한 창의적인 아이디어는

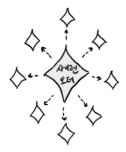

한국에서 성공한 사이렌 오더를 전 세계에 즉각 전파시켰다. 강점을 인정하는 리더의 결단성을 보여준 사례이다.

선보인지 2년 5개월 만에 이 서비스를 통한 주문 건수가 천만 건을 넘어섰다.

하워드 슐츠(Howard Schultz) 회장은 '사이렌오더'가 한국에서 시작됐다는 한국말 외신기사를 보고 아시아 태평양 지역담당 사장에게 이메일을 보냈고, 이것이 그대로 이 대표에게 전달됐다. 슐츠 회장은 본사 IT 관련팀을 한국에 파견했다. 벤치마킹을 위해서였다. 팀은 미국으로 돌아가 2014년 12월부터 현지에서 서비스를 시작했다. 이후 캐나다, 영국 등으로 사이렌 오더 서비스 지역을 넓혔다.

모바일 앱(응용프로그램)을 통해 주문과 결제를 하는 사이렌 오더는 스타벅스 코리아가 시작해 다른 나라로 확산되고 있다. 사이렌 오더의 출발이 현장의 발품에서 시작되었다는 것을 배워야 한다. 창조성은 상상에 의해서 만들어지는 것이 아니라 땀과 노력으로 찾아내는 능력인 셈이다. 출처: 강영연 기자, 스타벅스 슐츠 회장 "한국선 스마트폰으로 주문? 판타스틱!", 한국경제, 2016.10.10

[그림 8-10] 스타벅스 슐츠 회장
이미지 출처: Ken Wolter/shutterstock.com,
스타벅스 제공

3. 테크노 리더는 초일류 경영시스템을 이해해야 한다

테크노 리더는 기술과 공학을 포함한 해당 부분의 전문성을 확보하는 동시에 경영관리의 전문성을 갖추어야 한다. 경영관리의 전문성을 단기간에 향상시키는 것이 쉽지 않은 일이므로 필자는 경영품질에서 다루는 경영시스템에 대한 지식을 갖출 것을 추천한다. 왜냐하면 초일류 기업이 추구하는 경영시스템의 요건(criterion)을 정확하게 이해하고 활용할 수 있기 때문이다.

'경영품질(Management Quality)'은 경영시스템의 경쟁력을 향상시키기 위한 경영혁신 개념이다. 개인으로 본다면 업무 경쟁력을 높일 수 있는 개념이다. 팀은 팀 운용 경쟁력, 본부는 본부 관리 경쟁력, 그리고 기업은 기업 경영시스템의 경쟁력을 제고하는 데 기반이 될 수 있다. 물론 '경영의 질', 즉 '경영 품질'이라는 보통명사로 사용될 수도 있다. 하지만 보다 적극적인 관점에서 혁신을 도모할 수 있는 수단을 제공하기 위해 고유의 개념으로 전 세계에 전파되고 있다.

문제는 경영품질의 방향과 수준을 가늠할 수 있는 객관적인 근거의 존재여부다. 말콤 볼드리지(Malcolm Baldrige, 이하 MB) 경영품질 모델은 그러한 측면에서 우리에게 탁월한 대안을 제시한다. 경쟁력의 원천을 찾을 수 있는 경영시스템의 거울 역할을 하기 때문이다. 하버드대학교의 교수를 포함해 많은 전문가들이 도출해 낸 월드 클래스 기업의 성공요인이기에 더욱 중요한 의미를 지니고 있다. 경영품질이 추구하는 핵심 가치는 월드클래스 기업으로서 다른 기업의 역할 모델이 되기 위해 갖추어야 할 초일류 기업의 조건이다. '경영품질 글로벌 스탠더드'로 불리는 MB 모델이 수많은 기업의 경영품질 수준의 진단 및 평가의 가이드라인으로 적용될 수밖에 없는 이유다. 다시 말해서, 현재 시대가 요구하는 경영시스템의 핵심 요소를 구체적으로 적시하고 있다고 볼 수 있다. '왜 경영품질인가?'하고 묻는다면 적어도 자신이 조직에 기여하는 수준을 정확히 알고 있어야 한다고 대답하고 싶다. 어떤 조직이 강한 조직이고 자신이 그러한 조직의 요구사항에 어떻게 기여하는지는 알아야 할 것 아닌가. 좀 심한 말로 하자면 연봉만큼 일하고 있는가를 객관적인 잣대로 이해하고 있어야 한다고 강조하고 싶다.

최근의 경영 환경은 어디서 시작해 어떻게 마무리를 해야 하는가에 대해서는 이견이 있을지라도 분명 무언가 변화시켜야 한다는 데에는 공감대가 형성되어 있다. 일부 기업에서는 종합적인 경영 메커니즘을 진단하고 혁신을 추구하기 위해서 경영시스템 전반에 대해 관심을 갖고 있다. 이러한 과정에서 현실적으로 유용한 모델이 바로 'MB 경영품질 모델'이다. MB 모델이 추구하는 궁극적인 목표는 체계적인 경영시스템을 확립하는 데 있다. 체계적인 경영시스템은 업무의 흐름을 잘 정리하고 시스템을 보조하며 책임과 권한을 명백하게 구분한다. MB 모델은 리더십, 전략, 고객 및 시장, 정보 분석, 인적 자원, 프로세스 등 6가지 관점에서 기업의 현황을 파악하고 이를 측정해 개선 영역을 도출하고 개선안을 제시하는 등 기업이 합리적으로 생각하고 판단하는 방법을 제시하고 있다. 앞에서 소개한 6가지 핵심 요소를 성공적으로 운용하면 경영 성과는 저절로 결과로서 나타난다는 '접근 방식 · 전개'와 '결과'를 이원화해 다루고 있다.

[그림 8-11]은 경영품질 모델이 추구하는 두 가지 관점을 잘 반영하고 있다. 한 가지는 경영시스템이며 다른 한 가지는 조직구성원의 탁월성이다. 다시 말해

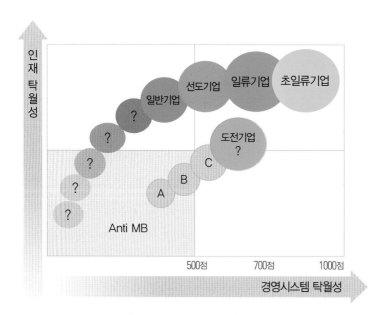

[그림 8-11]
경영품질 모델의 핵심:
경영시스템과 인재

서 업무 관행과 구성원의 역량이 경영의 수준을 결정하게 되는 것이다. 그림에 나타나 있듯이 일류 혹은 초일류 기업들은 경영시스템 탁월성과 인재 탁월성에 대해서 높은 접근성을 보인다. 그에 반해 도전기업들은 경영시스템 탁월성과 인재 탁월성이 상대적으로 낮은 것을 알 수 있다. 기업 스스로 경쟁력의 현재 위치를 진단하고 그 수준을 향상시키는 노력을 기울여야 할 것이다. 경영품질은 월드 클래스 기업을 목표로 하는 당신 조직의 경쟁력이 무엇인가를 가르쳐줄 것이다. 그리고 조직 속에서 자신의 가치를 높이고 올바르게 평가받는 기반을 제공할 것이다.

초일류 기업의 혁신코드: 경영품질

MB 기준은 기업경영의 핵심을 제1범주(리더십)로부터 제7범주(사업성과)에 이르기까지 모두 7가지 범주로 나누어 평가하는 시스템적 평가 모델이다. 매우 정교하게 짜여 있어 일견 복잡하게 보일 수도 있다. 그러나 원리적으로 이해하면 매우 알기 쉬운 논리적 구조로 이루어져 있다. 여기서 MB 모델의 원리 및 전체 구조를 매우 쉽고도 간단하게 파악해 볼 수 있는 방법이 스티븐 코비(Stephen R. Covey) 박사의 '성공하는 사람들의 7가지 습관'과 비교하는 것이다. 개인의 성공 노하우나 초일류 조직의 지향점이 같은 맥락이라는 것을 읽을 수 있다.

리더십_Leadership (스티븐 코비의 성공 습관 1: 주도적인 사람이 돼라) 리더는 방향을 설정하는 사람이다. 주도적인 입장에서 도전해야 하며 그 책임 또한 외면하지 않는다. MB 모델은 방향 제시, 변화 관리, 혁신과 위임, 성과 관리로 리더십을 구성하고 있다. 주도적인 사람이 되는 과정에서 지켜야 할 핵심적인 시스템을 요구하고 있는 것이다. 코비 박사가 개인에게 주도적인 사람이 되라고 강조했다면, MB는 주도성을 시스템으로 갖추라고 강조하고 있다.

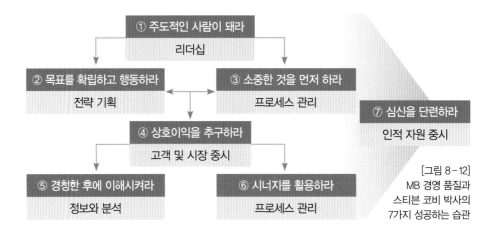

[그림 8-12]
MB 경영 품질과
스티븐 코비 박사의
7가지 성공하는 습관

전략 기획_Strategic Planning (스티븐 코비의 성공 습관 2: 목표를 확립하고 행동하라) 조직의 비전에 확실하게 도달할 수 있는 방법은 무엇인가? 수많은 방법 중에서 가장 적합하고도 유리한 전략은 사전에 설계, 수립되어야 한다. 이는 결국 목적지의 위치, 방향, 거리, 소요시간, 날씨, 기타 특이사항 등을 종합적으로 검토하고 예측할 수 있는 전체 지도(map)를 작성하는 것과 비교할 수 있다. 코비 박사도 마지막 순간의 목표를 생각하고 인생을 설계하라고 강조한다. 전략 시스템의 부재는 종종 전투에서 이기고 전쟁에선 지는 결과를 초래하고 있기 때문이다.

고객 및 시장 중시_Customer and Market Focus (스티븐 코비의 성공 습관 4: 상호이익을 추구하라) 고객과 시장은 비즈니스 성립 조건의 중심축이다. 사업의 시작과 마무리는 의당 고객과 시장의 몫이다. 따라서 자신의 사업 대상 고객의 다양한 정보 및 해당 시장에 대한 정확한 정보 없이 사업을 전개해나가는 것은 마치 한밤중에 헤드라이트 없이 자동차를 운전하는 무모함과 같다. 여기서 간과하지 말아야 할 것은 상생의 개념으로 시장을 바라보는 것이다. 요즘은 고객의 만족이 아니라, 고객의 성공을 추구하는 시대이다. 더불어 생존하는 공생(symbiosis) 개념이 핵심 성공 요소가 되었다.

정보와 분석_Information and Analysis (스티븐 코비의 성공 습관 5: 경청한 후에 이해시켜라) 정보와 분석은 조직의 성과 측정 시스템을 관리하고 그에 관한 각종 데이터 및 정보를 분석하고 활용하는 것을 의미한다. 조직의 성적표를 측정, 유지 및 관리해 중점 관리가 가능한 상태를 강화하라는 것이다. 계기판 없는 비행이 불가능하듯이 측정 없는 경영도 있을 수 없다. 경영 상태에 대한 명확한 검토, 평가, 예측이 초일류 기업의 경영 관행이다.

인적 자원 중시_Human Resource Focus (스티븐 코비의 성공 습관 7: 심신을 단련하라) 여기서는 종업원의 역량과 전문성을 상징하고 있다. 경영 성과가 다양한 요소 중에서도 조직 내 인적 자원의 수준, 즉 우수한 자질, 전문적 지식, 적극적 태도(참여도)에 가장 결정적인 영향을 받는 것임을 시사하고 있다. 심신을 단련해 건강을 유지해야 하듯이 조직도 탁월한 업무 환경, 지속적인 교육 훈련, 그리고 사기 진작이 업무 성과로 이어지는 인적 자원 중시 문화가 필요하다. 기업의 엔진이 자본도 기술도 아닌 결국 사람이라는 단순한 진리를 다시금 깨우치게 하고 있다.

프로세스 관리_Process Management (스티븐 코비의 성공 습관 3: 소중한 것을 먼저 하라 & 성공 습관 6: 시너지를 활용하라) 조직 내에서 유기적인 결합 기능이 시스템으로 설명된다면, 입력과 출력 중심의 순차적 활동은 프로세스로 나타난다. 경영 관리 활동의 생산성과 효율성을 정확히 확인할 수 있는 업무 흐름에도 프로세스적 사고방식이 유리하게 작용한다. 코비 박사는 소중한 것부터 먼저하고 조직의 시너지를 추구하라고 주장했다. 이 두 가지를 동시에 시도하는 것이 바로 프로세스 관리이다. 오늘날 기업 경영에 있어 가장 중요한 경쟁 요소로 등장한 것이 프로세스 관리로 조직 내 핵심 사업 프로세스를 설계하고, 관리하고, 지속적으로 개선해 나가는 방법을 포함한다.

사업성과_Business Results 사업성과는 일련의 지표 실적과 상호연관성을 갖는다. 재무성과가 좋으려면 고객이 만족해야 한다. 고객성과가 좋으려면 내부 프로세스가 효율적이어야 한다. 프로세스를 효율적으로 설계하고 운용하는 것은 바로 내부 구성원이다. 즉 구성원의 학습과 혁신이 기반이 되어야 한다. 이들 모든 것 이외에도 조직은 나름대로의 특유성과가 존재할 수 있다. MB 모델의 사업성과는 이와 같이 BSC(balanced score card) 4대 요소(재무, 고객, 내부, 학습·혁신)와 특유의 성과로 구성되어 있다. 균형 잡힌 성과를 거두어야만 장기간 초일류를 유지할 수 있기 때문이다. MB 모델이 오히려 BSC의 전신에 가깝다는 것을 기억해야 한다. 성과와 시스템을 동시에 추구하는 모델이기 때문이다.

어떤 식으로 표현되건 테크노 리더는 초일류 기업의 경영 수준을 이해하고 있어야 한다. 초일류 기업의 목표를 아는 자만이 과녁을 맞힐 수 있기 때문이다. 각 범주의 핵심 요소와 이들 요소를 업무에 접목하는 노하우에 관심을 가져야 한다. 높이 나는 새가 멀리 보는 법이다.

CASE STUDY 🖉 인재 영입을 위한 결단력

☑ 현대차: 과감한 인재 영입, 정의선의 디자인 경영

인재 영입은 리더십 방향을 제시하는 것은 물론 실질적으로 조직 역량 제고의 기폭제가 되기도 한다. 파격적인 인재 영입으로 리더십 메시지를 가장 확실하게 전달한 사례는 정의선 현대자동차 부회장의 '디자인 경영'을 꼽을 수 있다.

2005년 35세의 젊은 나이에 현대자동차 그룹의 양대 축 중 하나인 기아자동차 사장이라는 중책을 맡았던 정 부회장은 당시 디자인이나 상품성, 브랜드 파워 등 모든 면에서 부족했던 기아차에 뭔가 새로운 계기를 만들고 싶었다.

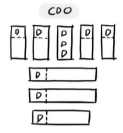

'디자인 기아' 이미지를 위해서
상징성 있는 경영자를 영입하였다.

기아차만의 차별화된 정체성을 디자인으로 결정한 그는 세계 3대 자동차 디자이너로 꼽혔던 폭스바겐 총괄 디자이너 피터 슈라이어(Peter Schreyer)를 영입하는 초강수를 뒀다. 결과는 대성공이었다. 각종 신차들이 디자인에서 호평을 받으며 '디자인 기아'의 이미지를 부각시켰다.

정 부회장은 현대차로 옮긴 뒤에도 인재 영입 행보를 멈추지 않았다. 벤틀리(Bentley)·아우디(Audi)·람보르기니(Lamborghini) 등 명차 디자이너로 유명한 루크 동커볼케(Luc Donkerwolke), 람보르기니 브랜드를 총괄하던 맨프레드 피츠제럴드(Manfred Fitzgerald), 그리고 해외에서 더 인정받았던 한국인 디자이너 이상엽씨를 영입했다.

사람만 모은다고 인재 중심의 기업이 되는 것이 아니다. 탁월한 인재를 판단하는 경영진의 안목과 그들을 조직 경쟁력으로 연계시켜 나갈 수 있는 통솔력을 기반으로 삼아야 가능하다. 출처: 박영국 기자, [Run to YOU] 기업리더의 결단이 성공을 부른다, 데일리안, 2017.01.02

[그림 8-13] 피터슈라이어와 정의선 부회장
이미지 출처: 서종열 기자, [CEO]Part 1 '세계 TOP 5' 현대자동차그룹 돌풍을 일으키다…정의선의 10년, 매일경제, 2013.03.26

신완선의 Visual 기술 리더십 예시

Situation 연봉을 3배 주어도 아깝지 않은 인재. 동료들 보다 3배 많은 연봉을 받는 가치창출형 인재가 되기 위해서 갖추어야 할 역량을 아이콘으로 표시해보라.

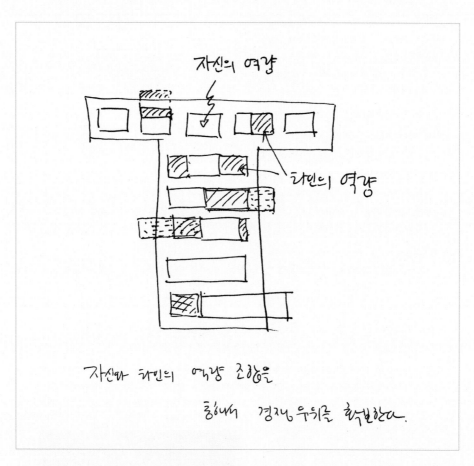

치열하게 영업 활동으로 경쟁하는 보험사나 자동차 영업부서에 근무하는 분들 중에 실제로 2~3배 정도의

실적을 내는 인재들이 10% 정도 있습니다. 그들의 공통점은 혼자서 모든 것을 하지 않는다는 점입니다.

자신의 연봉 중에서 일부를 투입하여 또 다른 인재를 적절히 활용합니다.

Date :   Name :

Situation   I, T, A 혹은 V자 중에서 자신은 현재 어떤 유형의 인재라고 생각하는가?
인재 아이콘인 직사각형 안에 역량의 본질을 적어 보면서 지식의 아이콘을 쌓아보라.

다음의 아이콘을 이용해 상황에 맞는
자신만의 리더십을 표현해 보세요.

비전   커뮤니케이션   신뢰   인재   실행

Draw Your Leadership

"진정한 앎은 자신이 얼마나 모르는지를 아는 것이니라." (공자)

Draw Your Leadership

Situation   4차 산업혁명 시대에는 오픈 이노베이션 개념을 가져야 한다. 모든 역량을 빌려서라도 최고의 수준을 유지하는 접근방식이 유효하다. 다른 사람의 역량을 빌려서라도 쌓아올리고 싶은 인재상을 그려라. (단, 타인은 아이콘에 음영을 주어서 구분하라.)

다음의 아이콘을 이용해 상황에 맞는
자신만의 리더십을 표현해 보세요.

비전   커뮤니케이션   신뢰   인재   실행

"나의 업무는 직원을 편하게 하는 것이 아니다. 그들이 더 잘하도록 만드는 것이다." (스티브 잡스)

1 21세기 초반 인재의 조건에서는 창의성, 전문성, 도전정신 순서로 높이 평가받았다면 최근의 인재상은 빠르게 변하는 시대의 흐름에 따라 열정과 주인의식, 도전정신 순서로 높게 평가 받고 있다.

2 4차 산업혁명 시대에서는 V자형 인재를 넘어서 학문의 경계를 뛰어넘는 전문지식, 창조력, 대인능력까지 겸비한 통합형 인재를 요구한다.

3 경영품질의 방향과 수준을 판단하기 위해 말콤 볼드리지 경영품질 모델을 사용한다. 말콤 볼드리지의 기준은 리더십, 전략 기획, 고객 및 시장 중시, 정보와 분석, 인적 자원 중시, 프로세스 관리, 사업성과 등 총 7가지 범주로 나눈다. 이는 코비 박사의 '성공하는 사람들의 7가지 습관'과 비교할 수 있다. 개인의 성공 노하우와 초일류 기업의 경영품질 지향점은 같은 맥락임을 알 수 있다.

1 21세기 초반 인재 조건에 비해 최근 급격히 각광받고 있는 세 가지는 무엇인가? 왜 그것들이 새로운 키워드로 부각되었는가?

2 시대에 따른 인재의 유형에 대해 나열하고 4차 산업혁명 시대에 맞는 인재는 무엇인지 설명하라.

3 경영 수준을 이해하는 방법으로 무엇을 소개했는가? MB 모델의 7대 항목을 나열하고 코비 박사의 7가지 습관과 어떤 것이 매칭될 수 있는지 적어보아라.

4 경영품질을 높이는 과정에 요구되는 경영시스템과 인재 탁월성은 서로 어떤 역할을 하는가? 이들을 동시에 높이기 위해서는 어떤 노력을 해야 하는가?

1 인재를 선택하는 과정에는 탁월한 의사결정 능력이 필요하다. 자신이 존경하는 사람의 의사결정 패턴과 자신의 의사결정 패턴을 다음과 같이 조사하여 분석하라.
(1) 자신이 존경하는 사람이 중시하는 의사결정 기준 10가지는 무엇인가?(예: 속도, 가치, 실행가능성 등)
(2) 자신이 일상생활에서 중시하는 의사결정 기준 10가지는 무엇인가? 자신의 10가지 기준이 존경하는 사람의 기준과 어떻게 다른지를 비교하여 설명하라.

2 자신이 존경하는 리더 중에서 창의성을 바탕으로 새로운 사업 영역을 개척해 나가는 사람 중 한 명을 선정하고 그가 문제 발견 능력, 문제 해결 능력, 인내력 키우기 차원에서 어떻게 역량을 향상시켰는지 조사하라.

3 창의성에 대한 고정관념 5가지를 학습했다. 자신이 알고 있는 창의적인 조직을 선정하여 이들 5가지 고정관념이 틀릴 수 있음을 입증하고, 그 배경을 설명하라.

4 초일류 경영시스템 7가지에 대해서 학습했다. 자신이 이들 7가지 범주(리더십, 전략 기획, 고객 및 시장 중시, 정보와 분석, 인적 자원 중시, 프로세스 관리, 사업성과) 차원에서 어떠한 역량을 갖추고 있는지를 점검하라.

5 4차 산업혁명 시대에는 기술 요소 뿐만 아니라 다양한 기술 분야 간의 융합, 사회과학, 인문학, 자연과학, 공학 등 학제 간 융합이 이루어지는 등 지금까지와는 전혀 다른 창조적 융합이 일어난다. 이러한 시대에 걸맞는 통합형 인재 한 명을 고르고 선택한 이유 5가지를 제시하고,
(1) 어떠한 이유로 통합형 인재라고 생각했는지 T자형 인재와 비교해서 설명하라.
(2) 그가 통합형 인재가 되기 위해서 어떠한 개별적인 학습 및 역량 강화 노력을 했는지 조사하고 분석하라.

테크노 리더십의 실행: '실행'의 5대 요소

자신을 이기다	삶을 이겨가다	절대 포기하지 마라	언더독으로 싸워가다
작은 실험을 한	실패가 쌓이다	땀과 먼지, 그리고 비판	기계와 영혼
반항하다	저항하다	기계의 도움을 받다	스마트 컴퓨터와 함께
더불어 실험하다	자율에 강하다	pressure에 강하다	거칠게 실험하다

제9장

테크노 리더십의 실행: '실행'의 5대 요소

1. 리더십 실행의 5대 요소는 무엇인가?
2. '결정을 위한 3단계'와 'SPEED 공식'은 무엇인가?
3. '실행'에서 '추진력'의 의미는 무엇이며 그에 따른 긍정적, 부정적 효과는 무엇인가?
4. 성공하는 리더의 3가지 행동 방식은 무엇인가?
5. 자신감을 위협하는 4가지 요인과 자신감을 높이기 위한 단계는 무엇인가?
6. 실행 목표를 설정하려면 어떻게 해야할까?

1. '실행'의 핵심 요소: 결단하고 도전하라

실행은 리더십의 꽃이요 열매이다. 왜냐하면 행동으로 옮기지 않고서는 아무 것도 이룰 일이 없기 때문이다. 비전, 소통, 신뢰, 인재 역시 실행을 전제로 테 크노 리더의 핵심요소로 자리 잡을 수 있다. 실천하여 행동에 옮긴다는 것은 모든 가치의 필수 조건이다. 율곡 이이는 격몽요결에서 리더십의 기본을 가르쳐준 다. 입지독행(立志篤行). '뜻을 세우고 명확하고 독실하게(faithfully) 행하라'라 는 표현으로 미래를 준비하는 방법을 강조했다. 비전을 설정하고 충실하게 실천 하라는 주문이다. 조직행동 전문가이며 미국 스탠퍼드대학교 교수인 제프리 페 퍼(Jeffrey Pfeffer) 역시 탁월한 성과를 내는 개인과 조직의 가장 특징적인 자질을 '행동지향성'으로 꼽고 있다.(Jeffrey Pfeffer, 2010, Reference 9-22 참조) 과거나 현재를 막론하고 모든 결실은 실천하는 행동력, 즉 실행력(execution)에 종속된다고 볼 수 있다.

강의를 하려고 대중 앞에 서면, 사람의 마음을 보게 된다. 개인적인 속내는 알 수 없지만 집단이 되면 숨기기가 힘든 모양이다. 스트레스에 짓눌려있는 회사가 있다. 할 일 많고 갈 길 바쁜데 무슨 교육이냐는 표정이다. 불편한 심기가 강당을 메운다. 무심한 표정의 회사도 만나보았다. 세상사 모두 시시콜콜한 모양이다. 차분하지만 열정이 없다. 일하는 재미가 없는 모습이다. 고맙게도, 감사와 희망이 가득한 회사가 있다. 눈을 마주치는 사람에게 인사 나누기 바쁘다. 함께 모인다는 것 자체에 의미를 부여한다. 바로 이 순간을 즐기는 사람들이다.

'지금 이 순간에 최선을 다해 실천하면 성공한다'는 사실을 모르는 사람은 없다. 집중과 몰입이 그만큼 중요하다. 안다. 잘 알고 있다. 문제는 환경이 그냥 놓아두지 않는다는 점이다. 업무에만 몰두하여 최선을 다하고 싶지만 직장 자체가 없어질 수도 있단다. 소신을 지켜야한다고 다짐하지만 치고 올라오는 경쟁자가 신경쓰인다. 뭔가 더 쉬운 길을 찾아 두리번거리는 자신이 싫어진다. 몰입하기에는 주변 환경이 너무나도 산만한 것이다.

4전5기의 주인공이자 권투 부문 세계 챔피언 홍수환 씨의 강의를 두 번 들었다. 쓰러지고 또 쓰러졌지만 불굴의 정신으로 일어나 세계 챔피언에 등극한 그의 성취 자체가 신화인 사람이다. "남산공원에서 산 정상을 단숨에 올라가는 것이 정말 힘들었습니다. 다 왔는가 싶어 고개를 들면 아직도 많이 남았습니다. 바로 그 때 두 다리에 힘이 쭉 빠집니다. 코치께서 얘기하더군요. 절대 머리를 들지 말고 계단만 보고 뛰라고 말이죠." 그는 그 때 계단만 보고 뛰는 집중력을 키웠고 덕분에 세계 정상에 올랐다고 한다. "저를 그렇게도 다그치던 코치가 챔피언이 되고 나니 그렇게 하지 못하더군요. 그리고 저는 다시 곧 링에서 쓰러졌습니다. 저는 두 번이나 세계 챔피언이 되었지만 단명한 챔피언이기도 합니다."

기업 경영도 마찬가지다. 리더는 본인 자신은 물론 구성원으로 하여금 집중하고 실행하도록 만들어야 한다. 한 때 〈포천(Fortune)〉에서 선정한 '제조업 분야의 리더 100'에 선정되었던 래리 보시디(Larry Bossidy)는 실행에 대해 "목적과 방법을 검토하고 의문을 제기하며 끈기 있게 추진하고 책임 관계를 명확히 하는, 체계적이고 엄격한 프로세스를 말한다(Larry Bossidy 외 2004, Reference 9-12 참조)"라고 정의했다. 실행력을 가지고 있는 리더는 실행에 따른 기업의 문화와 그에 따른 프로세스를 확립할 수 있고, 목표달성을 위해 구성원들에게 동기를 부여할 수 있다. 단순히 집중하고 실천하라고 주문하기 보다는 임무를 완수할 수 있도록 실행에 대한 구체적인 접근방식을 준비해야 한다.

제너럴일렉트릭(GE)의 前 최고경영자였던 잭 웰치(Jack Welch)는 GE에서 수행했던 인재 고용 기준인 리더십의 자질로 4E를 정의했다. 4E는 에너지(energy) 활력(energize), 결단력(edge), 실행(executive)을 의미한다. 그래서일까, 제프리 크레임스(Jeffery A. Krames)의 저서『잭 웰치와 4E 리더십』(2005)에서 확인할 수 있듯이 4E 리더십을 통해 잭 웰치의 CEO 재임기간 동안 GE는 역사상 어떤 회사보다도 많은 '포천(Fortune) 500대 기업' CEO들을 배출했다(Jeffrey A.K., 2005, Reference 9-16 참조). 잭 웰치가 정의한 4E는 케이스 스터디(Case Study)를 통해 확인하도록 하자.

잭 웰치는 민주당 대선 주자들을 평가하기 위해서 4E 모델을 사용했으며, 후보자를 평가하기 위해 그의 공식에 열정(passion)을 추가했다. 모든 리더십 모델은 열정을 포함해야만 한다고 했으며, 최고의 리더들은 그들이 하는 일에 있어서 열정으로 가득 차있는 사람들이다. 또한, 2007년 GE Korea 前 회장 이채욱은 GE의 인재상인 4E 모델에서 비전(vision)을 추가하면서 '4E+1V' 모델을 언급했다. 이렇듯 리더십의 요소와 각 기업에서 요구하는 인재상은 끊임없이 변화하고 있다.

리더십 서적 중에서 실행을 강조하는 대표적인 서적들을 분석하여 공통점을 찾아보았다. 실행과 관련된 리더십 요소를 살펴보면 [그림 9-1]과 같이 정리 될 수 있다. 실행 요소들은 크게 '내부 실행 요소'와 '외부 실행 요소'로 구분할 수 있다. '내부 실행 요소'는 '실행'할 때 리더가 내적으로 의사결정을 하는 단계를 의미하며 '외부 실행요소'는 의사결정 단계를 거쳐 외부적으로 성과를 달성 및 평가할 수 있는 단계를 의미한다. 내부 실행 요소에는 결단력, 목표지향성, 통찰력, 자신감, 용기, 에너지, 활력이 해당되고, 외부 실행 요소에는 주도성, 추진력, 창의성, 열정, 행동력이 해당된다. 이들 중에서 가장 공통적으로 강조되는 요소들이 결단력, 추진력, 열정, 행동력, 그리고 자신감이다. 이들 다섯 가지 요소들을 이 책에서는 '실행의 5대 핵심요소'로 정하고 각각의 요소를 설명하고자 한다. (참고로, 창의성도 핵심요소에 포함될 수 있지만 8장에서 이미 다루었으므로 여기서는 제외시켰다.)

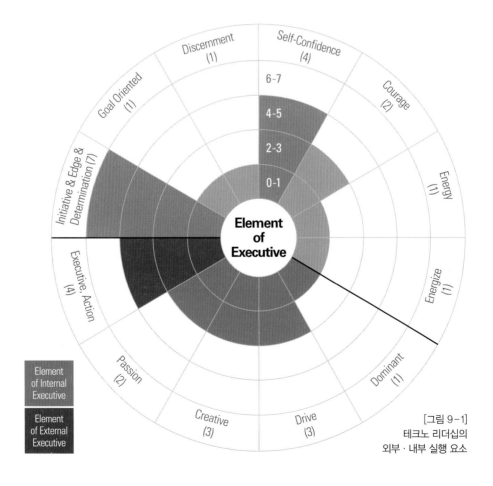

[그림 9-1]
테크노 리더십의
외부·내부 실행 요소

CASE STUDY 📎 잭 웰치의 4E 리더십

☑ 4E의 정의 – 잭 웰치(Jack Welch)

기업의 리더십 모델 중에서 가장 많이 공유되었던 것이 잭 웰치 전 GE 회장이 재임 당시 강조했던 4E 모델이다. 당시 한국에 와서 강연으로도 이 사례를 소개하여 국내 기업 경영에도 적극적으로 반영되기도 하였다. 에너지, 활력, 결단력, 실행의 영어 첫 글자를 딴 것으로서 전체적으로는 실행력에 초점이 맞추어져 있다.

4가지의 E를 모아서 G'E로 수렴시킨다. 열정과 실행이 핵심이다.

첫 번째, 에너지(energy): 에너지를 가진 개인들은 '전진, 전진, 전진'하기를 사랑한다. 끝없는 에너지를 갖고 있고, 당면 업무를 신속히 처리하고 싶어 아침 일찍 일어나는 사람들이 이에 속한다.

두 번째, 활력(energize): 다른 사람들이 실행하도록 점화(spark)하는 방법을 안다. 성취의 공로는 타인에게 돌리고 잘못은 본인이 책임지는 유형이다. 칭찬을 공유하고 비난을 감당하는 것이 동료들을 활기차게 만든다는 것을 잘 알고 있다.

세 번째, 결단력(edge): 결단력이 있는 사람들은 경쟁적인 유형이다. 이들은 어려운 결정을 내리는 방법을 안다. 어려움이 앞길을 가로막는 것을 허용하지 않는다. 직원들의 채용, 승진, 해고를 결정함에 있어서 주저하지 않는다.

네 번째, 실행(executive): 앞의 3가지 E들이 결과로 이어지지 않으면 조직에는 아무런 쓸모가 없다. 효과적으로 실행하는 사람들은 활동성과 생산성이 같은 것이 아님을 이해한다. 최고의 리더들은 에너지와 결단력을 행동과 결과로 변환시키는 방법을 알고 있다. 출처: Jeffrey A.K., 김종완 옮김, 『잭 웰치와 4E 리더십』, 4-6, McGraw-Hill Korea, 2005

[그림 9-2] 잭 웰치의 4E 리더십

에너지 **Energy**	활력 **Energize**	결단력 **Edge**	실행 **Executive**
• 추진력(Drive) • 변화 포용하기	• 비전 • 타인 점화하기	• 강력한 경쟁자 • 어려운 결정 내리기	• 결과를 산출 • 일관된 실적 달성자

2. '실행'의 5대 핵심 요소

결단력(Determination)

결단력은 무엇을 할 것인지 결정하고 결심을 굳히는 과정이다. 좋은 결단을 위해서는 우선 정확한 결정을 하는 것이 중요하다. 서던캘리포니아대학교(University of Southern California)의 경영학 교수이자 하버드대학교 케네디스쿨 공공리더십센터 자문위원회 의장으로 활동하고 있는 워렌 베니스(Warren Bennis)는 탁월한 결정을 위한 3단계 절차를 제시했다.

1단계: 결정을 위한 준비. 준비 기간 중 리더는 결정이 필요한 사안이 무엇인지 파악하고 규정한 다음, 팀원 모두가 그 결정이 왜 중요한지를 깨닫게 하는 단계이다.

2단계: 결정의 순간. 일반적으로 리더는 다른 사람들의 조언을 구한 다음 결정을 내린다. 리더가 도움을 얻을 수 있는 것은 바로 이런 결정의 순간 전후이다.

3단계: 결정의 실행. 결정한 내용을 실제로 행동에 옮기는 것을 의미한다. 일단 결정을 내렸으면 리더는 이를 지원하기 위해 자원과 사람, 정보 그리고 기술력 등을 동원하는 단계이다.

워렌 베니스는 결단력과 관련하여 다음과 같이 말했다. "핵심은 리더가 중요한 사항에 대한 올바른 결단을 얼마나 많이 내리는가에 달려있다."(잭 웰치 외, 2014, Reference 9-24 참조)

결단력에서 빼놓을 수 없는 것이 속도감이다. 중요한 시기를 놓치고 뒤늦게 결정을 하는 사람에게 결단력이 있다는 표현은 적합하지 않다. 그만큼 다양한 상황에서 스피드 있는 의사결정과 실천 능력이 요구된다. 4차 산업혁명 시대는 머신 의사결정이 일상화되는 시점이다. 의사결정의 속도가 더욱 중요해진다는 것이 쉽게 예상되는 상황이다. 생산성 향상을 전문으로 하는 컨설팅 업체인 '생산성프로(The Productivity Pro)'의 회장 로라 스택(Laura Stack)은 결단력과 관련하여 'SPEED 공식'을 강조했다. 다섯 가지 영어 단어의 약어로 구성된 SPEED 공식은 다음과 같다.

1단계: 멈춰라(Stop). 충분히 멈춰서 문제해결에 필요한 정보를 충분히 모은다.

2단계: 고민하라(Ponder). 문제가 팀에 어떤 영향을 주는지 깊게 생각한 후, 전혀 영향을 주지 않는다면 멈춘다.

3단계: 교육하라(Educate). 문제의 영향 및 결과에 대해 스스로 빠르게 교육한다.

4단계: 평가하라(Evaluate). 배운 점이 무엇인지 평가한다.

5단계: 결정하라(Decide). 최상의 행동양식이 무엇인지를 결정한다.

로라 스택의 SPEED 공식은 우리들이 이미 보편적으로 알고 있는 절차에 불과하다고 생각할 수 있다. 바로 그 부분에 핵심 메시지가 있다. 쉽게 보이는 부분을 절차를 갖추고 차분히 지키며 대응하는 것이 결단력의 기본이다(Laura Stack, 2014, Reference 9-27 참조).

[그림 9-3] 로라 스택 SPEED 공식

S (Stop)	① 멈춰라
	충분히 멈춰서 문제 해결에 필요한 정보를 모은다.
P (Ponder)	② 고민하라
	문제가 팀에 어떤 영향을 주는지 깊게 생각한 후, 전혀 영향을 주지 않는다면 멈춘다.
E (Educate)	③ 교육하라
	문제의 영향 및 결과에 대해 최대한 빨리 스스로를 교육한다.
E (Evaluate)	④ 평가하라
	배운 점이 무엇인지 평가한다.
D (Decide)	⑤ 결정하라
	최상의 행동양식이 무엇인지를 결정한다.

베니스의 3단계 결정 절차와 스택의 SPEED 5단계를 통합하면 결단에 필요한 공통 요인을 정리할 수 있다. 결정을 위한 준비 단계에서는 정보를 수집하고 고민해야 한다. 충분한 정보 확보가 중요하므로 평소의 정보량과 경험이 결단력에 크게 영향을 미칠 수밖에 없다. 결정 단계에서는 교육, 평가 및 선택으로 이어지는데 최종 결정의 리스크(후회 가능성)를 줄이려는 노력의 일환이다. 리더 본인의 판단력도 중요하지만 주변의 지원 및 관리 시스템의 필요성을 인지할 필요가 있다. 개인이 아니라 시스템으로 결정하는 방식을 활용해야 한다. 마지막 실행 단계에는 집중력이 핵심이다.

리더의 실행목표는 단순할수록 좋다. 만일 그것이 복잡해질 수밖에 없는 상황이라면, 실행기간을 짧게 잡거나 권한위임을 명료하게 하면 된다. 순간의 집중력을 높이기 위해서 회의감이 비집고 들어올 틈을 허용해서는 안된다. 전략적 사고와 실행에 집중하는 것은 상충되는 것이 아니다. 방향을 잡을 때는 심사숙고하라. 하지만 때가 되면 모든 에너지를 동원하여 집중해야 한다.

CASE STUDY 🖉 결단력

☑ 올랜도의 영웅, 결단력과 한마디가 60~70명 살렸다

해병 출신의 인도계 청년 임란 유수프(24)는 미국 플로리다주 올랜도 총기 난사 테러에서 수십 명의 목숨을 구했다. 그는 한 달 전에 사건이 발생한 나이트클럽 '펄스'에 경비원으로 취직했다. 아프가니스탄에서 해병 복무를 거쳐 전기 기술직에 종사하다가 새로운 일자리를 찾은 신참에게 위기가 닥친 것이다.

워싱턴포스트는 "영웅은 특별한 사람이 아니다. 순간의 결단력과 용기 있는 행동이 상황을 180도 바꿀 수 있다"며 유수프의 대처 능력을 높게 평가했다.

실행의 크기와 방향이 아니라
결단과 실행 시기가 중요하다.

테러범은 댄스 홀에서 움직이는 모든 사람들을 향해서 총을 난사했다. 모두가 꼼짝할 수 없는 상황이었지만, 그 순간 유수프는 클럽 뒤쪽에 문이 있다는 걸 생각해냈다. 문 주변엔 60~70명의 사람들이 모여있어 뒤쪽을 향해 "문을 열라"고 소리쳤지만 아무도 움직이려 하지 않았다. 결국 그는 목숨을 걸고 스스로 문을 열고 수십 명이 밖으로 나갈 수 있는 계기를 만들었다.

유수프는 워싱턴포스트에 "많은 분들이 '전직 해병이 영웅다운 행동을 했다'고 하는데 당시 난 본능적으로 움직였을 뿐이다. 더 많은 목숨을 구하지 못했다"고 안타까워했다. 결단은 본능이다. 철학과 가치관이 평소에 몸에 배어있어야 무의식적으로 좋은 방향으로 움직이게 된다. 출처: 백민정, '올랜도의 영웅, 결단력과 한마디가 60~70명 살렸다', 중앙일보, 2016.06.16

[그림 9-4] 해병 출신의
인도계 청년 임란 유수프(24세)

추진력(Drive)

리더십을 발휘하는 과정에서 가장 크게 후회하는 부분이 머뭇거리다 좋은 시점을 놓치는 경우다. 힘도 제대로 써보지 못한 채 결과가 나오면 낭패감이 밀려온다. 성공과 실패를 떠나 온전히 마무리가 되지 않은 것이다.

필자 스스로 최고의 추진력을 발휘한 사례를 꼽으라면 한국품질혁신대회를 개최한 것을 얘기하고 싶다. 2011년, 한국의 최고품질전문가(Chief Quality Officer, CQO) 200명을 모아 국가 품질전략을 토론하는 포럼을 주최하게 되었다. 행사의 장소, 규모, 날짜, 예산 등 모든 것을 내 스스로 계획하고 조달해야 하는 상황이었다. 물론 한국품질경영학회 소속 젊은 교수들과 한국표준협회 실무자들의 도움을 받을 수 있는 상황이었다. 그러나 기업의 임원들을 하루 종일 포럼 장소에 머물게 만드는 일은 결코 쉽지 않은 일이었다. 게다가 200명을 초대한다는 것은 감히 엄두를 내기 힘든 상황이었다.

"교수님, 왜 복잡하게 만드세요. 그냥 기업 사람들 단체로 오게 해서 대표 분들이 몇 분 강의하고 토론하면 되잖아요?" 산업통상자원부 담당 사무원은 업무에 불확실성이 많아지는 것이 마음에 쓰이는지 말리기에 급급했다.

"아닙니다. 그렇게 사람 동원하는 행사를 하려면 왜 내가 합니까? 누구나 할 수 있는 일인데요." 일을 맡으면 힘들더라도 본질에 충실하게 하려는 필자의 자존심이 기존의 패턴을 허용하지 않았다. 아이디어와 추진력이 필요한 상황이었다.

우선 어떻게 200명을 모을 수 있는가가 관건이었다. 대기업 CQO 50명을 초대하고 그들이 협력사(중소·중견기업) CQO를 각각 3명 초대하면 본인 포함 200명이 된다는 계산이 섰다. 과연 50개 기업을 어떻게 선정하고 협력사 임원 3명을 초대하도록 만들 수 있을까. 필자는 경제신문에 매일 나오는 업종별 주가에 주목했다. 25개 업종을 정하고 각 업종에서 가장 주가가 높은 2개 기업을 동그라미로 표시했다. 이들 50개 기업의 품질 임원을 초대하기로 결심했다. 결심한다고 그들이 행사에 참석하는 것은 아니지 않는가. 뭔가 또 새로운 방법이 필요했다. 목표가 분명하면 방법은 보이는 것인지도 모르겠다. 좋은 아이디어가 떠올랐다. 바로 '대한민국 상생품질 대표기업'으로 초청하는 것이었다. 그냥 오는 것이 아니라 모기업과 협력사가 서로 상생하는 대표 기업으로 인정하고 그들이 자랑할만한 3개 상생기업의 임원과 함께 오도록 초청했다. 물론 이 과정에서 집요하게 담당 공무원을 설득하여 초청인이 산업통상자원부 장관이며 행사 당일 장관이 참여하도록 발품을 팔았다. 뿐만 아니다. 6시간의 행사시간 동안 임원들이 미리 빠져나가지 않도록 하는 것이 또 다른 관건이었다. 그래서 50개 테이블을 만들어 테이블 별로 6명(초청된 대기업 CQO 1명, 협력사 임원 3명, 자문교수 1명, 그리고 품질서포터스 대학생 인턴 1명)을 배치하여 300명이 참석하는 행사를 만들었다. 이 행사의 백미는 미리 컴퓨터 프로그램을 준비하여 행사 내내 테이블별 의견과 설문에 대한 피드백을 현장에서 스크린으로 보면서 진행시켰다는 것이다. 필자는 행사를 마치고 정말 고맙다는 생각이 들었다. 왜냐하면, 초청받은 대부분의 기업과 전문가들이 참여해주었기 때문이다. 물론 그 과정에 기업을 나누어 연락하고 행사프로그램을 기획하고 가이드북을 만드는 등 많은 사람들의 헌신이 있었다. 아무도 못한 일을 해내어 모처럼 기업 최고의 품질전문가들을 모시고 현장에서 국가 품질전략을 구상하게 된 것은 잊지 못할 리더십 추억이다.

필자가 내 자신의 체험을 소개하면서 추진력을 설명하는 이유는 그만큼 어렵기 때문이다. 지나고 나면 쉬워 보이지만 당시에는 모든 것이 불확실하고, 아주 간단한 일도 관련된 사람에게 여러 차례 부탁하고 확인해야 비로소 당초의 계획대로 움직이는 것이 다반사다.

그 과정에서 우리에게는 소중한 자산이 쌓이게 된다. 남다르게 해낼 수 있고 그러한 잠재력이 내 안에 있다는 확신이 생기기 때문이다. 추진력은 쌓이고 쌓여서 단련되는 역량이다.

추진력이란 원래 실행의 근간으로서 '정해진 틀 안에서 본인 혹은 팀의 역할을 완수하기 위해 최선을 다하는 과정'을 의미한다. 조직에서 움직이는 모든 것들의 조화를 이끌어 내는 것 역시 추진력이다. 추진력의 정도에 따라 조직의 결속력을 가늠할 수 있으며 강력한 추진력은 신속한 대응력으로 표출되기 마련이다. 경영 일선에서 활약할 때에 세계 최고의 추진력을 보여주었던 GE의 잭 웰치 前 회장은 간부들에게 "공격적으로 나가라(Play Offensive)"고 주문하곤 했다. 리더는 능동적이어야만 힘든 일을 찾아내고 보이지 않는 성과를 도출할 역량을 쌓아갈 수 있다는 믿음에서다.

강석진 前 GE Korea 사장의 일화가 웰치 회장의 추진력을 잘 보여준다. 강 사장이 한국에 지사를 내고 난 후의 일이다.

잭 웰치 前 회장	"유진(강석진 회장의 영어 이름),
	내가 한국 지사를 위해 무엇을 도와주면 되겠는가?"
강석진 前 회장	"1년에 한 번씩 한국 지사를 방문만 해주면 되겠습니다.
	본사가 그만큼 한국지사를 중시한다는 메시지가 될 테니까요."
잭 웰치 前 회장	"그래요? 좋습니다. 그럼 내가 한국을 매년 갈 일을 만드세요."
	새로운 일들을 말이죠!"

공격적으로 새로운 일을 만들고 도전하라는 주문이다. 조직의 추진력은 리더 개인에게서 나오지 않는다. 조직의 도전정신을 배경으로 가속화된다.

추진력이 항상 긍정적인 결과를 주는 것은 아니다. 개인 혹은 팀 단위로 세운 목표를 추진함에 있어서 실패를 맛본 경험도 많을 것이다. 그 이유는 목표를 달성하기 위해 많은 회의를 통해 실행 계획을 세우지만, 구체적으로 누가, 어떤 일을, 어떻게, 어떠한 과정을 거쳐서 실행해야 하는지 모르기 때문이다. 그렇다면, 추진력에 위협이 되는 요소에는 무엇이 있는지 살펴보자. 추진력은 구성원에게 적절한 동기부여가 제공되지 않을 때에 위험해진다. 동기부여를 불러일으키는 유형적 요소(금전, 좋은 환경, 직책 등)와 무형적 요소(인정, 지위, 수치, 공포 등)에 따라 추진력은 달라지기 마련이다. 물론 리더는 자신이 이끈 조직에게 적합한 요소를 구분하고 조정하는 능력을 갖추어야 한다. 그러나 가장 중요한 핵심은 리더 스스로 도전적인 목표를 정하고 추진하려는 의지다. 그러한 의지가 구성원에게 전달될 때에 비로소 가치관에 의한 리더십이 가능해진다.

CASE STUDY 🖉 추진력

☑ 시각장애인을 위한 자동차를 만들다

한국인으로 미국에서 로봇 연구에 선구적인 역할 하는 전문가가 UCLA 교수이자 로봇 연구소 로멜라(RoMeLa)의 소장인 데니스 홍이다. '시각장애인을 위한 자동차 만들기'라는 TED 강연으로 국제적 스타가 된 것은 물론 국내 매체에서도 여러 차례 그의 글로벌 리더십이 소개되었다.

인류가 더불어 실행하는 행복한 모습을, 미션으로 생각했다.

2007년 로봇 자동차를 만들어 기술페스티벌에서 3위를 차지한 것이 계기가 되어 미국시각장애인협회(NFB)가 그에게 연락을 해왔다. 시각장애인이 운전할 수 있는 자동차를 만들어달라는 간절한 부탁을 들은 홍 교수는 모두가 불가능하다고 생각하는 일이라 오히려 투지가 생겼다고 한다.

도처에 기술적인 어려움이 있었지만 그는 포기하지 않았다. 시각장애인에게 전달할 수 있는 비시각적 인터페이스를 구축하는 것이 결정적으로 성공하여 시각장애인들이 촉각으로 주변 상황을 파악해 의지대로 운전할 수 있도록 만들 수 있었다.

"처음에는 편견이 대단했지요. 저조차도 시각장애인들에 대한 편견때문에 그들의 입장에서 세상을 보지 않았으니까요. ...(중략)...그리고 2011년, 데이토나 국제 자동차 경기장에서 브라이언을 타고 시각장애인 친구가 결승전으로 들어오는 순간 제 인생이 바뀌었음을 직감했습니다. 저는 기계를 만들고, 기술을 개발하는 사람이지만 결국 사람을 행복하게 하고, 이 세상을 따뜻하게 만드는 일을 하고 있다는 걸 느끼게 된 거죠." 기술이 아니라 따뜻한 세상을 만드는 미션을 가슴에 두었기에 데니스 홍은 모든 문제를 해결해 낼 수 있었을 것이다. 출처: ① 손미나, '요리하는 개구쟁이 로봇과학자, 데니스 홍 인터뷰', HUFFPOST KOREA, 2015.06.05 ② '시각장애인을 위한 자동차를 만들다', 동아사이언스, 2014.04.17

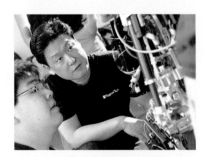

[그림 9-5] 시각장애인 자동차를 만든 데니스 홍
이미지 출처: 미국 버지니아공대 제공

열정(Passion)

리더의 실행력에 단연 필요한 요소가 열정이다. 다른 사람보다 좀 더 헌신할 바로 그 열심, 혹은 열정이 없다면 누가 그를 리더로 대접하겠는가. 그래서 리더는 주는 사람이다. 구성원들에게 땀과 눈물을 보여주기에 그들 또한 리더가 추구하는 방향을 쫓아서 최선을 다하게 된다. 심리학자 빅토 프랭클(Victor Frankl)은 세상에 빛이 되고 싶은 사람은 자신 먼저 불타는 과정을 견뎌내야 한다고 말했다. 대접을 받으려는 사람이 아니라, 헌신하면서 바른 가치로 이끄는 사람이 진정한 리더라고 할 수 있다.

세계적인 리더십 전문가이자 베스트셀러 저자인 존 맥스웰(John C. Maxwell)은 평범하게 보이는 이들이 엄청난 일을 성취할 수 있게 만드는 원동력을 '열정'이라고 정의했다. 그는 열정과 관련한 4가지의 진리가 있다고 정의했다.

첫 번째, 열정은 성취를 위해 내딛는 첫 걸음이다.

평범함을 뛰어넘는 삶을 사는 리더들에겐 목표에 대한 큰 열망이 있다. 약한 소망은 약한 결과를 내놓기 마련이기 때문에 큰 소망을 가지면 더 큰 가능성을 불러일으킬 수 있다.

두 번째, 열정은 의지력을 키운다.

열정을 대신할 수 있는 것은 아무 것도 없다. 무언가를 미칠 듯이 원하고 있다면 당신은 그것을 성취할 수 있는 의지를 얻을 수 있다.

세 번째, 열정은 자신을 변화시킨다.

자신의 열정을 따른다면 더욱 헌신적이고 생산적인 사람이 될 수밖에 없다. 그리고 그것은 다른 사람에게 영향을 주는 능력을 키워준다. 결국 열정은 자신의 개인적인 능력보다 더 큰 영향력을 갖도록 해줄 것이다.

네 번째, 열정은 불가능한 것을 가능하게 한다.

기술이 없더라도 커다란 열정을 가진 리더는 좋은 기술에 비해 열정이 모자란 리더를 언제나 능가하기 마련이다.

열정이 조직구성원에게 필요한 것은 물론 리더 자신의 실행력을 키우는 역할을 한다는 사실에 주목해야 한다. 타인이 아니라 자신을 위해서 열정이라는 리더십 자질이 요구된다. 존 맥스웰은 "리더가 열정을 갖고 손을 뻗으면 언제나 그 열정에 대한 대답을 얻게 된다"고 열정의 가치를 강조하였다(John, C.M, 2009, Reference 9-4 참조). 요즘 우리 사회에서 '열정 페이(Passion Pays)'라는 표현이 심심치 않게 공유되고 있다. 자신만 생각하는 냉담한 가슴을 버리고 사회와 미래를 위해 함께 나아가는 뜨거운 열정을 기대하는 시점이다.

CASE STUDY 🖋 열정

☑ '제빵왕' 허영인 SPC회장, 26년의 기다림, 꽃을 피우다

'대한민국 제빵왕' 허영인 SPC그룹 회장이 국내 제빵업계의 새 역사를 쓰고 있다. 국내 1위 파리바게뜨가 최근 '바게트 종주국'인 프랑스 파리에 깃발을 꽂았다. 세계적으로 입맛이 까다롭기로 유명한 '파리지앵(parisien)'까지 사로잡은 것이다. 1988년 서울 광화문에 파리바게뜨 1호점을 열었던 허 회장의 '제빵 외길'이 마침내 글로벌 최고의 경지에 도달한 것이다.

실행을 점진적으로 키워서
본질적인 추진력을 확보하다.

허 회장의 실행 리더십 핵심은 발품이다. 대학 시절에 1종 운전면허를 따서 트럭을 몰고 다니며 다양한 빵을 공수하여 상대적인 비교 관점에서 신제품을 개발했다. 프랑스에 진출하기 전에 이미 중국과 미국에서 10년간 시행착오를 거친 것도 그가 얼마나 치밀하게 준비하는가를 엿보게 만든다. 상상으로 미래를 일구는 것이 아니라 발품으로 하나씩 점검하며 끊임없이 나아갔던 것이다.

'세계 제과 제빵 1위 기업을 만들겠다'는 허영인 회장의 꿈은 프랑스 진출을 계기로 한발 더 나아가게 됐다. "파리바게뜨가 프랑스 파리에 진출하면서 명실공히 한국이 만든 또 하나의 글로벌 브랜드가 될 것으로 기대한다. 지금까지 파리바게뜨가 프랑스 베이커리 문화를 한국에 소개해온 브랜드였다면 미래의 파리바게뜨는 프랑스를 넘어 글로벌 시장으로 뻗어나가는 브랜드가 될 것이다." 실행력은 내실을 다지며 진화하는 모양이다. 작은 시작도 다져지고 다져지면 글로벌 모두를 상대로 한 비즈니스가 가능하다. 출처: 김보라 기자, '제빵왕' 허영인 SPC회장, 26년의 기다림… 꽃을 피우다, 뉴스웨이, 2014.08.04

[그림9-6]
SPC 회장 '허영인'

행동력(Action)

행동력은 정해진 미션을 수행하는 것이다. 전 세계에 수많은 지상군을 파견하고 있는 미(美) 육군은 승리를 전제로 하는 리더십 철학을 공유할 수 밖에 없다. 위계질서만 잘 지키면 되는 조직임에도 리더십의 중요성을 강조하는 이유는 장교와 사병 모두 수시로 리더십 상황이 필요하기 때문이다. 전시에는 모든 군인이 팔로워인 동시에 리더가 된다. 작전에 따라서 변동성이 극대화되며 사상자가 도처에 발생한다. 어떤 상황이라도 일사분란하게 움직이기 위해서는 대원 모두가 리더십 철학을 가지고 있어야 한다. 미(美) 육군 리더십 교본에 수록된 성공적인 리더십 철학인 BE-KNOW-DO 원칙은 [표 9-1]과 같다. 뚜렷한 가치관과 자기 수양을 강조하는 'BE(성품)', 대인관계 · 전문지식 · 작전력 등 임무수행을 위한 'KNOW(능력)', 그리고 임무완수를 위해 모든 방법을 동원하는 'DO(행동력)'를 기본으로 한다.

성품과 능력인 BE와 KNOW는 리더가 해야 할 모든 책무의 바탕을 이룬다. 따라서 이들 성품과 능력이 절대적으로 필요하긴 하지만 그것만으로 충분하지는 않다. 리더는 행동을 해야 한다. 미군이 중시하는 성공적인 리더의 행동 양식은 크게 3단계, 즉 영향 미치기, 운영하기, 그리고 개선하기로 구성되어 있다.

> **1단계: 영향 미치기.** 목표달성을 위한 대인관계 능력을 활용해 사람들을 이끌어 나간다. 이 단계에서는 결정을 내리고, 결정에 대해 서로 정확히 소통할 수 있게 만들고, 결정에 따라 구성원들이 행동 지침을 정할 수 있도록 지원한다.

철학	중점
BE(성품)	뚜렷한 가치관과 자기 수양
KNOW(능력)	대인관계, 전문지식, 작전력 등 임무수행을 위한 능력
DO(행동력)	임무완수를 위해 모든 방법을 동원

[표 9-1] 미국 육군의 리더십 철학: 성품, 능력, 행동력
출처: US Department of the Army, Reference 9-10

2단계: 운영하기. 자기 조직에 부여된 사명과 목표를 완수하고자 노력한다. 리더는 세부적이고 집행 가능한 계획을 세워 수행하며, 사람들을 돌보고 자원을 효율적으로 관리한다.

3단계: 개선하기. 현재와 미래의 사명을 완수할 능력을 증진시킬 수 있는 방법을 동원해 조직을 처음보다 더 나은 상태로 만들어 나간다(이민수, 2011, Reference 9-26 참조).

행동력에 중요한 또 한 가지 요소는 컨디션 조절 능력이다. 많은 사람들이 최상의 컨디션에서 진행된 자신의 행동력을 실력으로 믿고 있다. 그러나 실제로 그러한 환경과 컨디션을 유지한다는 것은 쉬운 일이 아니다. 그동안 수많은 국내 출신 야구선수들이 미국 메이저리그에 진출했다. 다들 반짝 성공하기도 했지만 오랜 기간 성공한 선수는 그리 많지 않다. 성공한 선수의 공통점은 오랜 기간 다치지 않고 자기관리를 했다는 점이다. 일본과 미국을 평정하여 우리 세대의 최고의 야구선수로 이름을 남기게 된 스즈키 이치로(鈴木一朗, Suzuki Ichiro) 선수는 항상 같은 무게의 배트를 사용한다고 한다. "배트의 무게가 달리 느껴진다는 것은 내 몸 상태가 유지되지 않았다는 것이죠. 나의 고액 연봉에는 몸 관리 비용도 포함된 것입니다. 돈을 써서라도 관리해야 합니다."

이치로는 연습장, 집, 그리고 가끔 들리는 아버지 집에 똑같은 규모의 헬스장이 있다고 한다. 자신의 몸과 컨디션 관리를 위해서이다. 리더가 갖추어야 할 실행력의 일부가 행동력이다. 바로 그 행동력의 기초가 컨디셔닝이다.

CASE STUDY ⬭ 행동력

☑ 보이지 않는 곳에서 충실하라

국내 컨설팅 업계의 선두기업인 KMAC (한국능률협회컨설팅)의 한수희 부사장은 우리나라 공공부문의 혁신과 인재육성에 크게 기여하고 있는 리더이다.

매년 그가 주도적으로 준비하는 '대한민국 공공기관 컨퍼런스'는 베스트 프랙티스를 공유하는 상징적인 대회이다. 각종 사례들이 이미 글로벌 최고의 수준에 도달했다고 판단될 정도로 대한민국의 사업과제 실행력이 단연 돋보인다.

필자는 우리나라 공공부문의 저력은 국민들이 인지하는 수준 그 이상이라고 자부

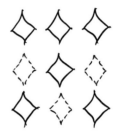

보이지 않는 순간에도 똑같은 실행력을 유지하는 것이 리더십의 본질

한다. 보이지 않는 영역이 더 강한 업종이 대한민국 공공부문이다. 그러한 경쟁력의 기초를 갖추도록 이끈 부사장의 리더십 특징은 자신이 인정받든 아니든 상관없이 한결같은 행동력을 유지한다는 점이다. 조용히 실행력으로 국가의 기본 경쟁력에 기여하고 있다. 보이지 않는 곳에서 최선을 다하는 것을 요구받고 있는 공공부문의 조직문화에 잘 어울린다.

국가 회계 부문 경쟁력 강화를 위해 노력하고 있는 한국공인회계사회 감사 나철호 대표 역시 유사한 행동력을 보여주고 있다. 초심, 하심, 담대를 철학으로 한결같은 자세를 유지하며 긍정적인 실행력을 보이는 리더의 본보기가 되고 있다.

[그림 9-7]
한수희 부사장과 나철호 대표
이미지 출처: 한국공기업학회 제공

자신감(Self-Confidence)

실행력의 마지막 핵심 요소가 자신감이다. 스스로 확신하지 않고 그 누구를 확신시킬 수 있다는 말인가. 믿기에 결정을 하고 행동에 옮기는 것이다. 실행의 이면에 자신감이 없다면 결과가 나오기 전까지 불안감과의 싸움을 해야만 한다. 자신감을 가져야 하는지 알면서도 뜻대로 되지 않은 것이 우리들의 마음이다. 나름 준비를 했음에도 긴장이 되는 것은 물론 사람들의 기대감이 크게 느껴질수록 다리가 떨려온다. 필자 역시 살아오면서 그런 경험을 수없이 하였다. 적당한 긴장과 걱정이 오히려 좋은 결과의 씨앗이 된다는 것도 알고 있지만 결코 만만치 않은 심리적인 적이 바로 자신감이다.

"떨려? 많이 떨릴수록 머리가 좋은 거래!" 필자가 주로 제자들에게 하는 말이다. 발표에 앞서서 혹은 발표 중에 바짝 긴장한 사람을 풀어주기 위한 멘트다. 실제 그렇게 믿고 있다. 보이지 않는 많은 것을 생각하고 느끼는 세밀한 능력이 발달해서 긴장의 더듬이가 심하게 흔들리는 것이다.

도대체 왜 우리는 자신감을 갖고 행동하기 어려운 것일까? 그 이유는 자신감을 위협하는 요인이 있기 때문이다. 더 잘하지 못할 수 있다는 위협, 완벽하지 않을 수 있다는 위협, 누군가 만족하지 않을 수 있다는 위협, 그런 작고 사소한 걱정들이 우리들의 신경과 호흡을 어지럽힌다. 존 콘트(John Caunt)는 직장에서 자신감을 위협하는 요인을 4가지로 정리하였다. '사람', '스스로 만드는 것', '사건', 그리고 '명확하지 않은 계획과 방향 설정'이다(John Caunt, 2008, Reference 9-21 참조). 타인은 우리를 두렵게 만들며 내재된 과거의 체험이 자신을 두렵게 만든다. 특정 사건이 마음에 걸리기도 하고 계획과 방향 관련 불확실성이 자신감을 떨어뜨린다. 카네기(Dale Carnegie), 아데나워(Konrad Adenauer), 코비(Stephen Covey)와 같은 리더십 센터에서 가장 먼저 초점을 맞추어 훈련시키는 것이 바로 소통에서 자신감을 갖게 만드는 것이다. 내적 자신감만 충만하게 만들어도 리더십 교육의 반은 성공한 것과 마찬가지다. 역으로 말하면, 얼마든지 교육과 훈련을 통해서 강화될 수 있는 것이 자신감인 셈이다.

그렇다면 자신감을 키우기 위해서 어떠한 노력을 해야 하는가? 하버드 경영대학원 교수이자 '하버드 비즈니스 리뷰(Harvard Business Review)' 편집장을 지낸 로자베스 모스 캔터(Rosabeth Moss Kanter)는 성공이 자신감의 원천이며 자신감에는 아래와 같은 4가지 과정 요소가 필요하다고 소개하고 있다 (Rosabeth Moss Kanter, 2008, Reference 9-28 참조).

1단계: 자신에 대한 확신(기대치를 높게 갖는 감정 상태)

자신감은 긍정적인 영향을 불러일으킨다. 어떤 일을 할 때, 목표치를 높게 설정할 수 있으며 이루어낼 것이라고 기대하게 된다.

2단계: 타인에 대한 믿음(긍정적, 협조적, 팀 지향적 행동)

항상 승리하기만 할 수는 없다. 때로는 패배를 맛보기도 할 것이다. 중요한 것은 그러한 과정에서 팀 동료들이 서로 실수할 수 있다는 것을 인정하고 문제해결을 위해 협력하는 자세다.

3단계: 시스템에 대한 신뢰(책임 의식과 협력, 솔선을 촉진하는 조직 구조)

성공은 비공식적인 경향을 공식적인 관행으로 굳힌다. 책임의식과 팀워크, 솔선의식 같은 승자의 습관을 반복적 일상과 절차, 연습으로 고착시켜 더욱 촉진하고 지속시킨다. 벤치마킹을 통해서 좋은 사례를 공유하면 올바른 방식을 보장하는 시스템으로 제도화 할 수 있다.

4단계: 대외적 자신감(인적, 물적 자원을 제공하는 네트워크)

반복적인 성공은 후원자, 고객, 팬 등의 지지 및 호의를 더 쉽게 얻을 수 있게 만들어준다. 이러한 관계성에 의해서 성공을 지원하는 외적 지원이 있다는 사실을 알면 긍정적 기대에 더욱 힘이 실린다.

이러한 요소들을 반복적인 일상에서 강화시켜야 한다. 시행착오를 거치면서 단련될 수밖에 없다. 수많은 경영자들이 젊은 세대에게 실패하더라도 도전하고 체험하라는 주문을 한다. 자신감은 체험을 배경으로 커진다. 도전하지 않는데 자신이 무엇을 얼마나 어느 정도 할 수 있는지 파악할 수 있겠는가. 리더는 학습을 하려고 차지하는 위치가 아니다. 학습은 미리 하고 실전에서는 다른 사람을 리드해야 한다. 리더에게 있어서 자신감이라는 자산은 학습하는 과정에서 축적되기 마련이다. 머리에 든 지식이 아니라 땀과 눈물로 빚어지는 일종의 체질 변화에 해당한다.

[그림 9-8]
자신감을 키워주는
4가지 과정 요소

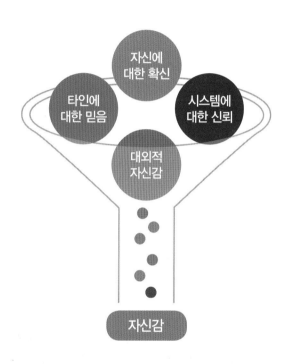

CASE STUDY 🖉 자신감

☑ 우리는 할 수 있다!

2016년 하계 올림픽을 거치면서 우리에게 익숙한 표현이 다시 한번 한국인의 가슴을 파고 들었다. '할 수 있다. 할 수 있다. 할 수 있다.' 펜싱 에페 결승에서 많은 점수 차로 지고 있던 박상영 선수가 쉬는 시간에 자신에게 읊조린 입모양이 전파를 타면서 시청자의 공감을 얻었다. 모두가 포기할 수밖에 없었던 그 순간에도 그는 '할 수 있다'라는 말로 자신에게 주문을 걸었고 대역전 금메달 획득이라는 기적을 일구어냈다. 역전은 누구나 할 수 있다. 그러나 마지막 순간까지 그 가능성을 꿈꾸는 자에게만 그 행운이 함께하는 것이다.

자신감은 다짐의 연속이다.
반복되고 반복하는 체험이 '할 수 있다'로
진화한다.

박상영은 중학교 1학년 때 펜싱을 처음 접했다. 이후 그는 훈련일지를 꾸준히 썼고 그 분량이 무려 10여권의 책이 될 정도라고 한다. 게다가 귀족 스포츠라 불리는 펜싱을 가난한 가정환경에서 시작했기 때문에 상황도 여의치 않았다. "나는 조건에 부합되는 꿈이 아닌 내가 가진 조건을 뛰어넘는 꿈을 늘 꿨다. 불리한 조건은 아예 생각하지 않았다. 꿈 하나만 바라보고 달렸기에 조건은 문제가 되지 않았다. 실현 가능한 꿈은 이미 꿈이 아니지 않은가. 나를 넘어서는 꿈을 꿀 때, 그리고 그 꿈을 이룰 때를 가슴 가득 그릴 수 있었으면 좋겠다"는 박상영 선수의 고백은 진정 꿈이 무엇인가를 가르쳐준다. 꿈은 희망의 끈으로 이어져야만 꿈인 것이다. 출처: 건설경제, 『내가 가진 조건을 뛰어 넘는 꿈을 꿔라』, 김현지 기자, 2017.01.31

[그림 9-9]
펜싱 국가대표 '박상영'
이미지 출처: 조은지 기자,
'세계 21위의 반란' 박상영
금메달, 기적의 역전승,
YTN, 2016.08.10

3. 스티어링 휠: 실행력을 관리하라

"자신을 불태우지 못하는 자는 타인을 불태울 수 없다." 이승한 전 삼성테스코 회장의 철학이다. (1990년대 말 삼성과 테스코가 합작해 '삼성테스코 홈플러스'를 설립했으나 현재는 사모펀드인 MBK에 매각된 상태이다.) 출처는 알 수 없지만, 그 말을 가슴에 두고 경영에 임했다고 한다. 테크노 리더이면서도 예술가를 방불케하는 유연함을 강점으로 한다. 완벽에 도전한다는 상징으로서 예술경영을 표방하며 식지 않는 학습형 CEO를 자처한다. "예술은 불완전하다. 따라서 예술가들은 완벽한 작품을 창조하기 위해 자기의 열정과 혼을 불사른다. 예술경영이란, 이처럼 최고경영자에게서부터 사원에 이르기까지 함께 혼신의 힘을 다해 끊임없이 노력해 가는 과정"이라고 강조하는 것에서 혼신의 힘을 다하는 그의 열정을 배우게 된다.

이승한 회장은 기업에서 예술의 경지에 도달해야 하는 각 부분을 '스티어링 휠', 즉 운전대에 비유한다. 홈플러스라는 자동차를 움직이기 위해서는 원형 스티어링 휠을 움직이는 직원, 고객, 운영, 재무 등 4가지가 서로 예술 작품처럼 조화롭게 어울릴 때 경영 목표를 달성할 수 있기 때문이다. 이 사장은 예술경영이란 기본에 충실해야 경지에 도달할 수 있다고 믿는다. "베토벤의 음악이 훌륭한 것은 가장 기초적인 것이 충분히 갖춰져 있기 때문입니다. 베토벤 음악에서 파격적인 부분이 아름답게 느껴지는 이유도 기본이 충실한 데 있다고 봅니다. 경영도 마찬가집니다. 핵심 사업의 효율성과 경쟁력이 높으면 성공 경영의 기반이 마련된 것이나 다름이 없습니다."

스티어링 휠은 중앙 큰 원에 자신이 실행하고자 하는 목표를 넣고, 한 단계 한 단계씩 세부 계획을 채워 간다. 이는 자기의 행동 관리, 실행력 관리의 도표를 만들어 구성원들과 부서의 행동력을 높이는 데 초점을 맞추었다. [그림 9-10]의 예시를 보면 스티어링 휠은 행복이 목표이며, 일, 가족, 친구, 건강이 전체적으로 균형을 맞추고 있다. 실행에 대한 종합적인 조화를 고려한 분류이다. 세부 실행과제가 세분화되고 마지막 제일 큰 원에는 실행수준을 결정할 목표 숫자가 적혀 있다. 즉, 실행 성공여부를 결정할 임계점(threshold)을 표시해 둔 것이다. 바로 이점이 우리가 배울만한 부분이다. 실행은 막연해서는 안 된다. 리더가 제시한 목적과 목표 달성을 정확하게 인지할 수 있는 수준에 도달하도록 관리해야 한다. 다시 한 번 율곡 이이의 고사를 생각해본다. 입지독행(立志篤行). 뜻을 세우고 독실하게 실행하라는 뜻인데 사실은 중간에 두 글자가 더 있는 문장이다. 입지명지독행(立志明知篤行). 뜻을 세우고 명확하게 이해하고 독실하게 실행하라. 실행력의 근원이 무엇인가를 정확하게 가르쳐주는 명언이다. 뜻을 세우고 구성원 모두에게 무엇을 어떻게 어떤 수준까지 해야 하는지 이해시키고 충실하게 실천하도록 만들어야 한다.

[그림 9-10]
이승한 前 회장의
스티어링 휠 사례

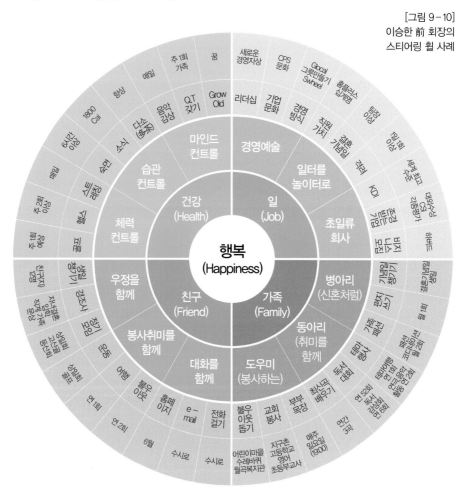

Date :   Name :

Situation   율곡 이이의 가르침인 입지독행(立志篤行)은 '뜻을 세우고 독실하게(faithfully) 실행하라'는 뜻이다. 비전 아이콘 안에 많은 실행 아이콘을 채워서 자신의 입지독행을 설계하라.

다음의 아이콘을 이용해 상황에 맞는
자신만의 리더십을 표현해 보세요.

비전   커뮤니케이션   신뢰   인재   실행

"잘되고 잘못되고, 다스려지고 어지러워지는 것은 실로 사람에게 달려 있다." (율곡 이이)

Draw Your Leadership

Situation 창조적 실행은 실패 가능성을 인정할 때에 비로소 꽃을 피운다. 반복되는 창조적 실행을 어떻게 아이콘으로 표현할 수 있을지를 그림으로 제시하라.

다음의 아이콘을 이용해 상황에 맞는 자신만의 리더십을 표현해 보세요.

비전   커뮤니케이션   신뢰   인재   실행

"다름은 새로운 창조의 작은 시작이다. 존중받아 마땅하다. 그러나 다름을 남용해서는 안된다. 품질을 저해하지 않는 다름을 직시해야 한다."

1   실행의 5대 요소
      결단하라, 추진하라, 열정을 가져라, 행동하라, 자신감을 가져라

2   결단력: 탁월한 의사결정을 위한 방법으로 '결정의 3단계 절차'와
'SPEED 공식'을 따른다.
      ① 워렌 베니스(Warren Bennis)의 결정의 3단계 절차
        결정을 위한 준비 → 결정의 순간 → 결정의 실행
        결정이 필요한 사안이 무엇인지 먼저 파악하고, 타인의 조언
        을 구한 뒤 결정한 내용을 실제로 현실 가능하게 만든다.
      ② 로라 스택(Laura Stack)의 SPEED 공식
        멈춰라 → 고민하라 → 교육하라 → 평가하라 → 결정하라
        빠른 SPEED로 리더가 쉽게 결정을 내릴 수 있도록 도와줄
        것이다.

3   추진력: 추진력이란 역할을 완수하기 위해 최선을 다하는 과정을
의미한다. 이는 조직의 결속력과 신속성을 보일 수 있다. 하지만,
리더의 비계획적인 강력한 추진력으로 인해 자율성 상실을 일으
키는 일은 없어야 할 것이다.

4   열정: 열정이란 평범하게 보이는 이들로 하여금 엄청난 일을 성취
하게 하는 원동력이며 다음과 같은 4가지 진리를 포함한다.
      ① 열정은 성취를 위해 내딛는 첫 걸음이다.
      ② 열정은 의지력을 키운다.
      ③ 열정은 자신을 변화시킨다.
      ④ 열정은 불가능한 것을 가능하게 한다.

5   행동력: 조직을 강화시키기 위한 3가지 행동 방식에는 영향 미치
기, 운영하기, 그리고 개선하기가 있다.
      ① 영향 미치기 단계에서 리더는 목표달성을 위한 대인관계 능
        력을 활용해 사람들을 끌어나간다.
      ② 운영하기 단계를 통해 자기 조직에 부여된 사명과 목표를
        완수하고자 노력한다.
      ③ 개선하기 단계에서는 현재와 미래의 사명을 완수할 능력을
        증진시킬 수 있는 방법을 동원해 조직을 처음보다 더 나은
        상태로 만들어 나간다.

6 자신감: 승리가 자신감을 낳는다. 자신감에는 아래와 같은 단계가 있다.
  ① 자신에 대한 확인 – 기대치를 높게 갖는 감정 상태
  ② 타인에 대한 믿음 – 긍정적, 협조적, 팀 지향적 행동
  ③ 시스템에 대한 신뢰 – 책임의식과 협력, 솔선을 촉진하는 조직 구조
  ④ 대외적 자신감 – 인적, 물적 자원을 제공하는 네트워크

7 실행력을 높이기 위해 개인은 시간표를 짜기도, 일기를 쓰기도 한다. 기업의 실행력을 보여주기 위한 방법으로 스티어링 휠(steering wheel)이 있다.

**REVIEW
QUESTIONS**

1 실행의 5대 요소란 무엇인가?

2 탁월한 의사결정을 위한 방법에는 어떤 것들이 있는가?

3 추진력의 긍정적인 효과와 부정적인 효과에 대해 설명하라.

4 열정의 4가지 진리에 대해 설명하라.

5 성공하는 리더들이 조직을 강화시키기 위한 3가지 행동 방식에는 어떠한 것들이 있는가?

6 자신감을 가지기 위한 노력에는 어떠한 것들이 있는가?

**APPLICATION
EXERCISES**

1 탁월한 실행력을 보여준 테크노 리더를 한 명 선정하라. 그가 실행력 5대 요소(결단력, 추진력, 열정, 행동력, 자신감) 관점에서 어떠한 강점을 보였는지 설명하라.

2   본인이 자신감을 가지고 임했지만 실패했던 사례를 작성하고, 왜 그렇게 실패로 끝나게 되었는지 그 이유를 설명하라. 그리고 어떤 점을 수정하면 성공했을지 설명하라.

3   지금은 4차 산업혁명 시대이다. 4차 산업혁명 시대를 이끌어 가기 위해 테크노 리더가 갖추어야 할 실행의 요소는 무엇이라고 생각하는가? 실행요소 5가지 중 3가지를 선정하고 그 배경을 설명하라(cf. 실행의 5대 요소 : 결단력, 추진력, 열정, 행동력, 자신감).

4   스티어링 휠은 자신의 실행력에 대한 목표를 정하고 점검하는 데 활용될 수 있다. 자신의 스티어링 휠을 작성하여 본인의 실행 목표를 작성해 보아라.

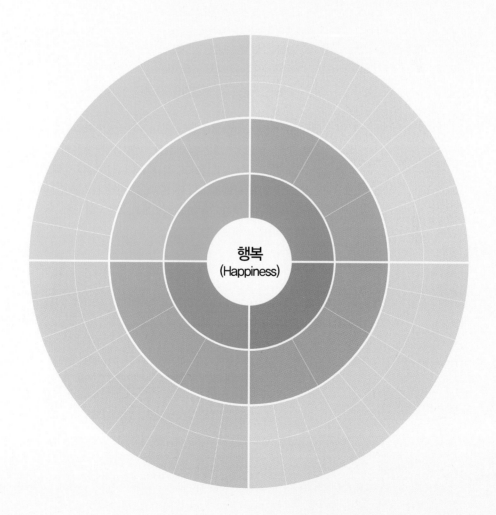

행복
(Happiness)

5   스티어링 휠의 형식이 아니더라도 거의 모든 기업은 자신들에게
     적합한 방식으로 실적 관리를 통해 계획을 점검하고 실행에 대한
     열의를 확인한다. 방식은 다르지만 조직의 실행력을 챙기지 않는
     리더는 없을 것이다.
     한국서부발전의 김동섭 전무는 솔선수범의 실행력으로 혁신적인
     조직을 만들어 온 대표적인 테크노 리더이다. 그의 철학인 무한불
     성(無汗不成)은 '땀을 흘리지 않고는 이룰 것이 없다'는 의미로서
     실행력의 필요조건을 명확히 제시한다. 함축적으로 표현된 경영
     현장에서의 실행력 핵심은 다음과 같다.

     · 시스템보다 사람이 먼저다.
     · 경영은 아래에서 배워야 한다.
     · DNA가 있는 사람은 저절로 큰다.
     · 질문으로 리드하라.
     · 화내지 말고 인내로 질문하라.
     · 변화가 없는 곳에서 답을 찾아라.
     · 기술은 작은 것과 영합하면 안 된다.

시스템이 아니라 사람에게 답이 있다는 뜻으로 인적자원이 실행
력의 원천임을 알 수 있다. 결국 현장 자원에 대한 소통과 인내심
이 기술 리더의 책무인 셈이다. 형식이 아니라 마음가짐이 모든
것에 우선한다는 사실을 다시 한 번 배울 수 있다. 김동섭 전무가
얘기한 실행력의 핵심이 무엇을 강조하고 있는지에 대해 자신이
이해하는 바를 설명하라.

테크노 리더십과 미래 준비

모자이크 리더십

사람와 기기가 연결되는
초연결사회

사람을 변화시키는 열정

소프트웨어 비전의 점증

시스템 리더십의 형성

제 10 장
테크노 리더십과 미래 준비

1. 4차 산업혁명은 리더십에 어떤 영향을 주는가?
2. 기술주도 혁신을 위한 리더십 체계는 어떻게 달라지는가?
3. 4차 산업혁명 시대를 선도하는 리더가 되기 위해서는 어떤 활동이 필요한가?

1. 알파고와 이세돌의 대결은 무엇을 남겼는가?

2016년 3월. 머신러닝 인공지능 컴퓨터인 알파고(AlphaGo)와 프로기사 이세돌의 바둑 대결은 인류에게 그 전까지 경험해보지 못했던 신선한 충격을 가져다주었다. 대결은 대부분 전문가들의 예상을 뒤엎고 알파고의 4:1 승리로 결판이 났다. "인간이 진 것이 아니라 인간 이세돌이 진 것이다!"라는 멋진 마무리 멘트를 남겼지만 이세돌은 이미 '알파고와의 대국에서 그나마 한 판이라도 이긴 마지막 사람'이 될 것으로 예견되고 있다. 올해 세계 1인자인 중국의 커제(柯洁, Ke Jie)가 다시 도전했지만 참담하게 완패하고 말았다.

힘의 대결이 아닌 단순한 의사결정에 대한 컴퓨터와 인간의 대결. 그동안 미래 뉴스로만 접해왔던 인공지능(AI)이 사람들의 곁으로 성큼 다가온 것이다. 인공지능 컴퓨터와 인간의 대결은 잠재되어 왔던 중요한 질문을 끌어냈다. '인간보다 훨씬 뛰어난 연산 능력을 갖춘 컴퓨터와 기계는 인간의 삶을 어떻게 바꿀 것인가?' '4차 산업혁명 시대의 인간은 어떻게 기계와 조화롭게 공존할 수 있을 것인가?' 등의 다양한 질문들이 산업계는 물론 사회 전 영역에서 쏟아졌다.

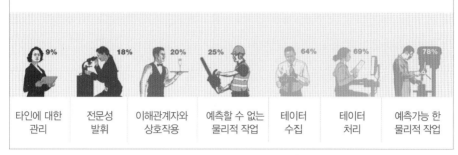

각 산업 영역별 다양한 형태의 업무들은 잠재적으로 자동화 대상이 될 가능성을 갖고 있으나, 그 가능성은 활동별로 큰 차이를 나타냄.

9%	18%	20%	25%	64%	69%	78%
타인에 대한 관리	전문성 발휘	이해관계자와 상호작용	예측할 수 없는 물리적 작업	데이터 수집	데이터 처리	예측가능 한 물리적 작업

[그림 10-1] 직업별 자동화가능성 예측
이미지 출처: Mckinsey Global Institute, Reference 10-2 참조

기술의 진보에 의해 주도되는 혁신(technology driven innovation)의 시대에 현재까지의 조직과 리더십의 이론과 그 실현 과정은 자연스럽게 새로운 변화를 맞이하게 될 것이다. 기계에 의한 자동화를 주요한 내용으로 포함하고 있는 4차 산업혁명의 시대에 지금 사람이 하고 있는 일은 어느 수준까지 자동화되고 기계에 의해 대체될 것인가? 글로벌 컨설팅 회사인 맥킨지(McKinsey & Company)는 연구보고서 『A Future That Works: Automation, Employment, And Productivity』(2017년 1월)에서 사람의 업무를 크게 7가지 범주로 구분하고 여러 산업 분야별로 자동화 가능성을 예측했다. 그 결과 범주별 업무의 자동화 가능성은 예측가능한 물리적 작업(78%) 〉 데이터 처리(69%) 〉 데이터 수집(64%) 〉 예측할 수 없는 물리적 작업(25%) 〉 이해관계자와 상호작용(20%) 〉 전문성 발휘 업무(18%) 〉 타인에 대한 관리 업무(9%)로 예측되었다.

보고서에 따르면 상대적으로 정형화된 업무인 데이터의 수집과 처리, 반복적 육체 노동의 경우 자동화의 가능성이 매우 높으며, 사람 간의 관계, 즉 주로 조직 내·외부의 사람들과 상호작용하고 영향력을 행사하는 업무에 대해서는 자동화가 어려운 것으로 예측되었다. 특히 타인을 관리하는 업무, 즉 리더 또는 관리자의 역할은 기계에 의해 대체될 가능성이 가장 낮은 업무 분야로 분석되었다.

위와 같은 내용을 통해 우리는 리더십과 관련하여 다음과 같은 두 가지 합리적 예측을 할 수 있다.

첫째, 4차 산업혁명은 필연적으로 기계와 인간의 역할 재설정을 요구하게 된다. 이것은 인사담당 조직의 고민일 뿐만 아니라 모든 개인, 나아가 사회적인 고민이 될 것이다.

둘째, 사람이 해야 하는 업무 중에서 사람과의 관계를 대상으로 한 분야는 자동화의 가능성이 낮으므로 그 중요성이 더욱 부각될 것이다. 또한 역할을 조정하는 것과 사람을 관리하는 것은 리더의 업무이므로 변화된 환경을 선도할 수 있는 새로운 리더십에 대한 요구는 늘어나게 될 것이다.

왜 4차 산업혁명 시대의 리더십은 새롭게 정의되어야 하는가?

리더십과 관련된 이론은 시대의 발전과 조직의 요구사항 변화에 따라 지속적으로 새롭게 변화를 거듭해 왔다. 4차 산업혁명기인 지금 리더십이 새롭게 정의되어야 하는 이유는 다음과 같은 세 가지로 설명할 수 있다.

① 사회의 근본적 변화에 대응

4차 산업혁명으로 대표되는 기술 중심의 사회구조 변혁이 이미 시작되었으나 리더십 분야에서는 시대의 변화를 반영한 이론이 등장하지 않은 상황이며, '4차 산업혁명 시대에 적합한 인재상' 등의 논의만 진행 중인 것이 현실이다. 하지만 인간과 기계의 새로운 역할 설정 등 근본적인 변화의 시점에서 현재의 일반적인 (generic) 비즈니스 리더십, 그리고 사회의 각 영역에 잔존해 있는 권위적 리더십으로 변화된 환경을 주도할 수 없다는 것은 분명하다.

② 품질을 뒷받침 할 리더십의 필요

각 나라별로 그리고 기업별로 품질, 기술력을 확보하고 이를 실제의 경쟁력으로 구현(realize)하기 위해서는 개인과 조직은 물론 국가 차원에서 자원의 투입과 의사결정을 주도할 리더십이 필요하다는 것은 재론의 여지가 없을 정도라고 보아야 할 것이다. 하지만 대학을 비롯한 각 교육기관과 대부분의 조직에서는 정해진 직무의 수행을 위해 필요한 '실무자'를 양성하는 활동에만 집중하고 있으며, 리더 양성에는 상대적으로 관심이 저조한 것이 현실이다. 리더십은 조직의 비전을 제시하고 전략의 수립과 추진을 통해 조직의 활동을 '정답'으로 이끄는 역할을 수행하게 된다.

우리나라는 자동차, ICT 산업분야 등 다른 나라와 비교할 때 앞선 기술력과 품질 역량을 보유하고 있다. 그럼에도 불구하고 품질 관련 이슈(이른바 삼성전자의 '갤노트 7 사태', 현대자동차의 '리콜 사태' 등)에 의해 글로벌 주도권을 상실하고 비즈니스 기회를 잡지 못하는 것은 충분한 기술력을 갖고 있지만 그것을 구현 과정에 있어 리더십이 비즈니스 측면에 치우쳐 빚어진 결과라고 할 수 있을 것이다.

③ 국면 전환을 위한 사회 전 영역의 새로운 계획(initiative)필요

2017년 스위스 다보스에서 개최된 '세계경제포럼(World Economy Forum, 이하 WEF)'에서는 '소통과 책임의 리더십(Responsive and Responsible Leadership)'이 주요 의제로 논의되었다. 2016년 WEF에서 새로운 패러다임인 '4차 산업혁명'을 주창한 그 이듬해, 리더십이 전 세계 주요 국가 정상들의 의제로 채택된 이유는 무엇일까?

WEF에서 거론된 리더십은 1차적으로 미국, 중국 등 글로벌 강대국의 주도권을 의미한다. 하지만 이는 동시에 '소통과 책임의 리더십'으로 정부는 물론 각 조직의 리더들이 4차 산업혁명의 변혁기에 새롭게 갖추고 실천해야 할 리더십의 요체(要諦)라는 의미로 이해해야 할 것이다.

최근에는 세계 각국이 경제의 장기 저성장 아래 정치적 불안정과 국가 간, 세대 간 갈등 등 다양한 위협 앞에 노출되어 있는 상황이다. 그래서 정치, 경제 등 전 부문에 걸쳐 사회의 혼란을 빠르게 수습할 리더십이 더욱 필요하다.

CASE STUDY ✐ Mass Customization

☑ Mass Customization 시대의 테크노 리더

산업혁명을 다시 시대별로 조명하면 1차 산업혁명 시기에는 모든 것을 자체적으로 가공하는 제조 과정을 선호했다. 도구화 및 기계화가 성공적 생산체계 확보의 지름길 이었다.

2차 산업혁명 시대에는 속도가 중요했다. 생산시스템 혁신을 통해서 대량 생산이 가능하도록 기술 전문화와 공급사슬 개념이 발전했다. 다양한 이해관계자가 제품의 완성에 참여하게 된 것이다.

3차 산업혁명 시대에는 생산 자동화와 효율성이 현장의 목표가 되었다. 생산 인력은 빠르게 기계로 대체되었고 효율 생산(Lean

초연결사회의 테크노 리더십은 모자이크 리더십으로 진화할 것으로 예상된다. 리더십 요소가 순열과 조합으로 다가올 것이다.

Production)이 현장관리의 화두였다. 이 시기부터 한 가지 특이 현상은 사람들이 컴퓨터의 도움을 받아 의사결정을 하기 시작했다는 점이다. 스마트폰은 없어서는 안 될 필수품이 되었고 사람들은 일상생활에서도 추천 기능을 근거로 판단하는 습관들이 생겼다.

4차 산업혁명은 인터넷이 생산 현장에 접목되어 사이버 물리 시스템(Cyber Physical System)이 가능하게 된다. 즉 기계나 설비 스스로 의사결정을 단행하고 디지털 트윈(Digital Twin)을 통해 사람의 결정을 실시간으로 검증하는 시대가 왔음을 뜻한다. 생산플랫폼을 확보하고 개별적인 고객 선호도를 반영시키는 맞춤형 생산(Mass Customization)에 도전하게 되었다.

[그림 10-2] 산업혁명, 품질 목표, 그리고 접근 방식

산업 혁명	휴먼 혜택	생산 방향	품질 목표	접근 방식
4.0시대	Instinct Aid	**Mass Customization**	**Responsibility (QR)**	**Open Quality**
↑ 3.0시대	Brain Aid	Lean Production	Management (QM)	Innovation
↑ 2.0시대	Power Aid	Mass Production	Assurance (QA)	Audit Standard
↑ 1.0시대	Hand Aid	Machine Production	Control (QC)	Inspection

출처: 신완선, '산업 4.0시대 품질 패러다임, Open Quality', 월간 〈품질경영〉, 2016년 11월호

위에서 설명한 바와 같이 새로운 사회 변화에 대응하고 모든 조직이 확고한 리더십 아래 '꼭 필요한 일'을 하며 경쟁력을 강화하기 위해서는 재정의된 테크노 리더십이 필요하다.

2. 새로운 제안: 테크노 리더십 4.0의 개요

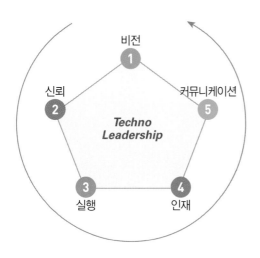

[그림 10-3] 컨벤셔널 테크노 리더십 모델 프레임워크

앞서 우리는 9장까지의 논의를 통해 기술시대를 선도할 테크노 리더의 성공 조건으로 비전, 신뢰, 실행, 인재 그리고 커뮤니케이션이라는 다섯 가지 성공요소에 대해 논의한 바 있다. 이러한 내용을 하나의 체계 안에 포함한 것을 편의상 '컨벤셔널 테크노 리더십 모델 프레임워크(conventional techno leadership model framework)'로 정의한다.

테크노 리더십 4.0은 컨벤셔널 테크노 리더십 모델 프레임워크를 변화된 환경에 적응하도록 확장·재정의한 개념이라고 설명할 수 있다.

'테크노 리더십 4.0 프레임워크(techno leadership 4.0 framework)'는 리더십의 기본 사상이라고 할 수 있는 '리더십 기본 원칙들(leadership fundamentals)'을 기초로 하고, '컨벤셔널 테크노 리더십 모델' 수준의 다섯 가지 리더십 특성이 각각 새롭게 정의된 '리더십 구성요소(component)'로 이루어져 있으며, 컨벤셔널 테크노 리더십 모델과 4.0은 각각 구분되는 '층(layer)'을 갖고 있는 것으로 정의된다.

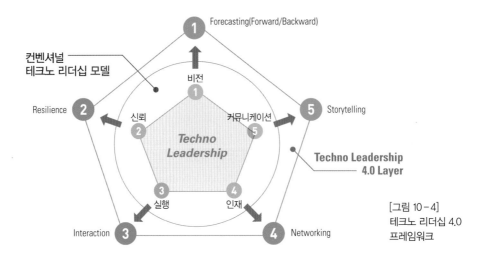

[그림 10-4]
테크노 리더십 4.0
프레임워크

4차 산업혁명기 리더십의 근본: 소통과 책임의 리더십

제 47회 WEF는 2017년 1월 스위스 다보스에서 개최되었다. 포럼의 핵심 주제는 '소통과 책임의 리더십(Responsive and Responsible Leadership)'이었다. 사회적·정치적으로 불안한 가운데 '4차 산업혁명'이 빠르게 진행되면서 세계의 불확실성이 더욱 증폭될 것으로 예상되기 때문에 이를 해결하기 위해서는 소통과 책임감을 가진 리더십이 필요하다는 것이다. 소통과 책임의 리더십은 불확실성 증가와 기존 시스템 붕괴에 불안과 좌절을 느끼는 사람들에게 진솔하게 반응하고, 공정하고 지속성장이 가능한 대안을 제공하기 위해 책임감을 가진 리더십이라는 것이다(현대경제연구원, 2017, Reference 10-7 참조).

'소통과 책임'이란 키워드는 향후 4차 산업혁명의 진행 전 과정에 있어 리더, 그리고 리더십과 관련된 분야의 논의에 있어 '공통분모'로서 작용하게 될 것이다. 따라서 새롭게 정의되는 테크노 리더십은 그 내용과 전개 과정을 통해 '소통과 책임'의 리더십을 개인, 조직 그리고 국가의 각 영역에서 구현해야 할 궁극적인 목표로 삼아야 할 것이다.

CASE STUDY 🖉 소통과 책임

☑ 다보스 포럼의 선언 "수직적 리더십 시대는 끝났다"

"수직적인 의사결정 구조는 4차 산업혁명 시대에 맞지 않습니다. 개별 분야에서 발전이 아니라 광범위한 협업이 성공의 필수 요소가 됐습니다. 수평적인 시각에서 시스템 전체를 볼 수 있는 '시스템 리더십'이 핵심어가 될 것입니다."

2016년에 방한했던 클라우스 슈밥 WEF 회장의 말이다. 2016년 '4차 산업혁명'이라는 화두를 촉발시킨 WEF가 2017년에는 '소통과 책임 리더십(Responsive and Responsible Leadership)'이라는 포괄적인 주제를 내세웠다. 4차 산업혁명이 가속화될 것이므로 리더십 차원에서 이에 대응할 수 있도록 사전에 대비해야 한다는 것을 의미한다.

필자의 판단으로는 WEF는 '리더십 기능의 연결을 통해서 불확실성에 대응할 수 있는 책임구조를 설계하라'고 강조하고 있는 것으로 이해된다. 단일 구조가 아니라 복합(composite) 기능으로 유연한 대응력과 복원력을 확보해야 할 시대가 오고 있는 것이다. 출처: 박용범 기자, 다보스 포럼의 선언 "수직적 리더십 시대는 끝났다", 매일경제신문, 2016.11.08

시스템 리더십은 실행의 연결 구조와 미션의 상호작용을 발판으로 형성된다. 연결 구조의 본질을 이해해야 한다.

[그림 10–5] 클라우스 슈밥 WEF 회장
이미지 출처: robert scoble, Flicker CC By–SA

4차 산업혁명 시대 리더십 5대 구성요소

테크노 리더십 4.0은 기술주도 혁신의 과정을 선도할 리더가 가져야 할 특성이자 리더십 체계를 구성하는 다섯 가지 요소(component)로 이루어져 있다.

① 지속가능한 변화 주도를 위한 예측(forecasting)

미래 예측은 모든 조직의 핵심 활동이자, 올바른 예측에 기반을 두어 조직의 비전과 목표를 제시하고 조직구성원들에게 동기를 부여하는 '비전 리더십(visionary leadership)'은 오랜 기간 중요한 리더십의 유형으로 자리 잡아 왔다.

경제, 사회의 발전과 기술 융·복합화에 따라 정확한 미래를 예측하는 것은 갈수록 어려워지고 있다. 반면 발달한 ICT 기술과 빅데이터에 기반을 둔 예측분석(predictive analytics)은 '경험과 감'이 아닌 체계적이고 논리적인 미래 예측을 가능하게 해주고 있다.

이러한 기술 발전에도 불구하고 아직도 많은 조직에서 '현재와 유사하게 묘사하는 경향'을 따르거나, '논리적 근거에 기반하지 않은 미래에 대한 기대' 수준의 형식적인 활동으로 미래 예측을 수행하는 것을 보게 된다. 이러한 현실적인 문

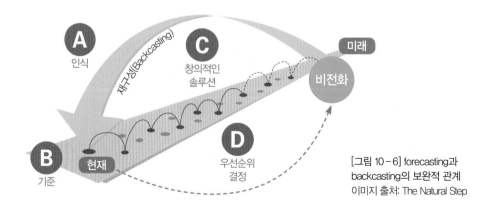

[그림 10−6] forecasting과 backcasting의 보완적 관계
이미지 출처: The Natural Step

CASE STUDY 📎 제프리 이멜트

☑ "GE 생존 열쇠는 산업 인터넷... 5년내 세계 10대 SW사 될 것"

제프리 이멜트(Jeffrey Immelt) 前 GE(General Electric) 회장이 "2020년까지 세계 10대 소프트웨어(SW) 회사가 되겠다"는 비전을 직원들에게 제시했다. 2015년 미국 샌프란시스코에서 열린 사내 컨퍼런스 '마인즈+머신즈(minds+machines)' 행사에서 "성장률은 떨어지고, 변동성은 커지고, 포퓰리즘적인 규제가 늘고 있다"며 "점점 힘들어지는 경영 환경에서 GE와 GE의 고객들이 살아남기 위해서는 생산성을 높여야 한다"고 강조했다.

생산성을 혁신하기 위한 이멜트 회장의 청사진은 소프트웨어에 초점이 맞추어져 있다. 산업 생산성을 높이는 데 기여할 수 있는 산업 인터

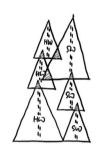

하드웨어형 비전은 줄어들고 소프트웨어형 비전이 점증하고 있다.
산업 인터넷은 생산 현장에서 효율성을 높일 미래의 잠재력을 대표한다.

넷을 개발, 판매하여 미래 소프트웨어 시장을 선도하려는 것이다. 예컨대, 에너지 분야에서 지능형 송전망을 구축해서 전력 생산성을 높이는 '디지털 파워플랜트'와 공장의 설비 결함을 예방하고 선제적으로 관리하는 '브릴리언트 팩토리' 시스템을 선보였다. 우리는 세계 최고의 기업인 GE의 혁신에서 두 가지 교훈을 배워야 한다. 한 가지는 현재의 경쟁력 구조가 미래의 가치를 보장하지 않는다는 것이며 다른 한 가지는 기술 발전에 대응할 수 있는 예측 능력을 갖추어야 한다는 점이다. 미래에 대한 선택은 리더가 책임져야 하는 시대다. 출처: 이상은, "GE 생존 열쇠는 산업 인터넷...5년내 세계 10대 SW사 될 것", 한국경제신문, 2015.10.01

[그림 10-7] 제프리 이멜트 회장의 성과

끊임없이 변신하는 GE	
2013년	NBC유니버설 지분 컴캐스트에 완전 매각
2014년	가전사업부 스웨덴 일렉트로룩스에 33억 달러에 매각 프랑스 알스톰 전력 사업 135 달러에 인수 산업 인터넷 SW 플랫폼 테스트 버전 공개
2015년	2015년 GE캐피털 등 모든 금융사업 처분키로 결정 5년 내 "10대 소프트웨어 회사로" 비전 발표

GE의 산업 인터넷 소프트웨어 프리딕스 매출	
도입	2014년
투자금액	연간 최소 3억~4억 달러
이용자수	이용자수 현재 약 4천 명 → 2만 명(2016년 예상치)

자료 출처: GE제공

14억 달러 (2014)
50억 달러 (2015)
150억 달러 (2020)

제를 극복하고 4차 산업혁명을 이끌 미래의 리더는 아래와 같은 활동을 통해 자신과 조직의 예측 역량 수준을 높이고, 이를 통해 조직의 비전과 전략을 보완하는 데 활용할 수 있어야 한다.

Forecasting in Action

① 현재 기준의 사업 계획 또는 전략의 예측 내용을 분석하고 이전 시점의 계획 수립에 반영된 가정이나 예측이 정확성과 논리성을 검토해보고, 차기 계획 수립 시 동일한 오류가 발생하지 않도록 한다.

② 현재 개인 또는 조직이 예측을 위해 활용가능한 자원(데이터)이나 도구(분석 솔루션 등)로 어떠한 것이 있는지를 확인해보고 예측 분석 능력을 향상시키기 위해 필요한 과제를 선정하고 추진한다.

③ 동료 학생이나 조직의 구성원들과 예측의 중요성과 의미를 함께 이야기 해보고, 관련된 지식이나 정보를 공유한다.

---

② 체계적인 '신뢰구현'으로 복원력(resilience) 유지

신뢰란 관계의 성립과 유지를 위한 근간이므로 구성원과의 신뢰는 리더십의 핵심적인 특성이다. 또한 저성장, 경쟁 심화 사회에서 고객과의 신뢰 관계 확보와 강화가 지속성장의 근본이라고 보는 데 이견은 없을 것이다. 기업을 기준으로 볼 때 4차 산업혁명 시대의 신뢰는 구성원, 고객, 사회와 신뢰 관계를 구축하는 체계적인 활동이라고 정의할 수 있다. 새로운 시대에 감정적 상호작용과 경험의 누적에 의한 '믿음'이란 기업의 사회적 책임(Corporate Social Responsibility, CSR) 모든 활동과 관계에서 구현할 수 있어야 한다는 요구이다. 즉 '신뢰의 형성'에서 '신뢰의 강화와 지속을 위한 체계적 활동'으로의 변화를 의미한다. 리더는 이러한 변화를 잘 이해하고 조직의 인식과 행동의 변화를 유도해야 할 것이다.

이전 세대에서 기업의 사회적 책임 준수는 선택 사항이었으며 '여건이 허락되는 대로' 또는 '대기업이 솔선하여' 실천하는 활동이었다고 한다면 앞으로는 모

- 사회적 책임(Social Responsibility, 이하 SR)의 이행이 기업 경쟁력에 영향을 미치면서 전 세계적으로 SR의 중요성이 증대

- 사회적 책임이란?: 기업이 사업 영역에서 이해관계자들의 사회적·환경적 관심사를 수용하고 상호작용을 이루는 과정 → 환경·인권·지배구조 등의 분야를 포괄

- 글로벌 SR 표준을 작성한 국제표준화기구(ISO), EU 등은 기업의 SR활동 수행에 대해 자율 권고에서 의무 이행으로 입장을 변경
  └▶ **SR표준 등이 의무 요건으로 변화한 사례**
    · 국제표준화기구의 ISO 26000은 기업의 자율준수가 원칙이었으나, 최근 해당 지침을 인증제로 변경하기로 결정('16.11월)
    · EU는 2017년부터 기업이 기존 재무정보 외에도 환경·인권·노동·반부패 등의 비 재무정보를 의무적으로 공시하도록 하는 법안을 의결
- 글로벌 SR 기준에 미달하는 국내 기업은 향후 해외 진출 및 수출에 제약이 발생할 우려가 있음
  출처: 사회적책임경영품질원(2017.04)

든 기업이 반드시, 체계적으로 잘 실천해야 하는 의무적 활동이 될 것이다. ICT 기술에 의해 교역과 거래에 대한 물리적 장벽은 약화되고 있지만 기업의 사회적 책임 준수와 신뢰의 강화는 국가별로, 권역별로 더욱 강화되고 있는 추세이다.

테크노 리더는 '사람 사이의 신뢰 관계 구축'에서 한걸음 더 나아가 조직과 조직생태계 간 상호작용의 구조와 이해관계자 및 고객이 요구하는 수준의 신뢰 관

Resilience in Action

1 우리 회사 또는 내가 지원하고자 하는 기업의 주요 이해관계자는 누구인지 검토해본다.

2 우리 회사 또는 내가 지원하고자 하는 기업의 고객과 이해관계자들은 어떠한 요구를 하고 있으며 조직 차원에서 어떠한 대응이 이루어지고 있는가?

3 동료 학생이나 조직의 구성원들과 사회적 책임에 대한 글로벌 가이드라인의 의미를 함께 이야기 해보고, 조직과 생태계 간 신뢰 관계의 구축 및 회복과 관련된 지식이나 사례를 공유한다.

계가 어떻게 구현되어야 하는지를 이해하고 다양한 리스크 상황에서도 복원력을
유지해야 한다. 또한 아직까지 많은 조직의 구성원들이 이러한 신뢰 관계 구축
의 필요성에 대해 깊이 있게 인식하지 못하는 현실에서 이들이 신뢰 관계 구축
의 가치를 인지하고 상호작용을 통해서 유기적으로 지원하는 능동적 역할이 요
구된다.

③ 공존을 위한 사고방식으로 상호작용(interaction) 강화

많은 조직에서 실행이란 정형화 된 업무를 수행하는 것보다는 해답을 모르는
문제를 분석하고 개선을 위한 대안을 탐구하는 활동으로 받아들여지고 있다. 특
히 리더십의 관점에서 리더가 문제를 구조화하고 해결을 위해 필요한 자원과 기
술을 과학적인 흐름에 맞게 조직화하는(organize) 능력은 리더가 보여주어야 할
'실행력'의 중요한 특성으로 여겨져 왔다. 그렇다면 업무의 자동화, 네트워크화
는 물론 인공지능 등 기계와 조화로운 공존을 추구해야 하는 4차 산업혁명 시기
에 '실행'은 어떻게 재정의해야 할까? 다시 말해 '리더는 어떤 일을 실행해야 할
것인가?'에 대한 답을 찾아야 할 시기가 도래한 것이다.

4차 산업혁명기를 맞이하면서 많은 부모들이 "우리 아이를 어떻게 키워야 할
까?"라는 고민을 하고 있고, 최근에는 4차 산업혁명에 적합한 조기교육으로 컴
퓨터 프로그래밍(코딩) 교육의 열풍이 불고 있다는 언론보도를 접했다. 정확히
말하자면 4차 산업혁명 시기에 필요한 것은 기계 그 자체가 아니라 컴퓨터가 사
고하는 방식인 알고리즘(algorithm)을 이해하는 것이라고 할 수 있다. 코딩은
문제와 데이터를 기계가 이해할 수 있는 언어로 변환하는 과정을 의미한다. 기
계가 문제를 해결하는 구조를 이해하고 현실의 문제를 알고리즘 형태로 파악해
서 해결하는 것이 사람이 해야 할 일이라고 보아야 할 것이다.

원론적인 의미에서 알고리즘은 '희망하는 결과를 달성하기 위해 절차적으
로 수행되어야 하는 명령들의 집합'으로 정의된다. 같은 의미로 위키피디아
(Wikipidia)는 알고리즘에 대해 '어떠한 문제를 해결하기 위한 여러 동작들의 모
임이다. 유한성을 가지며, 언젠가는 끝나야 하는 속성을 가지고 있다. 수학과 컴

퓨터 과학에서 알고리즘이란 작동이 일어나게 하는 내재적 단계의 집합이다. 알고리즘은 연산, 데이터 진행 또는 자동화된 추론을 수행한다'라고 설명하고 있다 (크리스토퍼 스타이너, 2016, Reference 10-4 참조).

문제해결을 위한 알고리즘적인 절차는 [그림 10-8]과 같이 설명할 수 있다 (Jorge Vasconcelos, Reference 10-1 참조). 기계가 문제를 해결하는 흐름은 논리적인 판단과 의사결정의 흐름으로 표현할 수 있으며 이 흐름은 ① 문제의 이해(Read and comprehend the problem statement) ⇒ ② 개념적 도구에 대한 분석 및 탐색(Select theoretical concepts that may be applied) ⇒ ③ 요구사

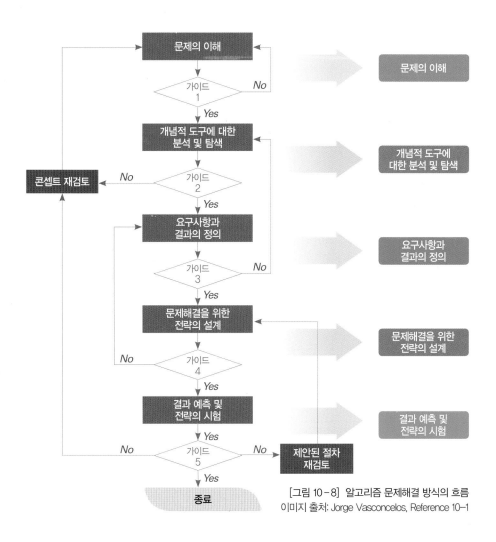

[그림 10-8] 알고리즘 문제해결 방식의 흐름
이미지 출처: Jorge Vasconcelos, Reference 10-1

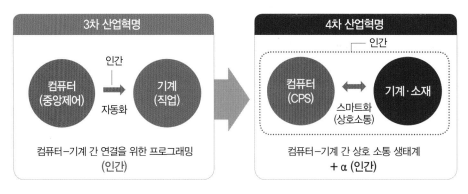

[그림 10-9] 산업혁명 속 인간의 역할 비교 이미지 출처: 포스코 공식 블로그

항과 결과의 정의(Qualitative description of the problem) ⇒ ④ 문제해결을 위한 전략의 설계(Formalization of a solution strategy) ⇒ ⑤ 결과 예측 및 전략의 시험(Test and description of the solution) 다섯 가지 단계로 구성된다.

이제 리더들은 4차 산업혁명에서 인간과 기계의 관계를 재설정하는 과정에서 주도적인 역할을 수행해야 한다. 이를 위해 테크노 리더들은 디지털 세상을 지배하는 힘인 '알고리즘'의 의미를 이해하고 리더들의 창의적 사고를 창의적인 알고리즘으로 표현할 수 있어야 한다. 기계처럼 생각하고 행동하는 것이 아니다. 기계가 생각하고 문제를 해결하는 방식을 이해하고 데이터와 문제들을 기계와 함께 풀어나갈 수 있는 환경을 조성하고 조직구성원들이 이러한 환경에 빠르

Interaction in Action

1 일반적으로 알려진 문제해결 방법론과 알고리즘적 사고는 어떻게 다른지 비교해 보고 미래의 달라진 환경에서 적합한 문제해결 방법론의 요건에 대해 생각해본다.

2 최근 사회, 경제적으로 알고리즘에 의해 만들어진 중요한 의사결정의 사례를 찾아보고 내 직업 또는 미래의 업무 환경에 알고리즘이 미치는 영향을 검토해본다.

3 동료 학생이나 조직의 구성원들과 알고리즘의 중요성에 대해 함께 논의해보고 알고리즘, 그리고 여러 알고리즘이 연결된 '봇'의 발전과 인간의 역할 재설정에 대해 의견을 나눠본다.

게 적응할 수 있도록 유도할 수 있어야 한다. 4차 산업혁명은 기계와 인간 그리고 인간과 인간의 새로운 관계 설정을 요구하며, 이러한 변화를 이끌어내기 위해 테크노 리더와 모든 조직의 구성원들은 기계를 이해하고 그들과 함께 공존할 수 있는 방법을 찾아야 한다.

④ 디지털 시대의 '사교 수단'에서 비즈니스의 핵심경쟁력으로(Networking)

ICT 기술의 발전에 따라 이른바 '사회화'의 성격과 방식은 이전 세대와는 비교할 수 없는 수준의 변화를 보이고 있다. IT 서비스의 하나로 인식되던 SNS(Social Networking Service)는 대부분 현대인들의 일상에 깊이 자리 잡고 있고, 개인의 사회적 관계는 물론 기업 등 조직의 네트워킹은 새로운 비즈니스의 창출과 성장에 있어 핵심적인 역할을 수행하고 있다.

네트워킹 수단과 기술의 발전은 인재의 채용과 조직 내에서의 인재 관리에 있어서도 많은 변화를 가져오고 있다. 이러한 시점에 '네트워킹'이 테크노 리더의 핵심적인 특성으로 이해되는 것은 자연스러운 결과일 것이다. 우리는 이로부터 한 단계 논의를 더 이끌어 나가고자 한다. 네트워킹은 단순한 인맥의 관리라는 측면에서 조직의 운영과 비즈니스의 성공을 위한 핵심적인 경쟁력 확보의 수단으로 이해되어야 한다.

4차 산업혁명은 여러 가지 의미로 해석되고 있지만 다양한 기술과 비즈니스 간의 융·복합에 의한 새로운 비즈니스 기회의 창출로 정의하는 데 있어 많은 전문가들의 의견이 일치하고 있다. 이러한 의미에서 네트워킹은 조직에서 현재 발생한 문제를 해결해 주는 것은 물론 다양한 인적자원들의 역량을 조합해 새로운 경우의 수를 만들어내는 기회로 활용되어야 한다.

현재를 기준으로 조직에서 인적자원을 관리할 때 가장 중요한 것은 '적재적소(適材適所)' 즉 필요한 업무에 역량을 갖춘 인재를 배치하여 주어진 업무를 수행하도록 하는 것이라고 할 수 있다. 직무의 수행은 담당자가 보유한 역량의 수준과 범위에서 이루어진다. 또한 조직 내 치열한 경쟁의 과정에서 개인이 가진 지식과 경험은 이른바 노하우(know how)라는 지식의 형태로 존재하게 된다. 이러

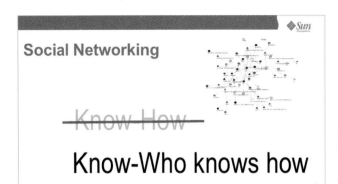

[그림 10-10]
Know How에서 Know who?로
이미지 출처: 슬라이드 셰어
(www.slideshare.net)

한 상황에서 리더는 조직구성원 개인이 가진 노하우를 개발하도록 유도하고 또 가능한 범위에서 이를 조직의 지식 자산으로 만드는 활동을 유도해왔다. 하지만 발달한 ICT 기술과 새롭게 정의된 사회화의 과정은 새로운 변화의 방향성을 제시한다. 바로 '내가 어떤 지식을 보유하는 것(know how)'의 시대에서 '문제를 해결해 줄 사람이 누구인지를 아는 것(know-who knows how)'이 조직의 구성원과 리더의 핵심 역량이 될 것이라는 새로운 관점이다. 앞으로의 시대는 실행을 위해 스스로가 능력을 갖추는 것(know-how)에서 인적자원의 효율적 활용(know-who)을 중시하는 시대로 진화하게 될 것이다. 이러한 인적자원의 효율적 활용이 리더의 역량으로서 새롭게 주목받게 될 '네트워킹'의 핵심이 될 것이다. SNS 사회, 공유경제 그리고 융합의 시대에 자신의 네트워크를 관리하는 것에서 나아가 적극적으로 활용하는 것이 핵심적인 능력이 된다.

이미 우리는 SNS의 '친구 찾기' 기능을 통해 지연, 학연, 혈연을 넘어 글로벌

Networking in Action

① 기술 발전에 따라 나의 '네트워크'는 어떻게 달라져 왔는가를 생각해 본다.

② 우리 조직 또는 자신의 경쟁력 강화를 위해 어떤 분야의 네트워크가 필요하며 바람직한 네트워크의 활용 방안은 무엇인지 생각해 본다.

③ 동료 학생이나 조직의 구성원들과 4차 산업혁명의 변화에 대응하기 위한 네트워크 전략과 네트워킹의 원칙에 대해 논의해 본다.

CASE STUDY 🔗 휴먼 네트워크

☑ 가치와 지식 창출을 위한 휴먼 네트워크 강화

미래가 사람, 기기, 그리고 네트워크가 연결되는 초연결사회(hyper connected society)가 된다는 것은 잘 알려진 사실이다. 단순한 정보 교류 수준이 아니라 의사 결정 지원은 물론 그 결과에 대한 피드백도 가능하게 되었다.

이러한 종합적 연결 구조는 수요와 공급 차원에서의 격차를 상당 부문 해결하는 계기로 작동할 것으로 예상되고 있다. 구인과 구직, 중고제품 재활용, 자산가치 재창출, 다양한 구성요소의 협력기반 확보 등이 모두 새로운 차원에서 이루어질 수 있다.

예를 들어, 오디오 전문 기업 아마존의

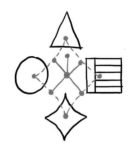

사람과 기기가 네트워크로 연결되는 초연결사회는 비전, 신뢰, 지식, 실행이 커뮤니케이션을 통해서 통합되는 시대다.

'미케니컬 터그(Mechanical Turk)'는 휴먼 네트워크를 활용하여 오디오 클립 기록, 설문조사 작성 등 각각의 분야에 미세 업무(microtasks)가 가능한 전문가를 찾고 일감을 연결해준다.

'업워크(upwork)', '프리랜서(freelancer)', '피플퍼아워(people per hour)'처럼 광고 문안 작성, IT, 디자인과 같은 전문 작업자를 연결해 주는 플랫폼도 상당수 존재한다. 앱을 이용한 영상 통화로 질병에 대한 조언을 구하는 '닥터온디맨드(doctor on demand)'와 법률적 조언이 필요한 사람과 변호사를 연결해 주는 '퀵리걸(Quicklegal)' 등도 좋은 예시이다. 앞으로는 거의 모든 분야의 구조와 기능이 세분화되어 수요와 공급 차원에서 연결 가치를 도모하게 될 것이다. 출처: 『미래전략보고서 – 10년 후 대한민국 미래 일자리의 길을 찾다』, 미래창조과학부 / 미래준비위원회, KISTEP, KAIST, 2017.02

[그림 10 – 11] 다양한 SNS 서비스 어플리케이션
이미지 출처: rvlsoft/shutterstock.com

한 수준까지 네트워킹을 하는 시대를 경험하고 있다. 자신의 네트워크를 잘 관리하는 것은 물론 기업의 비즈니스 역량 강화를 위해 활용할 수 있도록 하려면 어떠한 접근이 필요할까? 연구기관에서 제시한 아래의 내용을 읽고 그 의미를 함께 생각해보도록 하자.

⑤ 테크노 리더는 '이야기 꾼(storytelling)'

'고객은 왜 지갑을 여는가?'는 옛날부터 현재까지 그리고 앞으로도 수많은 경영자들과 마케터들의 머릿속을 떠날 수 없는 질문이다. 과거 대량 생산, 대량 소비의 시대에는 제품의 효용, 브랜드, 가격 등 다양한 요소들이 고객의 구매 행동을 설명하는 요인이었으나, 최근까지 정설로 자리잡아온 것은 바로 고객이 제품이나 서비스의 '스토리'를 구매하고 소비한다는 사실이다.

기업이 고객에게 전달하고자 하는 이야기인 '스토리'는 다양하게 구성된다. 그것은 애플의 아이팟에서 시작되어 아이폰으로 이어지고 있는 가장 혁신적인 제품의 역사일 수도 있고, '착한 소비'의 철학을 담고 있는 제품일 수도 있다.

또한 경영학 분야에서 널리 받아들여지고 있는 '조직의 변화와 발전을 이끌어온 CEO 등 탁월한 리더는 모두 이야기 꾼(Storyteller)'이라는 경험적 사실도 존재한다. 모든 리더들은 리더의 특유한 속성 즉, 리더십을 발휘하여 조직을 발전의 길로 이끌게 되는데 이 과정에서 조직구성원들에게 비전과 전략을 설명하고 혁신활동에 동참하도록 설득하는 가장 좋은 방법은 복잡한 이론이나 숫자가 아닌 구성원들의 마음에 깊이 파고드는 진솔한 '이야기'라는 것이다. 최근에는 인터넷이나 방송 등 다양한 경로에서 'TED' 등의 강연을 통해 많은 정보와 지식을 얻게 되는데 이러한 강연의 핵심적인 방식은 바로 '스토리텔링'이다. 스토리텔링이 4차 산업혁명기에 가져다 줄 변화를 최근의 사례에서 찾아보기로 하자.

CASE STUDY 🖉 에반젤리즘

☑ 제품은 파는 게 아니라 전도하는 것… 에반젤리즘도 전략이 있다

에반젤리스트(evangelist)는 본래 종교를 전도하는 사람이라는 뜻이다. 애플이 1984년 매킨토시 컴퓨터 마케팅을 펼치며 '테크 에반젤리스트'란 직책을 만들었다. 에반젤리스트들은 IT 신기술을 전파하고, 그 기술을 열렬하게 지지하고 따르는 사람들을 모으는 역할을 한다. 기술력은 물론 전파력 혹은 연계 능력을 강화시켜 가치를 창출하는 촉매 기능으로 활용했다.

가와사키(Kawasaki)는 1990년대에 애플 맥(Mac) 컴퓨터 사용자들 사이에서 영웅처럼 여겨진 테크 에반젤리스트이다. 그는 다른 IT 기업과는 차별화된 '팬덤(특정한 인물이나 분야를 열성적으로 따르는 현상)'을 만들어냈다.

열정이라는 바이러스는 신기술 시대에도 사람을 변화시킨다. 기술 가치의 에반젤리스트가 필요하다.

자신의 팬 중에서 누구든지 '우리 회사가 맥 컴퓨터에 이런 기능이 없다고 윈도 컴퓨터로 바꾸려고 해요. 도와주세요'라고 호소하면, 가와사키는 곧 회사에 알려 해당 기능을 제공하도록 했다. 길 아멜리오(Gil Amelio, 1996∼1997년 애플 CEO)가 퇴출됐을 때 일부 극성 애플 팬들이 가와사키를 CEO에 앉혀야 한다고 온라인 서명을 벌이기도 했다. 기술이든 소비든 스토리텔링 능력은 엄청난 잠재력을 가지고 있는 셈이다. 출처: 박정현 기자, '제품은 파는 게 아니라 전도하는 것… 에반젤리즘도 전략이 있다', 조선비즈, 2016.04.30

[그림 10 – 12] 애플 에반젤리스트(전도사)로 이름을 날린 가이 가와사키 (Kawasaki.61)

전 세계를 열광시킨 '몬스터 잡기 게임' – 포켓몬 고(Pokemon Go)

닌텐도가 지난 1996년에 출시한 게임 '포켓몬스터(Pokemon)'에 증강현실 (AR)과 모바일 위치기반서비스(LBS)를 결합해 2016년에 출시한 게임 '포켓몬 고(Pokemon Go)'는 그야말로 전 세계를 열광시켰다. 게임 사용자들이 '포켓몬' 을 획득하는 데 몰두하다가 안전사고를 당하는 등의 문제까지 불러일으켰으며, 이 '포켓몬'이 많이 등장하는 지역은 입소문이 나면서 게임 유저들이 몰려들어 해당 지역의 상권이 활성화되는 이른바 '포케모노미(Pokemon Go + economy)' 라는 신조어까지 등장하는 지경에 이르렀다. 이 게임의 성공에는 발전된 ICT 기 술과 증강현실 등 기술의 발달이 큰 역할을 하였으나 전 세계적인 성공의 배경 에 '스토리텔링'이 있다는 사실을 아는 사람은 많지 않다.

연구에 의하면 게임, 애니메이션 등 디지털 콘텐츠에 의해 글로벌 시장을 장 악하고 있는 일본의 기업들은 일본 전통의 요괴이야기를 다양하게 활용하고 있 으며, 이러한 이야기 속에는 내재된 세계관과 철학이 자리 잡고 있다고 한다(이 재홍, 2016.10, Reference 10-5 참조).

즉 역사라는 시·공간 속에 담긴 인문학적 담론이나, 전통적인 문화와 문학의 범주에 있는 소재들은 디지털 스토리텔링 기법을 통해 디자인되고 연출되어 디

[그림 10-13]
'포켓몬 고'와 스토리텔링
이미지 출처:
dennizn/shutterstock.com

지털 문화콘텐츠로 재현된다. '포켓몬 고'의 디지털 스토리텔링의 핵심도 전통문화 원형에서 획득할 수 있는 인문학적 상상력과 증강현실에서 얻을 수 있는 공학적 상상력을 융합해 완성도 높은 상호작용적 미디어 환경을 구현해내고 있다는 것이다.

전 세계 유저들은 '포켓몬 고'의 수준 높은 증강현실이나 '포켓몬'을 잡는 행위에 매료된 것이 아니라 오랜 시간동안 그들의 마음속에 자리 잡아 온 게임의 '스토리'가 현실 세계와 가까운 나의 일상생활에서 실제로 구현되는 것에 열광했다는 분석이다.

이 단락에서 처음 던졌던 질문을 다시 한 번 생각해 보자. '고객은 왜 지갑을 여는가?' 이전 단계의 리더들이 자신의 역할을 수행하면서 때로는 권위적으로, 때로는 공감하는 방식으로 구성원들과 소통해 왔다면, 4차 산업혁명의 변화 과정에서 테크노 리더는 스토리텔링의 중요성과 기본적인 기법을 익혀 '이야기'를 활용한 방식으로 조직을 변화시킬 수 있어야 할 것이다. 또한 고객이나 이해관계자들과 소통할 때 어떠한 '이야기'를 해주어야 할 것인지를 끊임없이 고민하는 것은 물론, 개인 뿐 아니라 조직의 '스토리텔링' 역량을 향상시킬 수 있는 방안을 찾고 또 실천해야 할 것이다.

Storytelling in Action

[1] '나 자신 또는 우리 조직이 갖고 있는 이야기는 어떤 것이 있는가?', '그 이야기는 누구에게, 어떤 형식으로 전달되고 있는가?'를 생각해 본다.

[2] 4차 산업혁명의 발전과 그 영향에 대해 동료 또는 가족에게 설명하기 위한 '이야기'를 구성해 본다.

[3] 내가 알고 있는 이야기꾼(Storyteller)은 누구이며 그 이유는 무엇인지, 그로부터 무엇을 배울 수 있는지를 생각해 본다.

3. '테크노 리더십 4.0'은 어떻게 구현될 수 있는가?

4차 산업혁명기에 적합한 리더십 모델에 대해 국내외 여러 연구자들의 다양한 연구가 진행되고는 있으나 '4차 산업혁명에 적합한 리더십 모델'은 아직까지 등장하지는 않은 상황이다. '테크노 리더십 4.0'은 이러한 시점에 리더십과 관련된 현재의 변화를 해석하고, 미래에 대응하는 새로운 리더십의 설계를 위한 개념적 체계로 제시되었다.

어디에서 출발할 것인가? – 테크노 리더십 '컨벤셔널 모델'과 '4.0'의 관계

'테크노 리더십 4.0'은 무(無)로부터 도출된 것이 아니라 앞선 내용에서 언급되었던 테크노 리더십의 제반 철학과 주요한 내용에 논리적 기반을 두고 있다.

'테크노 리더십 4.0'은 [그림 10-14]처럼 4차 산업혁명기의 핵심 키워드가 될 '책임과 신뢰의 리더십'을 기반으로 하고 있으며 '컨벤셔널 테크노 리더십 모델'의 주요한 특성들이 진화 및 구체화되어 '4.0'의 특성으로 구현된다고 정의하고 있다. 따라서 '4.0'의 주요한 특성을 구현하기 위해서는 컨벤셔널 테크노 리더십 모델 단계의 리더십 특성들이 충실히 구현된다는 전제 하에서 새로운 변화가 가능하다. 그러므로 4차 산업혁명에 의해 새롭게 구현된다는 미래를 대비하기 위해서는 우선 현재의 리더십 역량을 충분히 개발하도록 해야 하며, '4.0'에서 제시

[그림 10-14] '테크노 리더십' 컨벤셔널 모델과 4.0의 관계

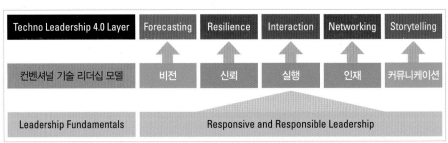

하고 있는 리더십 발전의 방향성과 시사점을 중심으로 한 단계 '업그레이드'하는 노력을 기울이는 것이 필요하다.

리더십 업그레이드를 위한 과제: '리더십 장벽'의 극복

'기술 리더십 4.0'은 처음부터 만들어지는 것이 아니라 기존 '컨벤셔널 기술 리더십 모델' Layer에서 4.0 수준으로 발전하는 것을 저해하는 '리더십 장벽(Leadership Barrier)'을 극복하는 과정에서 구현될 수 있다.

리더십 장벽은 변화된 환경에 대응하기 위한 개인과 조직의 노력과 새로운 수준으로의 발전을 저해하는 개인적 또는 조직적 차원의 저해 요인인 '가상의 장벽'이다. 그 예로서는 특히 우리나라의 조직에 깊이 자리 잡아 온 권위주의 문화, 과거 지향적 사고, 변화에 대한 저항, 변화와 발전을 위한 노력의 부재 등이다. 리더십의 개발은 일반적인 직무 역량 등의 개발과는 구분된다. 리더는 만들어지는 것이다. 그러나 그 양성 과정은 학습이나 교육에 의해서라기보다는 현실에 존재하는 장벽, 즉 리더로 성장하고 더 나은 수준으로 발전하려는 것을 가로막는 장애 요인을 극복하는 과정에서 구현되는 것이라고 보아야 할 것이다.

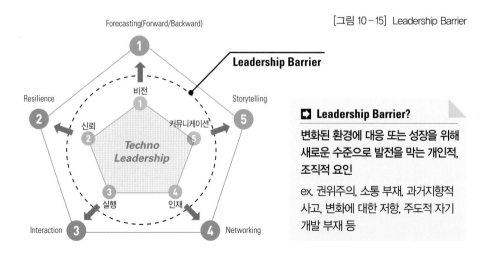

[그림 10–15] Leadership Barrier

신완선의 Visual 기술 리더십 예시

Situation 4차 산업혁명 시대의 핵심은 인간의 판단을 뛰어넘는 기기와 알고리즘이 속속 등장하고 있다는 점이다. 스마트 머신(혹은 컴퓨터)이 오히려 인간에게 비전을 제시하고 사람이 실행을 전담하는 상황을 아이콘으로 그려보라.

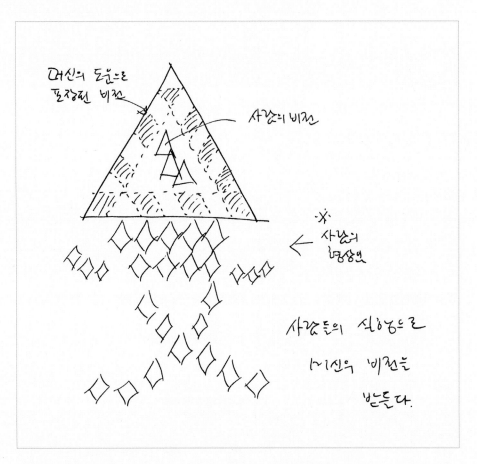

"로그아웃 시간을 즐겨라. 24시간 로그인 된 전자기기에 당신의 삶을 지배당하지 말라."

Situation 비전, 커뮤니케이션, 신뢰, 인재, 그리고 실행. 테크노 리더로서 자신의 리더십 크기를 아이콘의 크기로 표시해보라. 왜 그리고 어떻게 바꿀 것인가를 숙고하라.

다음의 아이콘을 이용해 상황에 맞는
자신만의 리더십을 표현해 보세요.

비전   커뮤니케이션   신뢰   인재   실행

Draw Your Leadership

"배움을 멈추면 늙은 사람이고, 배우는 사람은 젊은 사람이다. 위대한 삶은 자신의 젊음을 유지하는 것에서 비롯된다."
(헨리 포드)

Date :   Name :

Situation   테크노 리더십 4.0 역시 새로운 아이콘이 필요하다. Forecasting, Networking, Resilience, Storytelling, Interaction에 적합해 보이는 아이콘을 스스로 만들어보라.

다음의 아이콘을 이용해 상황에 맞는
자신만의 리더십을 표현해 보세요.

비전   커뮤니케이션   신뢰   인재   실행

"자연은 생각보다 훨씬 무심하다. 자신의 노력이 70%만 성과로 이어져도 크게 감사할 일이다."

328   P를 보면 발걸음이 가볍다

1 4차 산업혁명은 기계와 인간 그리고 인간과 인간 사이의 새로운 관계 설정을 요구하게 될 것이며, 이 과정에서 리더십은 변화된 환경에 적응하기 위해 새로운 모습을 갖추게 될 것이다.

2 이전 단계까지의 테크노 리더십을 '컨벤셔널 테크노 리더십 모델'로 정의한다면 4차 산업혁명기에 달라질 리더십의 체계를 '테크노 리더십 4.0'이라고 정의할 수 있다.

3 미래사회의 리더를 위한 '테크노 리더십 4.0'은 미래 테크노 리더가 갖추어야 할 리더십의 특성이자 리더십 체계의 구성요소로서 'Forecasting, Resilience, Interaction, Networking, Storytelling'의 다섯 가지를 제시한다.

4 리더십은 단계적으로 진화한다. 리더십은 무(無)로부터 창출되는 것이 아니라 이전 단계의 특성들이 진화 및 구체화 되는 과정에 의해 만들어지며 특히 조직과 개인의 발전을 저해하는 장애 요인인 리더십 장벽(Leadership barrier)을 극복하는 과정에서 만들어진다.

1 4차 산업혁명 시대의 리더십이 새롭게 정의될 필요성은 무엇인가?

2 인간 직업의 기계 대체 가능성은 어떻게 예측되고 있는가?

3 컨벤셔널 테크노 리더십 모델의 다섯 가지 리더십 특성은 무엇인지 간략하게 설명하라.

4 3차 산업혁명과 4차 산업혁명 관점에서 인간의 역할은 어떻게 변하고 있는가?

5 테크노 리더십 4.0 프레임워크(techno leadership 4.0 framework)의 다섯 가지 리더십 특성은 무엇인지 간략하게 설명하라.

6 테크노 리더십 컨벤셔널 모델과 4.0 모델의 관계를 그림으로 제시하라.

7 테크노 리더십 업그레이드를 위한 과제는 무엇인가?

APPLICATION EXERCISES

1   4차 산업혁명 시대에는 머신 의사결정이 사람의 의사결정보다 더 정확한 환경을 제공한다. 그러한 4차 산업혁명 시대에 나타날 수 있는 리더십 변화 요인을 비전, 신뢰, 커뮤니케이션, 인재, 실행 관점에서 제시하고 간략하게 설명하라.

2   가장 미래 지향적인 기술 리더라고 판단되는 경영자 1명을 선정하고 간략하게 선정 이유를 설명하라.

3   본문에서 기술 리더십 컨벤셔널 모델과 4.0 모델과의 관계를 학습했다. 그러한 리더십 모델 변화가 영향력을 가질 수 있다는 것을 실제 사례를 찾아서 구체적으로 설명하라.

4   기술 발전에 의존도가 매우 높은 기업과 매우 낮은 기업을 각각 1개씩 선정하라. 이들 두 개 기업의 리더십 환경이 20년 후에는 어떻게 바뀔 것으로 예상되는가? 비전과 전략, 구성원 헌신(engagement), 그리고 성과 관리 관점에서 유사점과 차이점을 비교하여 설명하라.

에필로그 *

'머신 의사결정 시대'

조심스럽고 두려운 표현이지만 새로운 사실을 한 가지 받아들여야 하는 시점이 되었습니다. 머신(컴퓨터와 기계)이 인간보다도 더 정확하게 의사결정을 하는 상황이 빈번하게 발생하기 시작했습니다. 길을 모르면 '김기사'나 '티맵'을 작동시킵니다. 여행 중에 숙박 장소와 음식점을 추천받는 것도 스마트폰에 의존합니다. 운동량과 건강 가이드라인도 스마트 기기의 정보에 근거하여 내일을 준비합니다. 머신이 어떻게 그런 선택을 하고 있는지에 대한 우리의 관심은 상대적으로 미미합니다. '이것, 믿어도 되는 거야?'하는 우려가 없지는 않지만, 어느덧 머신과 더불어 살아가는 우리들의 일상 모습을 인정할 수밖에 없습니다.

머신 시대는 리더십에도 큰 변화를 가져오고 있습니다. 사람들이 스마트폰으로 리더가 제시하는 방향을 확인하며 동참하고 있습니다. 틀리면, 틀리다고 얘기를 합니다. 맞으면, 더 좋은 방안이 있다고 추천하기도 합니다. 도대체 방향을 정하는 역할을 누가하는지 혼란스럽습니다. 이런 상황. 즉, 머신이 리더십과 팔로우십의 일부로 작용하고 리더십 성과를 빠르게 파악하게 도와주는 융·복합 시대의 리더십을 정리했습니다. 스마트 리더십 환경에서의 시행착오를 최소화하기 위한 이론적 노력이며 향후 이러한 방향으로 리더십 연구와 학습이 더욱 강화되기를 희망합니다.

지난 해, 우리나라는 참담한 리더십 파국을 경험했습니다. 모든 국민이 리더십에 대해 자성하고 더불어 새로운 다짐을 해야만 합니다. 리더십 목표가 아니라 목적이 빛나는 대한민국을 만드는 데 동참하시길 소망합니다.

Shine your PURPOSE and help others shine theirs.

이 책은 교양서인 동시에 교재로 사용될 수 있도록 제작하였습니다. 리더십의 중요성을 이해하는 수준을 넘어 실질적으로 테크노 리더십 향상에 기여할 수 있는 책을 제시하고 싶었기 때문입니다. 미래는 전문성이 파워로 인정받는 리더십 시대가 될 것입니다. 리더십에 대한 최소한의 전문성을 확보해야만 조직을 통솔할 수 있습니다. 이 책이 그러한 리더십 기본기를 이해하고 훈련하는 과정에 가치를 더하는 교육 자료가 되기를 기대합니다.

끝으로 이 책의 완성에 크게 기여한 대학원 제자들인 박수진, 노혜영, 성지인, 이성훈, 김민규 조교, 최성원 박사, 김희재 학부연구생, 그리고 대진대학교의 조지훈 교수와 삼성전자에 근무하고 있는 박범주 박사에게 감사의 마음을 전합니다.

2018. 1
신완선_ Steve Shin

Reference *

1장

1-1 Thornton, Paul B. 'The 4 types of leaders and how they influence and inspire us', DAILY NEWS, Apr. 4, 2017

1-2 서일범 [리더십 4.0 시대] 사장 결재 없애고...잡담 권장하고...'기업DNA 바꾸기' 잇따른다, 서울경제, 1월 16일, 2017

1-3 안영진 · 안은정, 『가치로운 삶을 위한 리더쉽』, 정민사, 2009

1-4 이연선, [리더십 4.0시대] 맥킨지가 뽑은 4차 신업혁명 시대 5대 리더십, 서울경제, 1월 11일, 2017

1-5 이연선, [리더십 4.0시대]본지 · 현대연 '시대별 리더십 유형' 분석, 서울경제, 1월 1일, 2017

1-6 조선일보 미래기획부, 『미래를 읽는 리더』, 알에이치코리아(RHK), 2015

2장

2-1 Wiseman, Liz. 『Rookie Smarts: Why Leaning Beats Knowing in the New Game of Work』, Harper Business, 2014

2-2 신완선, 『파이팅 파브』, 흐름출판, 2004

2-3 신완선, 『신완선 교수의 리얼 옵션』, 더난, 2012

2-4 한근태, 『리더가 희망이다』, 미래의창, 2012

3장

3-1 Goleman, D. 『Leadership That Gets Results』, Harvard Business Review, March-April, 78-90, 2000

3-2 Mann, R. D. 'A review of the relationships between personality and performance in small groups', Psychological Bulletin, Vol. 56, 241-270, 1959

3-3 Kirkpatrick, Shelley A. and Edwin A. Locke. "Leadership: Do Traits Matter?" Academy of Management, The Executive, Vol. 5(2), 48-60, 1991

3-4   Stogdill, R. M. 『Handbook of Leadership (1st ed): A Survey of Theory and Research』, New York: Free Press. 1974

3-5   김종영, '리더십의 이론적 배경에 관하여: 커뮤니케이션 관점을 중심으로', 수사학, Vol. 7, 119-136, 2007

3-6   서보경, '지휘자의 리더십 유형이 합창단 성과에 미치는 영향에 관한 연구 : 신뢰, 효능감, 만족을 중심으로', 성균관대학교 일반대학원: 공연예술협동과정 박사학위논문, 2011

3-7   신완선, 『컬러 리더십』, 더난출판, 2002

3-8   이임정 · 윤관호, '디지털 사회에서의 변혁적 리더십에 대한 이해', 『경영교육논총』, Vol. 47, 263-284. 2007

4장

4-1   Peterson, Joel. 『The 10 Laws of Trust』, Brilliance Audio, 2016

4-2   Parry, Ken et al. 'Rise of the Machines: A Critical Consideration of Automated Leadership Decision Making in Organizations', Group&Organization Management, Vol. 41(5), 571-594, 2016

4-3   Wojcicki, Susan. 'The Eight Pillars of Innovation', Think with Google, THE MACCRINDLE BLOG, 2011

4-4   김민주, '가장 일하기 좋은 기업' 페이스북의 인재 채용 방법, Korean Sunday Times, 3월 9일, 2016

4-5   박성혁, '사내 커뮤니케이션 시리즈 1 – 효율적인 사내 커뮤니케이션을 시작하기 위한 방법', 브라이트코브, 11월 16일, 2015

4-6   박승혁, [Cover Story] 30년간 미래예측 86% 적중한 'IQ 165' 레이 커즈와일, 조선일보, 7월 20일, 2013

4-7   박신영, ㈜아모레퍼시픽, 2015 대한민국 커뮤니케이션 대상 인쇄사보 사내보 부문 최고상 수상, 파이낸셜뉴스, 2015.12.03

4-8   박철현, [정보화 리더십 탐구] ⑰ 중국서 하루 40억 버는 권혁빈 스마일게이트 대표/"돈이 아니라 가치가 중요", 조선비즈, 8월 12일, 2016

4-9   브라이트코브 공식 홈페이지 회사 소개, 2017

4-10   신완선, 『컬러 리더십』, 더난출판, 2002

4-11   신원선, 인재의 힘 믿는 아모레퍼시픽의 복지정책, 메트로뷰티, 8월 22일, 2016

4-12   윤예나, [Weekly BIZ] 최근 주목받는 리더의 자질 '신뢰 경영', 조선일보, 12월 3일, 2013

4-13   이강원 · 손호웅, 『지형 공간정보체계 용어사전』, 구미서관, 2016

4-14   이범희, '신뢰경영 주목받는 포스코', 일요서울, 8월 24일, 2016

4-15 이주만 역, (미셸 부커 저), 『회색 코뿔소가 온다』, 비즈니스북스, 2016

4-16 장시형 · 김명남 역, (레이 커즈와일 저), 『특이점이 온다』, 김영사, 2007

4-17 정부재, 아모레퍼시픽, 2015 대한민국 커뮤니케이션 대상, Etnews, 2015.12.03

4-18 정재웅, [CES 2017] 현대모비스, '자율주행차 기술' 알린다, BusinessWatch, 2016.12.22

4-19 조승빈 역, (제럴드 M. 와인버그 저), 『테크니컬 리더』, 인사이트, 2013

4-20 차익종 역, (탈레브 니콜라스 저), 『블랙 스완: 0.1%의 가능성이 모든 것을 바꾼다(원서: The Black Swan)』, 동녘사이언스, 2007

4-21 채희정, '억만장자 낯선 이름, 권혁빈은 누구인가', 비즈트리뷴, 3월 2일, 2016

4-22 최윤식, [머니S토리] '미래차'에 사활 건 현대모비스, MoneyS, 9월 4일, 2016

4-23 최은수, 『넥스트패러다임』, 이케이북, 2012

5장

5-1 LA중앙일보, GM 전기차 '셰보레 볼트' 자율주행 시험차 양산, KoreaDaily 뉴스, 6월 16일, 2017

5-2 O'Connell, D. et al. 'Organizational Visioning: An Interactive Review', Group&Organization Management, Vol. 36(1), 103-125, 2011

5-3 Daft, Richard L. 『The Leadership Experience』, Cengage Learning, 2014

5-4 강박광 역, (야쿠시지 타이조 저), 『테크노 헤게모니와 중국의 포효』, 일진사, 2012

5-5 '매개효과 분석: 비전 설정 유형의 조절효과를 중심으로', 산업경제연구, Vol. 26(6), 2878-2879, 2013

5-6 박소라, "구본무 LG회장, 혁신 통해 시장 경쟁 판도 바꾸자", Etnews, 4월 1일, 2016

5-7 박종백 · 이상욱 역, (버트 나누스 저), 『리더는 비전을 이렇게 만든다』, 21세기북스, 1994

5-8 안의정, 『한국을 일으킬 비전 리더십』, 가림출판사, 2010

5-9 윤용구, '리더의 조건: 다양성의 7가지 원칙', 한국학술정보, 2008

5-10 이덕임 역, (토마스 슐츠 저), 『구글의 미래』, 비즈니스북스, 2016

5-11 이승주, 『전략적 리더십』, 시그마인사이트컴, 2005

5-12 이어진, 네이버-카카오, AI 다음 격전지는 '자동차', 뉴스웨이, 8월 29일, 2017

5-13 이진서 · 이홍배, 'CEO의 비전설정 행위와 조직성과 간 조직시민행동의 매개효과 분석: 비전 설정 유형의 조절효과를 중심으로', 산업경제연구, Vol. 26(6), 2878-2879, 2013

5-14 최경섭, '한국, 4차 산업혁명 올라탈 준비 됐나?', ZDNet Korea, 12월 16일, 2016

5-15 홍승우, 페이스북, 인공지능 '챗봇' 통해 비전 제시, 문화저널21, 4월 13일, 2016

6장

6-1 Thornton, Paul B. 'The 4 types of leaders and how they influence and inspire us', DAILY NEWS, 2017

6-2 서범일, [리더십4.0시대] 사장 결재 없애고...잡담 권장하고...'기업DNA 바꾸기' 잇따른다, 서울 경제, 1월 16일, 2017

6-3 안영진 외 2명, 『가치로운 삶을 위한 리더십』, 정민사, 2009

6-4 이연선, [리더십4.0시대] 맥킨지가 뽑은 4차 산업혁명 시대 5대 리더십, 서울경제, 2017.01.11

6-5 조선일보 미래기획부, 『미래를 읽는 리더』, 알에이치코리아(RHK), 2015

7장

7-1 Collins, Jim C. 『Good to great』, William Collins, 2001

7-2 FS 뉴스룸, 이마트, '당일배송 쓱 배송 전 과정 공개', 2월 7일, 2017

7-3 'GWP 조직문화 조사 · 진단 제안서', 한국일터혁신컨설팅그룹, 2014

7-4 곽은경, '한미일 비교를 통한 우리 기업의 CSR 분석 및 시사점', 자유경제원, 2016

7-5 김성호, 『일본전산이야기』, 쌤앤파커스, 37–58, 2009

7-6 김창수, '기업체 임직원의 조직에서의 신뢰에 관한 연구 : D社 사례를 중심으로', 2003

7-7 문희경 역, (라후 라즈나탄 저), 『왜 똑똑한 사람들은 행복하지 않을까?』, 더퀘스트, 2017

7-8 박찬웅, '경쟁의 사회적 구조 : 기업내 사회적 연결망의 유형과 개인 및 조직에 대한 영향', 한국사회학회 전기사회학대회 발표문 요약집, 118-124, 1999

7-9 백상경, '착한 오뚜기에 반한 소비자들 갓뚜기 최고', 매일경제MBN, 6월 30일, 2017

7-10 신유근, 『전통과 사람관리』, 서울대학교 출판부, 2006

7-11 이상훈 ETRI 원장, '윤리, 신뢰, 자율, 창의가 제4차 산업혁명 성공 열쇠', IT조선, 7월 14일, 2016

7-12 이준문, 유통업계, 신뢰 마케팅으로 소비자 믿음 쌓기 집중, 뉴스탭, 4월 27일, 2017

7-13 정병창 · 김경섭 역, (코비 스티븐 M. R. 저) 『신뢰의 속도』, 해냄출판사, 104-114, 2009

7-14 정성묵 역, 데이비드 마이스터 외 2명, 『신뢰의 기술』, 해냄출판사, 97-117, 2009

7-15 조선일보 미래기획부, 『미래를 읽는 리더』, 알에이치코리아(RHK), 2015

7-16 조성은 · 한은영, 'SNS의 이용과 개인의 사회관계 변화분석: SNS 연결 관계를 통한 신뢰 사회 구현에 대한 전망', 정보통신정책연구원 기본연구, 9-27, 2013

7-17 주홍원, '훌륭한 일터(GWP) 사례 및 구축에 관한 연구', 고려대학교 노동대학원 석사학위 논문, 2012

7-18 진세우, '신뢰경영이 조직몰입에 미치는 영향에 대한 연구: 중국 중부지역을 중심으로', 동명 대학교 대학원, 석사학위 논문, 2014

8장

8-1 강영연, 스타벅스 슐츠 회장 "한국선 스마트폰으로 주문? 판타스틱!", 한국경제, 10월 10일, 2016

8-2 대한상공회의소, 『100대 기업이 원하는 인재상 보고서』, 2013

8-3 배지혜 외 1명, '국내 30대 기업의 인재상 분석 및 인재 양성의 정책적 시사점', 예술인문사회 융합멀티미디어논문지, Vol. 5(4), 721-729, 2015

8-4 정지역 역, (우에다 마사히토 저), 『도쿄대 물리학자가 가르쳐주는 생각하는 법』, 한스미디어, 2014

8-5 한국고용정보원, '채용 경향 변화 분석 및 이를 활용한 취업진로지도 방안연구', 2015

8-6 한혜성 역, (송홍챠오 저), 『(세계 500대 기업이 원하는 인재 능력) 인재전쟁』, 스타북스, 2010

8-7 황혜숙 역, (예카테리나 월터 저), 『저커버그처럼 생각하라』, 청림출판, 2013

9장

9-1 Bernard, M. B. 『Stogdill's Handbook of Leadership, A Survey of Theory and Research』, Free Press, 1983

9-2 Austin, L. N. 『What Do People Desire in Their Leaders? The effect of leadership experience on desired leadership traits』, Emerald Group Publishing Ltd, 2015

9-3 Fox, W. L. 『Six Essential Elements of Leadership : Marine Corps Wisdom of a Medal of Honor Recipient』, Naval Institute Press, 2011

9-4 John, C. M. 『The 21 Indispensable Qualities of a Leader; Becoming the Person Others will want to follow』, Soundview Executive Book Summaries, 2009

9-5 Kirkpatrick, Shelley A. and Edwin A. Locke. "Leadership: Do Traits Matter?" Academy of Management, The Executive, Vol. 5(2), 48-60, 1991

9-6 Lee, I. 『Where have all the leaders gone?』, Scribner. 2007

9-7 Morris, G. B. 'Perceptions of leadership traits: comparison of adolescent and adult school leaders', Psychological Reports, Vol. 69(3), 1991

9-8 Northhouse, P. G. 『Leadership: Theory and Practice(2nd, ed)』, Sage Publication, 2001

9-9 Scott, S. G. and R. A. Bruce. 'Determinants of innovative behavior: a path model of individual innovation in the workplace', Academy of Management Journal, Vol. 37(3), 580-607, 1994

9-10 U.S Department of the Army. 『Army Leadership』, FM, 22-100, 2006

9-11 강정애 외 5명, 『리더십론』, 시그마프레스, 2011

9-12 김광수 역, (Larry, B. 외 1명 저), 『실행에 집중하라』, 21세기북스, 2004

9-13 김낙환 역, (Bobb, B. 저), 『리더여, 코끼리 말뚝을 뽑아라』, 멘토, 2006

9-14 김보라, '제빵왕' 허영인 SPC회장, 26년의 기다림…꽃을 피우다, 뉴스웨이, 8월 4일, 2014

9-15 김용원, 1등 하지 않으면 분해하는 강한 승부욕, Business Post, 12월 12일, 2016

9-16 김종완 역, (Jeffrey A. K. 저), 『잭 웰치와 4E 리더십』, McGraw-Hill Korea, 2005

9-17 김현지, '내가 가진 조건을 뛰어 넘는 꿈을 꿔라', 건설경제, 1월 31일, 2017

9-18 동아사이언스, '시각장애인을 위한 자동차를 만들다', 4월 17일, 2014

9-19 백민정, 올랜도의 영웅, 결단력과 한마디가 60~70명 살렸다, 중앙일보, 6월 16일, 2016

9-20 손미나, '요리하는 개구쟁이 로봇과학자(데니스 홍 인터뷰)', HUFFPOST KOREA, 6월 5일, 2015

9-21 송광자 역, (John. C. 저), 『성과를 이끌어내는 힘 자신감』, 비즈니스맵, 15-17, 2008

9-22 안시열 역, (Jeffrey. P. 저), 『생각의 속도로 실행하라』, 지식노마드, 2010

9-23 엑설런스코리아 역, (잭 웰치 외 1명 저), 『성공하는 리더의 필요충분조건』, 홍익출판사, 2014

9-24 엑설런스코리아 역, (잭 웰치 외 1명 저), 『결단의 기술』, 홍익출판사, 88-96, 2014

9-25 윤종성, 『장군의 리더십』, 명진출판, 2009

9-26 이민수, 『장보고 리더십과 기업가 정신』, 경영사학, Vol. 26(1), 55-91, 2011

9-27 이선경 역, (Laura. S. 저), 『실행이 전략이다』, 처음북스, 231-232, 2014

9-28 허영은 역, (Rosabeth. M. K. 저), 『계속 성공하고 싶은 개인과 조직이 꼭 가져야할 힘 '자신감'』, 황금가지, 48-49, 2008

10장

10-1 Vasconcelos, Jorge. 『Basic Strategy for Algorithmic Problem Solving』, Johns Hopkins University, Department of Computer Science, 2007

10-2 McKinsey Global Institute. 『A Future That Works: Automation, Employment, And Productivity』, McKinsey and Company, 2017

10-3 민병교 역, (존 맥코믹 저), 『미래를 바꾼 아홉 가지 알고리즘』, 에이콘출판, 2016

10-4 박지유 역, (크리스토퍼 스타이너 저), 『알고리즘으로 세상을 지배하라』, 에이콘출판, 2016

10-5 이재홍, 〈포켓몬GO〉의 인기요인과 스토리텔링 분석', 숭실대학교 문예창작학과, Journal of Korea Game Society(JKGS), 10월, 2016

10-6 존 윤 역, (아이번 마이즈너 저), 『과학적 비즈니스의 성장플랜 – 연결하라』, 올림, 2014

10-7 현대경제연구원, '2017년 다보스 포럼의 주요 내용과 시사점', 1월 13일, 2017

색인(가나다순) *

Visual 기술 리더십 4.0

P를 보면 발걸음이 가벼워진다
urpose

발행일	2018년 5월 25일 초판 1쇄 발행
	2018년 9월 28일 초판 2쇄 발행
지은이	신완선
발행인	권기수
발행처	한국표준협회미디어
출판등록	2004년 12월 23일(제2009-26호)
주 소	서울시 금천구 가산디지털1로 145, 에이스하이엔드 3차 11층
전 화	02-2624-0361
팩 스	02-2624-0369
홈페이지	www.ksamedia.co.kr
ISBN	979-11-6010-016-7 03320
값	22,000원